青年亚文化
批评话语研究

QINGNIAN YAWENHUA
Piping Huayu Yanjiu

陈 敏◎著

知识产权出版社
全国百佳图书出版单位

图书在版编目（CIP）数据

青年亚文化批评话语研究/陈敏著.—北京：知识产权出版社，2016.8

ISBN 978-7-5130-4458-5

Ⅰ.①青…　Ⅱ.①陈…　Ⅲ.①青年—亚文化—文化语言学—话语语言学—研究　Ⅳ.①H0

中国版本图书馆 CIP 数据核字（2016）第 219641 号

内容提要

本书从历时的角度，对 20 世纪 50 年代以来青年亚文化的发展进行了分期梳理，并运用语言学中的批评话语分析模式对各时期代表性的青年亚文化文本进行了分析，探讨了青年亚文化的话语策略、话语实践和社会实践。

责任编辑：张筱茶

装帧设计：何睿烨　　　　　　　　　　　　责任出版：卢运霞

青年亚文化批评话语研究

陈敏　著

出版发行：	知识产权出版社 有限责任公司	网　　址：	http://www.ipph.cn
社　　址：	北京市海淀区西外太平庄 55 号	邮　　编：	100081
责编电话：	010-82000860 转 8180	责编邮箱：	baina319@163.com
发行电话：	010-82000860 转 8101/8102	发行传真：	010-82000893/82005070/82000270
印　　刷：	北京中献拓方科技发展有限公司	经　　销：	各大网上书店、新华书店及相关专业书店
开　　本：	720mm×1000mm　1/16	印　　张：	15
版　　次：	2016 年 8 月第 1 版	印　　次：	2016 年 8 月第 1 次印刷
字　　数：	240 千字	定　　价：	56.00 元

ISBN 978-7-5130-4458-5

前　言

　　《青年亚文化批评话语研究》是一部研究青年亚文化的专著。青年亚文化是一个年轻但是十分活跃的文化领域，在纷繁复杂的当代文化版图中占据着独特的位置。笔者对青年亚文化研究的兴趣始于4年前对嘻哈文化的研究，在阅读了大量与嘻哈文化相关的著作后，对嘻哈文化及其青年亚文化现象产生了浓厚的兴趣。在研究的过程中，笔者发现来自于社会学、人类学、传播学等领域的研究者们都从各种不同的视角探讨这一不断变化、令人兴奋的文化群体，然而，从语言学角度对青年亚文化进行的研究在国内并不多见。

　　"语言与文化之间的关系的重要性已经上升到了文化研究范围内的议程的首位。"❶语言是如何推动青年亚文化的发展又如何被青年亚文化的发展所影响的至今仍然未能得到充分的探讨。因此，从语言学角度对青年亚文化中反映的青年亚文化的话语系统进行研究，也许能从一个新的角度观察和解释纷繁复杂的青年亚文化群体与各种社会维度，如阶级、种族、性别之间的关系。

　　有鉴于此，笔者向所在的中国青年政治学院申请了研究课题，采用了近年来语言学家考察社会现象使用的批评话语分析方法，选取国内外典型的青年亚文化现象进行剖析。在研究写作期间，笔者收集并阅读了大量第一手的青年亚文化资料和研究文献。在研究这一课题的过程中，不断探索中外青年亚文化发展各个时期的形态、话语特点及其背后的社会文化变迁因素，联系过去所做的研究，历时3年最后形成了这部《青年亚文化批评

---

　　❶　克里斯·巴克：《文化研究理论与实践》，孔敏译，北京大学出版社，2013年版，第74页。

话语研究》。

《青年亚文化批评话语研究》从历时的角度，对 20 世纪 50 年代以来青年亚文化的发展进行了分期梳理，并运用语言学中的批评话语分析模式对各时期代表性的青年亚文化文本进行了分析，探讨青年亚文化的话语策略、话语实践和社会实践。研究发现青年亚文化群体采用多种话语策略建构起亚文化的观念系统和群体身份，积极抵抗主流文化中落后的意识形态和结构因素。同时，在亚文化的成员之间形成了个人与群体的互动模式和对外传播的渠道。从这三种典型的青年亚文化群体看，它们均诞生在社会结构调整转变的时期，其社会结构中的不合理、权力秩序中的不公平的因素更为突出。青年通过建构自己的文化话语世界，对主流社会中落后的意识形态进行话语消解和修改，推动社会文化的不断进步。

本书在研究方法和内容上均具有较高的创新性。首先，国内外对青年亚文化群体的研究一般是从社会学、政治学、新闻学的角度着手进行研究，而从语言学，尤其是从批评话语分析的角度进行研究的却寥寥无几。批评话语分析是近年来新兴的跨学科研究方法，以社会结构和意识形态为研究对象，通过对话语的研究揭示社会结构中存在的种种问题，从而实现语言学的社会批判价值。《青年亚文化批评话语研究》一书采用了批评话语分析的方法，对青年亚文化发展各个时期的代表性群体进行了文本分析，这些文本包括嬉皮士文化兴盛时期的地下报刊、嘻哈文化中的说唱歌词、网络小清新亚文化的小清新歌词，通过这些文本我们可以从语言学的角度解构青年亚文化的世界，从具体的话语现象入手找寻亚文化的建构、传播和消费规律，揭示在文本背后的青年文化脉搏和规律。

本研究在内容上同样实现了青年亚文化研究的进一步深化。从国内青年文化研究内容上看，近 10 年来对于中国青年亚文化的研究主要集中在青年文化的价值观、与社会因素之间的互动关系、对青年行为的影响上，宏观层面上的探讨较多，而微观层面上对具体青年亚文化群体的话语研究却比较少。笔者以批评话语研究为理论依据，对三大青年亚文化的话语进行了历史性的考察，观察青年亚文化族群话语的个性和共性，这是对国内外青年亚文化研究一次内容上的丰富和完善。

另外，通过对青年亚文化的话语研究，也使我们对亚文化研究中一些具有争议性的问题提供了证据支持。后亚文化理论学者认为在后现代社会，伯明翰学派的"象征性抵抗"观点已经失效，社会结构因素在青年亚文化中不再具有强大的影响力，然而我们对三个不同时期的亚文化群体研究发现，社会结构因素如阶级、种族、性别依然在起作用，青年亚文化并未因为后现代社会的到来失去抵抗性，只是抵抗的方式随着社会的发展不断变化而已。

本书的研究发现有利于我国的亚文化研究者、青年工作者和社会各界认识和了解青年亚文化的话语特点，建立起与青年沟通理解的渠道。同时，对处于社会边缘的青年群体话语进行剖析，也有利于语言学者加深对各种话语群体的认识。此外，本书对国外青年亚文化话语的研究也有助于我们了解国内外青年文化的联系，促进国内外青年文化的交流。

最后，笔者要感谢所在的中国青年政治学院，如果没有学校的大力支持，本人对青年亚文化的研究是不可能坚持下来的。此外，笔者还感谢知识产权出版社为本书的编辑、出版做了许多工作。最后，笔者还要特别感谢互联网，如果没有互联网，许多与西方青年亚文化相关的资料和文献是无法接触和获得的。生活在互联网时代，是我们这一代语言文化研究者的幸运。

陈　敏

2016 年 6 月

目　　录

第一章　青年亚文化：
概念、历史和现状

第一节　青年亚文化的概念

20世纪后半叶以来，人类文化的形态呈现出异彩纷呈的局面。大众文化、流行文化、消费文化、媒介文化等扑面而来，令人眼花缭乱，其中青年亚文化以其独树一帜的风格尤其引人关注。新潮的服饰、个性化的音乐、随性的语言、特立独行的思想，为我们展示出青年与上一辈不同的生活方式和精神追求。青年在创造属于自己的时代，同时也在创造着属于自己群体的文化。通过继承和创造新文化，青年对社会其他群体也产生了积极影响，不断推动着人类的生活方式、社会意识形态、社会制度与结构的变革和进步。青年亚文化如此活跃，激发了各国研究者对这一文化现象的浓厚兴趣。

那么究竟什么是青年亚文化？在对青年亚文化进行定义之前，我们应该首先了解什么是文化，什么是青年文化，什么又是亚文化。"文化"一词涵盖的内容包罗万象，很难做出一个准确的定义。英国人类学家泰勒最早对文化进行了定义，他认为文化从广义来讲就是知识、观念、意识、道德、法律、习俗以及其他许多人类作为社会的一员所获得的能力和习惯的综合体。❶ 泰勒的定义对后世影响深远。在其后，又先后出现了许多对文化的定义，英国研究的先驱雷蒙·威廉斯（Raymond Williams）在其著名的《文化分析》一文中，对"文化"一词进行了界定，将文化分为三个层次，他的定义为学术界

---

❶ Edward B. Tylor. Primitive Culture：Researches into the Development of Mythology, Philosophy, Religion, Language, Art, and Custom. 27th edition. London：John Murray, 1871.

广泛接受。

文化一般有三种定义。首先是"理想的"（ideal）文化定义，根据这个定义，就某些绝对或普遍价值而言，文化是人类完善的一种状态或过程。如果这个定义能被接受，文化分析在本质上就是对生活或作品中被认为构成一种永恒秩序，或与普遍的人类状况有永久关联的发现和描写。其次是"文献式"（documentary）文化定义，根据这个定义，文化是知性和想象作品的整体，这些作品以不同的方式详细记录了人类的思想和经验。从这个定义出发，文化分析是批评活动，借助这种批评活动，思想和体验的性质、语言的细节以及它们活动的形式和惯例，都得到描写和评价。……最后，是文化的"社会"（social）定义，根据这个定义，文化是对一种特殊生活方式的描述，这种描述不仅表现艺术和学问中的某些价值和意义，而且也表现制度和日常行为中的某些意义和价值。❶

威廉的文化定义将文化分为三个层面，即人类的发展过程、艺术和艺术活动、人类的生活方式。这三个层面既有区别又相互联系，展现了文化的丰富内涵及与人类生活的密切关系，对现代文化研究影响深远。

与青年亚文化相关的另一个概念——青年文化（youth culture）一词最早出现在第二次世界大战后的美国文学中。随着人们对这种特殊文化的进一步了解和现代社会的发展变迁，青年文化的内容和形式也在不断发展。在不同的时代，受不同研究视角的影响，研究者们对青年文化的内涵都有不同的理解，因而也出现了对青年文化的不同定义。国外学者从不同的角度如青年期的特点、与主流文化的关系、青年的阶级地位出发定义青年文化，而国内学者则主要是从青年文化与主流文化的关系出发，定义青年文化。

一些国外学者从青年的年龄特点出发定义青年文化，认为青年文化是一种独立于成人社会文化的文化样式。20 世纪 50 年代，美国社会学家帕森斯（Parsons）在对美国中产阶级青年文化的分析中首先对青年文化进行了探讨。在《纯社会学和应用社会学理论论文集》中，他指出，青年文化是在青年期这个特定的年龄阶段，由性任务和年龄阶段的复杂结合而创造出的一种青年所独有的行动样式。青年文化有助于青年顺利地由儿童成长为成人，帮助他

---

❶ 雷蒙·威廉斯：《文化分析》，载罗钢、刘象愚编：《文化研究读本》，赵国新译，中国社会科学出版社，2000 年版，第 125－137 页。

们由在家庭中获得安全感顺利过渡到从婚姻和职业地位中获得安全感。❶ 从帕森斯对青年文化的解读可以看出，帕森斯认为青年文化与青年所处的过渡状态是密切相关的。与帕森斯持有相似观点的还有埃森思塔德（S. N. Eisenstadt）。埃森思塔德认为，青年是从儿童世界向成人世界的过渡阶段，青年并不试图改变社会，而是希望重新进入社会，青年文化则能帮助青年完成社会化的过程。

20 世纪 60 年代，另一些学者则从青年文化与主流文化的关系角度，将青年文化视为一种反文化。美国历史学家西奥多·罗斯扎克（Theodore Roszak）第一个将青年文化与反文化联系起来。在其著作《反文化的诞生：反思技术社会及其青年人的反叛》中，罗斯扎克指出："把我们所见的正在青年中发生的现象称为'反文化'，即与我们的主流观念完全背离的一种文化，似乎并不言过其实。"❷ 他列举了美国 20 世纪 20 年代先锋主义，60 年代的嬉皮士运动、性解放运动，法国 60 年代大学生骚乱为例证，指出青年文化对社会体制和主流文化具有强大破坏性。青年文化中的反叛性、破坏性确实与反文化有一定的联系。社会学家施瓦茨（Shwarz）和默顿（Morton）进一步指出："按照反文化的模式，假如青少年在实际中接受成人的核心角色和价值观，那么青年文化在本质上只是一种附属物。但是如果他们怀疑合法的或社会的价值，那么青年文化便是一种以真正反叛姿态而出现的反文化。"❸

20 世纪 70 年代，英国学者首次将青年文化与亚文化联系起来。他们从社会阶级的角度出发定义青年文化，认为青年文化是体现青年阶级性的一种亚文化。以斯图尔特·霍尔（Stuart Hall）为代表的英国社会学家认为青年文化是中产阶级青年通过各种时尚消费和独特的生活方式对阶级统治进行"仪式性抵抗"的亚文化。霍尔指出："青年文化，对我们直接而言，是青年的'文化'方面，……群体文化或阶级文化是该群体或该阶级特定的和最为显著性的'生活方式'。其意义、价值观、思想等镶嵌于体制、社会关系、信仰系统、传统和习俗、物质生活使用中。"❹ 布雷克（Brake）在其《比较青年文

❶ Parsons, T. Age and Sex in the Social Structure of the United States. In T. Parsons ed., Essays in Sociological Theory, New York：Free Press, 1954.

❷ Roszak Theodore, The Making of a Counter Culture：Reflections on the Technocratic Society and Its Youthful Opposition. University of California Press, 1995.

❸ 拉金德拉·潘迪：《青年社会学》，人民出版社，1994 年版，第 46 页。

❹ Hall, S. Jefferson T. Resistance through rituals：youth subcultures in post-war Britain. London：Routledge, 1976, p. 10-13.

化》中指出，在阶级社会中，主要文化形式就是阶级文化，而青年文化作为一种亚文化，就是处于社会从属地位的群体面对主流意义系统创建的意义系统、表达方式或者生活方式。❶ 伯明翰学派对青年文化的研究有着巨大影响，从此之后人们更多地用青年亚文化指代过去的笼统称呼——青年文化。

进入 20 世纪 90 年代，研究青年文化的学者们则从普通青年的休闲方式的角度定义青年文化。保尔·威利斯（Paul Willis）认为，青年文化是青年作为文化消费者和文化生产者的文化创造力的表现。这一观点则进一步为波·莱默尔（Bo Reimer）发展。他认为青年文化就是以音乐、舞蹈、青年文学、时尚风格互为补充的综合生活方式。普通青年注重个人选择和爱好，而青年文化的基本生活方式都是以娱乐为导向，也就是注重趣味，不断寻求不受阶级、性别、种族等因素限制的兴奋感和刺激感。赫韦德·帕克（Howard Parker）称之为休闲娱乐文化。

国外学者对青年文化的种种定义体现了不同时代哲学思潮如功能主义、西方马克思主义、后现代主义对青年研究的影响。我国学者对青年文化的理解则多从青年文化与社会和主流文化的角度出发。20 世纪 80 年代的学者将青年文化视作一种青年的意识形态，与青年的思想观念和精神活动相联系的文化产品。张荆认为，青年文化是青年群体与社会互动的过程中创造出来的精神产品。❷ 进入 20 世纪 90 年代，研究者则从更多的角度解读青年文化。董敏志从青年文化与主文化的关系上出发，认为："青年文化就是由青年创造、认同并传播的，与社会主文化既关联又相对独立的，由观念、价值和行为方式组合成的亚文化系统。"❸ 杨雄和黄禧祯从青年与社会的关系角度解读青年文化。杨雄认为青年文化"是青年在参与各种社会活动时由其特殊的行为方式所体现出的独特的价值判断、人格倾向、审美情趣及思考方式的概括"。❹ 黄禧祯认为，青年文化是青年代群能动适应和改造环境的样式。❺ 进入 21 世纪，一些研究者开始从身份的角度出发解读青年文化。陈亮认为，青年文化是青年在社会化过程中的"自我表达"，或者说自我身份确认，是青年特有的社会

---

❶ Brake, Michael. Omparative Youth Culture: The sociology of Youth Cultures and Youth Subculture in America, Britain and Canada. N. Y: Routledge, 1985.

❷ 张荆：《青年文化的由来》，《青年研究》，1988 年第 8 期，第 7－10 页。

❸ 董敏志：《青年文化论》，复旦大学出版社，1993 年版，第 19 页。

❹ 杨雄：《当代青年文化回溯与思考》，河南人民出版社，1992 年版。

❺ 黄禧祯：《青年文化：青年代群能动适应和改造环境的样式——青年文化本质的哲学思考》，《青年探索》，1993 年第 4 期，第 11－14 页。

存在方式。● 从我国学者对青年文化的定义看，我国学者对青年文化的理解也随着时代的进步不断深入。

那么，亚文化又为何物呢？亚文化（subculture）有时又被称为次文化、副文化、潜文化，是与主文化相对的概念。对亚文化的理解由于研究视角的不同，具有不同含义。有学者认为，亚文化概念有三个层面。黄瑞玲指出，亚文化的概念可以从普遍意义、主体身份和与主文化的关系入手进行分析。● 首先，从人类学普遍意义上讲，亚文化是人类学普遍意义上的一种文化形态。例如，拉尔夫·林顿（Ralph Lintion）认为亚文化是指随处可能发生的全人类的各种现象。● 其次，从主体的视角来看，它指的是与所属的更大群体或社会的文化存在差异的某一群体的文化。从这一视角出发，布莱恩·梅塞（Blaine Mercer）指出："一个社会包含不计其数的亚群体，每个群体有其自身特定的思考和行为方式。这些文化中的文化就是亚文化。"● 戈登（Gordon）则认为："亚文化是指民族文化的一种分支，包括一系列的社会要素的综合，例如阶级地位、种族背景、地域差异和宗教归属，但是它们整合成一个功能性的整体，并且对其成员产生综合性的影响。"● 可见，上述学者把某一群体所持有的文化或特定的思考和行为方式称为文化。区分这一主体的因素包括种族背景、阶级地位、地域差异和宗教差异、年龄差异等。最后，则是从亚文化与主文化的关系角度定义亚文化，认为亚文化是与主文化有差异，甚至对立的文化。所谓主文化是指在社会中占主导地位，为社会普遍认同的文化，可以分为主导文化、主体文化、主流文化。亚文化研究史专家、澳大利亚学者盖尔德（K. Gelder）认为："亚文化群（subcultures）是指一群以他们特有的兴趣和习惯，以他们的身份、他们所做的事以及他们做事的地点而在某些方面呈现为非常规状态（non-normative）和/或边缘状态的人。"● 这一定义正是将主文化视为常规状态（normative）和中心，而将亚文化视为非常规和边缘状态。我

● 陈亮：《青年文化：诠释与批评》，《当代青年研究》，2010 年第 6 期，第 12—18 页。
● 黄瑞玲：《亚文化概念及其变迁》，《国外理论动态》，2013 年第 3 期，第 44—48 页。
● Lintion, Ralph. The Study of Man. New York：Appleton-Century, 1936, p. 486. quoted from J. Milton Yinger. Cont-raculture and Subculture, p. 627.
● Mercer, Blaine. The Study of Society. New York：Harcourt-Brace, 1958, p. 34.
● Gordon, Milton M. The Concept of the Sub-cultureand Its Application, in K. Gelder and S. Thornton eds., The Subculture Reader, London：Routledge, 1997, p. 40-43.
● Gelder, Ken, ed.. The Subcultures Reader, 2nd Edition. London and New York：Routledge, 2005.

国学者高丙中认为，亚文化是相对于主文化而言的，它们所包含的价值观和行为方式有别于主文化，在文化权力关系上处于从属的地位，在文化整体里占据次要的部分。这三种对亚文化的界定无疑让我们朝着了解亚文化本质的目标推进了一步。

在这三种对亚文化的不同定义中，学者们对第三个层面上的亚文化尤为关注。我国学者陆扬认为，一方面，各种群体亚文化能够对社会主导性文化施以某种影响；另一方面，社会不同层面的亚文化并不完全否认主导文化及其价值体系，而是仅仅在某些方面扬弃或者忽略主导性文化，并以自己特有的形态，补充主导性文化。因此，亚文化是主导性文化的替代性文化。❶ 而黄瑞玲则认为，在变化较小的社会中，亚文化与主文化的关系是背离的、疏离的，而在社会变动较大的社会中，主文化和亚文化则会相互转化。大部分亚文化与主文化的关系都经历了从反抗、融入，直到最后被主文化所接纳的过程，也就是说，大多数亚文化都经历了从抵抗、式微到被主文化收编的循环周期。可见，亚文化与主文化既有区别又有联系。

亚文化与青年文化的联系源于 20 世纪 30 年代兴起的亚文化研究。帕森斯首次使用亚文化的概念对中产阶级青年文化进行分析。20 世纪 30 年代，人类学家拉尔夫·林顿（R. Linton）提出青年创造了一种脱离成人社会的与众不同的文化形式，进一步开启了亚文化研究学科化的视角。20 世纪 50 年代，对亚文化的研究开始形成潮流，美国学者集中研究城市犯罪青少年，而英国学者则关注中产阶级青年的文化，因此在西方亚文化研究中，狭义上的亚文化就是指青年文化。近年来，国内研究者在研究新兴的青年文化现象和理论时，也多用亚文化一词指涉。

在多元的文化形态中，另一个与青年亚文化相关的文化现象是反文化（counterculture）。反文化这个词出现在 20 世纪 60 年代，美国历史学家西奥多·罗斯扎克（Roszak）首次使用该词的。他在《反文化的诞生：反思技术社会及其青年人的反叛》一书中，试图用反文化这个词概括所有 20 世纪 60 年代蓬勃兴起的美国青年抗议运动。在 20 世纪 60 年代的反文化运动中，美国青年以激进的方式对美国资本主义社会的物质主义、功利主义、道德伦理、科技至上的观念加以批判，对美国社会形成了巨大影响，引发了学者对主流文化价值观的反思。达维多夫概括地说：一言以蔽之，当代西方反文化是对

---

❶ 陆扬：《文化研究概论》，复旦大学出版社，2008 年版，第 302 页。

理想主义、知识主义以及被视为客观必然的、理智的或由法律支配的一切的否定。弥尔顿·英格（Milton Yinger）把反文化定义为"一套属于某个群体的规范和价值观，并且这种规范和价值观与这个群体所属的社会的主导性规范和价值观尖锐冲突"❶。在这个定义里，英格明确地把反文化的反抗对象界定为主文化中的主导文化，带有浓厚的社会学色彩。丹尼尔·贝尔（Daniel Bell）则把反文化运动看成是"一场孩子们发动的十字军远征，其目的无非是要打破幻想和现实的界限，在解放的旗帜下发泄自己生命的冲动"❷。尽管西方学者对反文化的认识和评价不尽相同，但他们在谈论反文化时，基本上是有同一个被默认的语境，即20世纪60年代。

中国学者对反文化的理解更多地脱离了对历史语境的依赖，他们主要是从反文化与主文化的关系上看待这种文化形态。一些学者认为，反文化是极端的亚文化。例如，高丙中认为反文化是在性质上与主流文化极端矛盾的亚文化。❸而胡疆锋认为："'反文化'是对主导文化采取的直接的激进对抗，特别指那些富有政治性和革命性的行动（如1968年的巴黎五月风暴），可以说它是'亚文化'的极端表现，是对主文化的替代。"❹ 在反文化的作用上，学者们甚至持有针锋相对的观点。如学者李丽认为，反文化是文化的对立面，反文化表现为人类社会活动的倒退，具有价值取向的自发性，很强的个体性，非理性和非逻辑性。反文化是文化的逆流，是文化的倒退。❺ 有的学者则认为反文化并非文化的逆流。学者王春英认为，反文化是与主导文化相对而存在的范畴，反文化具有多重价值品质。在主导文化与人类社会的进步方向背道而驰时，反文化具有建构新的主导文化的力量。当主导文化与人类社会的进步方向合而为一时，反文化就具有推动主导文化发展的张力❻。对反文化的不同看法是源于学者们对于文化的不同理解。对反文化持否定态度的学者认为文化本身具有人类进步的内涵，而对反文化持有肯定态度的学者则认为文化，尤其是主文化，有时与人类进步的方向并不一致。这种对反文化的不同理解

---

❶ Yinger, Milton. Contraculture and Subculture. American Sociological Review, 1960, p. 625-35.

❷ 丹尼尔·贝尔：《资本主义文化矛盾》，赵一凡等译，三联书店，1989年版。

❸ 高丙中：《主文化、亚文化、反文化与中国文化的变迁》，《社会学研究》，1997年第1期，第113—117页。

❹ 胡疆锋：《反文化、大众文化与中国当代青年亚文化》，《新疆社会科学》，2008年第1期，第108—112页。

❺ 李丽：《文化的逆流——对反文化的哲学考察》，《学术交流》，2005年第3期，第22—26页。

❻ 王春英：《浅析反文化对主导文化的建构与消解》，《北方论丛》，2006年第4期，第60-63页。

是基于系统论的哲学考察，试图从哲学的视角揭示反文化的本质。

我们认为，反文化与亚文化既有区别又有联系。反文化与亚文化都有与主流文化相区别的态度，但二者对主流文化的态度不同。一方面，亚文化对主流文化持有温和的批判态度，批判具有象征性，主要发生在休闲和日常生活中。而反文化对主流文化的批判则是激烈的，甚至具有政治性和革命性。另一方面，亚文化和反文化之间又是相互联系的。从亚文化与反文化的性质和表现来看，反文化可以说是亚文化发展到极端程度的形式，是亚文化发展到一定阶段与主文化极端矛盾的一种反应。正如文化批评家乔治·麦凯所指出的"反文化吸取亚文化中的东西——亚文化运动的范围包括嬉皮士、朋克、锐舞和其他群体，他们都有助于形成越来越具有抵抗精神的反文化的生活方式或观点"[1]。青年文化与亚文化、反文化都有内在的联系。从广义上说青年文化是一种亚文化，是与社会主文化相区别的一种亚文化形式。但是青年文化并非铁板一块，而是受多种因素影响，是历史的，具体的，也是动态变化的。在一定历史条件下，青年文化会转化为与社会主导文化极端冲突的反文化。

在国内，一些学者认为亚文化只是青年文化中的一种存在形式。如杨雄[2]、胡疆锋[3]认为，根据青年文化与主文化的关系，青年文化可以分为认同文化、亚文化、反文化、负文化。他们的考量是一部分青年基本认同主文化的价值观念，他们形成的文化可认为是认同文化，而亚文化则是具有反叛气质的，因此只能作为青年文化的一种形式。然而，笔者认为这样的界定是将亚文化的概念狭义化。首先，从主体视角看，不管青年对主文化的价值观持何种态度，青年文化的主体都是社会中具有独特地位和特征的青年，而不是其他人群；其次，青年文化的表现形式既有价值观念，也有行为方式和生活方式，虽然对主流文化的价值观念基本认同，但是青年行为方式和生活方式仍然具有青年的独特之处，因此青年文化与主文化对其的期待是难以完全一致的。所以，青年文化在本质上是一种亚文化。这里所指的亚文化是从人类学的角度出发的。总体而言，青年亚文化一词与青年文化相比较更为准确，因此在本书中我们将使用青年亚文化这一概念。

---

❶ 苏茜·奥布莱恩、伊莫瑞·西泽曼：《大众文化中的亚文化和反文化》，载陶东风、胡疆锋主编：《亚文化读本》，北京大学出版社，2011年版，第39页。

❷ 杨雄：《当代青年文化回溯与思考》，河南人民出版社，1992年版。

❸ 胡疆锋：《中国青年文化的当代版图——从"青年文化消失论"说起》，《文艺争鸣》，2011年第1期，第140－146页。

通过对青年亚文化概念的追溯，对亚文化和反文化概念的厘清，对亚文化与青年文化关系的梳理，我们可以得出结论：青年亚文化是指以青年为主体，从内在观念、外在行为和生活方式上与主文化相区别，在社会总体文化中处于次要地位的一种文化系统。从这一定义中我们可以看出青年亚文化的主体是青年，表现形式包括内在观念、外在行为和生活方式，青年亚文化的本质是一种在文化中处于次要地位的文化系统。

第一，青年亚文化的主体是青年。青年是青年亚文化的继承者和创造者，这使青年亚文化带有青年的独特性。人生的各个阶段具有各自的特点，青年与儿童、老年相比具有独特的特点。虽然这个过渡阶段受到各种因素的影响、如国家、文化、性别、种族、社会地位，而且青年期发生的时间并不完全相同，甚至有些成年人或老年人也开始创造出类似青年的文化，但是青年面临的任务却是这个阶段的人群独有的：离开学校、寻求就业、离家、建立家庭和结婚。因此，青年亚文化中的主体是面临这一系列成长任务，走向独立过程的社会群体。当然这一群体并非铁板一块，完全相同。根据其与社会主文化的关系，青年可以分为理想青年、偏离青年、反叛青年。理想青年是认同社会主文化，在基本的体制持续的范围内保持适应和发展，顺利地完成主流社会世代间的交替。偏离青年则是对社会主文化持疏离的态度，他们有明确的脱离体制和不介入社会的志向，甚至解构主流价值。反叛青年则明确否定社会主文化，试图颠覆主文化所代表的价值观念和行为方式，甚至试图用新的价值观念代替主文化的价值观。从这些不同的青年类型可以看出，青年作为社会群体而言是独特而复杂的。因此以青年为主体的青年亚文化也是具有独特性和复杂性的。

第二，青年亚文化形式分为三个层面：内在观念、外在行为和生活方式。青年亚文化表现在其内在的观念，如青年的人生观、世界观、价值观。青年时期正是青年探索人生、追求人生真谛、树立人生观的重要时期，青年时期也是青年接触社会、了解世界、树立世界观的重要时期，青年时期还是青年在自身发展过程中，处理其行为与社会、他人或自身需要的关系时树立相应的思想观念的重要时期，青年在这个过程中形成的思想观念成为青年亚文化的核心。这些思想观念还包括审美观、宗教、艺术、文化心理等方面，是青年亚文化的价值内核。青年亚文化不仅具有内在的核心，而且具有外显的行为模式。人的思想意识调节与支配行为的进行，对行为起着主导作用。在具有青年时期独特的生理与心理的影响下，青年在对待学习、工作、社会公共活动和婚姻家庭上表现出独特的态度和行为特点，如突发好动性、随机多变性、自我独立性和社会实践性，这些具有青年时期独特烙印的行为方式也成为青年亚文化独特的外在表现形式。最后，青年亚文化的表现形式是生活方式。青年的物质消费、休闲生活是社会生活中最为活跃的。"青年文化在这里显示出与传统的社会文化最大的偏离值。"❶ 青年不仅受自身心理和行为方式的影响，另一个重要的影响来自于青年的社会生活的联系。社会生活的巨大变迁能够激发青年创造出新的生活方式。在独特的思想观念、行为模式和社会变迁的影响下，青年往往不会满足于传统社会的生活方式，而是尝试超越父辈，创造与新的历史社会条件相呼应的生活方式，从而引领青年亚文化的表现形式不断更新和变化。例如流行音乐、时髦装饰物、含有特定意义的交际符号等，青年总是最先产生、接受或认同的。这是由青年的本性决定的。青年喜欢不断地吸收各种新鲜的东西，新潮服装、新的消费方式、新的时尚等。

从青年亚文化的表现形式看，思想观念、外在行为和生活方式三维元素是相互依存、相互影响的，而且具有层次性。其中，思想观念是深层内容，外在行为和生活方式是表层内容。越是接近深层内容，受传统文化的影响越大，束缚越多，变化也相对缓慢。而在青年亚文化的外在表现形式中，青年表现出极大的创新能力与个体选择的审美能力，最大限度地凸显青年大胆追求新鲜的事物的激情与热望。因此处在最外因的青年亚文化外显形式是最活跃、最易变化的层面。青年亚文化的外在行为、生活方式通过对主文化的挑战为其蕴含的思想观念、价值取向寻求广泛的支持。促使主文化提高文化变革的承受力、适应性和宽容度，为进一步的观念变革创造条件。因此，青年亚文化的三维表现形式互相影响、互相依存、彼此促进，形成青年亚文化的整体表现形式，对青年和社会主文化发挥复合作用。

青年亚文化的本质是一种处于次要地位的文化系统。这是与青年群体在社会中的地位和青年亚文化在社会文化系统中的地位所决定。青年群体在社会中是一个过渡性的群体，在年龄上具有阶段性，因此是社会中的边缘人。青年亚文化总是伴随着新一代人在特定的历史时期出现，然后衰退、消失，随着一代人摆脱"边缘人"地位进入主体社会而广泛的扩散，也渗入社会主文化中，但新一代青年亚文化也紧接着形成，这样延续不断地衔接着。以这

---

❶ 董敏志：《青年文化论》，复旦大学出版社，1993 年版，第 65 页。

样具有边缘性和阶段性的人群的主体的青年亚文化必然只能是社会文化系统中处于次要地位的文化系统。此外青年亚文化又与主文化相区别。从青年亚文化中所反映的观念、行为和生活方式与主文化而言都具有其独特性，在青年亚文化相对封闭的文化天地里，青年的文化行为与社会主文化的标准相偏离。当然这种偏离不是稳定不变的，有时与主文化相适应，如有时其价值观念认同主文化的核心价值观，仅仅是忽视其中某些部分而以自己独特的文化形式对主文化给予补充，有时亚文化又背离甚至颠覆主文化的思想观念、价值取向和行为方式。因为青年亚文化与主文化之间仍然保持着千丝万缕的联系，青年亚文化来自于主文化的母体，虽然有时候偏离，但又不脱轨而去。从总体上看，青年亚文化与主文化在表现形式上有差别，有时体现在外在行为或生活方式上，有时体现在核心观念上，有温和的，有剧烈的。青年亚文化的主体——青年在文化权力关系上处于从属的地位，在文化整体里占据次要的部分。因此青年亚文化是社会文化系统中处于次要地位的文化系统。

第二节　青年亚文化的历史和现状

青年亚文化的出现与工业社会和现代文明的发展密切相关。从青年这样一种社会现象在工业社会诞生之日起，青年亚文化也开始出现了。回顾青年文化的发展，从 20 世纪 50 年代开始，青年亚文化开始蓬勃发展，经历了三个阶段。第一阶段从 20 世纪 50 年代到 60 年代，这是青年亚文化诞生后的第一次繁荣时期；第二阶段从 20 世纪 70 年代到 80 年代，这是青年亚文化的一段相对平稳的时期；第三阶段从 20 世纪 90 年代到 21 世纪初期，这是青年亚文化经历的又一次狂欢，持续至今。

一、激进的五六十年代

第二次世界大战之前，青年亚文化已经存在，但是其规模和影响都比较小，并未引起世人的注意，也没有在社会上引起巨大的反响。第二次世界大战以后，由于西方国家经济的恢复与繁荣，青年人口的迅速增长和高等教育的飞速发展，大众传媒的影响，青年亚文化开始崛起成为社会文化中一支引人瞩目的力量，在西方国家形成席卷之势。英国学者理奇（Leech）甚至称 20

世纪 50 年代为伟大的青少年的时代。❶

西方国家经济的恢复与繁荣是青年亚文化发展的物质基础。20 世纪 50 年代初，美国、英国、法国、联邦德国等国进入了一个经济大发展时期，即所谓经济高速发展时期。这一时期一直持续到 1973 年年底爆发的世界性经济危机为止，长达 20 年，西方国家称之为"黄金年代"的 20 年。以美国为例，以电子技术为核心的第三次科技革命大大地提高了美国的生产力，形成了美国经济繁荣的基础。美国一跃成为世界头号经济强国，1945—1975 年，美国的国民生产总值年均增长速度达到了 3.6%。到 20 世纪 40 年代末，美国公司生产着超过 50%的世界工业品，近 60%的钢铁，超过 60%的石油和 80%的汽车。1955—1966 年，经济增速则达到了 4%。❷ 由于国民经济的快速发展，美国的人均收入也飞速提高，从 1950 年的6216美元增长到10455美元。❸ 美国经济的繁荣极大地提高了人民的生活水平，美国人口也因此快速增长。

物质经济的繁荣和人民收入的增加促使消费的地位上升。大众消费主义，这一在 20 世纪 20 年代就已经兴起的潮流更是卷土重来。消费主义替代清教主义成为美国文化的主流。消费文化"是以资本主义商品生产扩张为前提，引起以消费品的购买和消费场所形式的物质文化的巨大积累"❹。在第一次世界大战之前，美国已经步入了现代大众消费社会。战争结束之后，现代大众消费社会的特征在美国愈益明显。例如，1945—1960 年，曾被视为奢侈品的汽车总数增长了 133%。1946 年，美国电视的年产量为6000台，但是到 1953 年，美国电视机年产量达到了 3000 万台。到了 20 世纪 60 年代，94%的家庭拥有冰箱，13%的家庭拥有空调，而这一数字到 1968 年上升到 37%。50 年代，美国家庭拥有住房的数量首次超过了租住房屋的数量。非物质形态的商品在消费中占据了越来越重要的位置，大众消费越来越多地表现在人们的娱乐消费上。娱乐休闲消费大大增加，到 1950 年，美国的娱乐休闲消费占美国国民生产总值的 15%。❺ 新的大众媒介不仅在广告中，而且在节目中极力宣扬消费主义，例如在电视中经常出现的中产阶级的富裕生活。消费文化对以清教主义为基础的美国社会形成了巨大冲击。在消费文化的影响下，消费伦理

---

❶ Kennth, Leech. Youthquake: the growth of counter-culture through two decades. Sheldon Press, 1973.

❷ 沙伊贝·福克纳：《近百年美国经济史》，中国社会科学院出版社，1983 年版，第 500—501 页。

❸ Brinkley, Alan. 1999, American History A Survey, New York, 1078.

❹ Mike Feat Herstone. Consumer Culture and Postmodernism. London: Sage Publication, 1991, p. 13.

❺ Lasch. Christopher Culture of Consumerism, http://home.comcast.net/~mjcshaas/eng101/consumerism/lasch_culture_of_consumerism.pdf.

从提倡节俭转变为提倡消费，新旧价值观和消费观形成了激烈的冲突。

消费社会也催生了青年消费市场。由于生活水平的提高，青年可供自由支配的收入增加，具有了更强的消费能力。此外，由于青年对新鲜事物更具有好奇心和接受能力，比成年人容易接受新的消费观念及彰显文化和个性的消费品，青年成为消费市场的主要对象，例如1963年，美国青少年消费达到200亿美元。威廉·路滕博格（William E. Leuchtenburg）指出，这一数字是奥地利国民生产总值的两倍。玛克·阿布拉（Mark Abrams）在其著作《青年消费》（*Teenage Consumer*）中指出，青年已作为社会中的独立群体为商业营销者所重视。❶ 正是由于商业者的重视，teenager（青少年）这个专指14~18岁年龄段人群的词语被创造出来，并被迅速传播开来，显示出青年在消费市场中的重要地位。美国消费文化创造出了崭新的生活方式和风格，而青年作为消费文化的主力军，消费文化成为青年文化表现手段的重要来源。

青年亚文化的存在主体——青年也发生了显著变化。第二次世界大战以后，各国的青年人口迅速增长，青年人群的壮大改变了各国的人口结构。以美国为例，1946—1964年出现了婴儿潮，这18年新出生人口高达7600万。1950—1955年，美国的年均人口增长率达到1.8%，意味着每一个育龄妇女平均生育3.5个孩子。20世纪50年代，美国青少年人口在1000万~1500万，到70年代则达到了2000万。而在英国，同样也迎来了一次战后的婴儿潮。1951年，20岁以下的人口达到了300万，而到1966年则超过了400万。在欧洲各国也经历了一次人口生育高峰，这就为五六十年代青年文化的崛起提供了人口基础。

战后高等教育的大众化培养了青年人群的共同意识，使他们拥有更多的休闲时间。随着工业社会的发展，曾被视为精英教育的高等教育作为年轻劳动力进入劳动市场的必要准备阶段呈现大众化的趋势。第二次世界大战前，高等教育已经出现大众化趋势。而第二次世界大战后高等教育大众化更是加速进行，西方高等教育发展在数量和规模上都成倍增长。以德国为例，1950年到1990年的40年，高等学校由原来的85所发展到248所，增长了近2倍；全国在校大学生的人数也从1960年的29万名增加到1990年的159.5万名，西方国家高等教育的大众化之路也大体与此相仿。按照美国教育社会学家马丁·特罗的理论，这一时期是西方主要发达资本主义国家的高等教育由精英

---

❶ Abrams, Mark. The Teenage Consumer. London: London Press Exchange Ltd, 1959.

教育向大众化教育的转变时期（参见表1.1）。

表 1.1　德、意、法、美 18 岁年龄组中高等学校入学率（1950—1975 年）

年份	德国 (%)	意大利 (%)	法国 (%)	美国（20~24 岁）(%)
1950	3.93	5.78	5.30	18.16
1955	4.40	6.23	6.07	19.28
1960	5.85	7.48	7.83	20.60
1965	6.10	8.75	8.66	21.49
1970	7.45	9.70	9.29	22.06
1975	18.60	24.34	22.42	26.41

注：如果将美国高等学校入学率中的年龄组折合为 18~21 岁，实际入学率要高于表中数字。

资料来源：Paul Windolf. Expansion and Structrual Change, Higher Education in Germany, the UnitesStates, and Japan, 1870—1990. Westview Press, 1997, p. 261-262.

从表 1.1 中可见，从 20 世纪 50 年代到 70 年代，西方国家青年的高等学校入学率在几个主要的西方国家都有大幅度提高，在德国、意大利和法国，这一数字甚至提高了 5~6 倍。高等教育的扩大化意味着在校青年的比例和时间大幅度增加，大量 17~21 岁的青年从其他社会群体中分离出来，然后聚集到一起。一方面，他们处于教育阶段，不能在劳动力市场上与其他人展开竞争并负担起成人的社会责任，从而延迟了他们的成年阶段。同时他们又远离父母，获得了相对的独立。这样隔离的学校生活使他们集结成一个与众不同的"王国"，从而有了更多的闲暇时间参与同伴的交往活动和娱乐活动，并发展出共同的意识。在美国，大学生可以暂时豁免不服兵役，这进一步强化了他们在校的动机，同时富足的外部社会条件给他们提供了物质条件建立属于自己的文化。因此，高等教育的扩张催生了一个具有共同意识和较多休闲时间进行文化活动的青年亚文化主体。

另一方面，在后工业时代，社会就像高度精密的机器，高等教育日益成为加工这台机器零部件的输送带。过去的高等教育是精英教育，培养学生的自由思想和批判精神，而当时高等教育却成为科技社会的职业教育，无视学生人格，只为高度技术性的职业培养优秀的人才。新旧教育观的矛盾体现在对青年的期望，大众既希望青年具有对当前的价值体系批判和超越的精神，又希望他们能成为科技社会合格的一个零部件，因而造成他们对现有的教育和社会价值观产生了怀疑、不满和叛离。

另外，高等教育虽然大幅扩张，科技发展要求提高劳动力的素质，同时也使成千上万与这种教育无缘的贫苦青年被排斥在劳动力市场外，他们不能得到这种教育，很多这样的青年被征召入伍，但在他们中仍有很大一部分却因在体格及心理上不能达到征兵的要求而被剔除。这些失业的或工作收入仅足以糊口的青年，都从众人中被分隔开来，集结在都市贫民区里，因此他们也很容易发展出一种独特的"亚文化"。由于高等教育的扩展，因为各种原因聚集在一起的青年首次作为一个群体出现在社会文化的大舞台上。

青年亚文化产生的另一个因素就是大众传媒的发展。战后，在社会经济恢复和高速发展的基础上，以电影、广播、电视、录音四大媒介为主的传媒业得到了快速发展。以美国为例，电影是首先繁荣的传媒行业。第二次世界大战前，看电影已经成为美国人的一种重要的休闲娱乐方式，电影制片厂制造了成百上千的电影和电影明星。1947 年，8700 万美国人每周都会看一场电影，电影制作每年达到 500~600 部，1946 年美国国内票房高达 17 亿美元。同时，另一种更为大众化的传媒广播也得到空前的发展。第二次世界大战期间，广播也成为主要的信息传播媒介。第二次世界大战后的 1952 年，美国调频台迅速增加到 2400 座，广播已经成为大众的"个人伴侣"。此外，电视也开始出现，成为美国家庭必备的娱乐信息媒介。1951 年，美国全国有线电视网络建成，而电视的数量也从 17.2 万台增长到 1700 万台。1953 年，拥有电视机的家庭猛增到 3000 万户，1960 年达到 4600 万户，90% 的家庭至少拥有一台电视。❶ 1960 年，肯尼迪和尼克松通过电视竞选总统，从而标志着一个电视时代的来临。三大电视台 NBC（National Broadcasting Corporation）、CBS（Columbia Broad Casting System）、ABC（America Broadcasting Corporation）形成了鼎足之势。电视作为大众媒介迅速发展，由于电视比广播更具有图像的功能，

---

❶ 蔡骐、蔡雯：《美国传媒与大众文化——200 年美国传播现象透视》，新华出版社，1998 年版，第 200—201 页。

电视逐渐取代了广播的地位。由于电视的冲击，广播台开始寻找新的形式，播放音乐成为广播发展的新方向。1954—1960 年，形成了专门播放音乐的电台。1960 年，音乐台发展为三个专门方向：唱片音乐台、流行音乐台和流行金曲台。与这三种以信息和娱乐传播为主的媒介相比，与青年的娱乐爱好关系更为密切的是迅速发展的录音业。早在 1927 年首批出现的自动电唱机就将音乐带进俱乐部和酒店，1940 年美国已有 25 万多台电唱机，每年播放1500万张唱片，流行音乐的市场已初具规模。

大众传媒给战后人们的生活带来了巨大影响。由于物质生活的富裕，闲暇时间的增多，许多青年或者青年的家庭都拥有电视、电唱机，因此也将看电影、电视和听音乐作为主要的娱乐方式，成为这些大众媒介最忠诚的消费者。电视、电影、广播不遗余力地给战后的人们宣传着新的价值观、新的生活方式，而勇于尝试新鲜事物的青年群体成为他们理想的宣传形象，这些新兴的大众传媒将新兴的文化和生活方式与青年这一社会群体联系起来，制造出一个又一个青年高度参与的社会文化景观。例如，20 世纪 50 年代摇滚乐在青年中的迅速流行就与大众传媒的推动有极大的关系。摇滚乐发源于黑人节奏布鲁斯音乐（Rhythm & Blues），随着 40 年代的移民潮，节奏布鲁斯音乐在黑人中流行起来。由于收听夜间节目的年轻听众增多，一些电台有意识地经常在夜间节目中播放节奏布鲁斯音乐，培养年轻白人听众。一些电台 DJ 在年轻人中大力推荐原创的节奏布鲁斯音乐，使得这种音乐赢得了更多的白人青年听众，并演变成为今天的摇滚乐。由于传媒公司的大力支持，诞生出了猫王埃尔维斯·普莱斯利这位摇滚巨星，6 个月唱片销售量超过 800 万张，一年产值达到了 2000 万美元。

电台中播放的摇滚音乐嘶吼出青年的心声，青年在电影中寻找自己的榜样和偶像，电视里播放的商品广告也宣传着年轻人与其他年龄阶段人群所不同的独有的行为方式，大众传媒将新的文化和新的生活方式与青年这一社会群体联系起来。理查德·弗拉克斯（Richard Flax）指出，大众传媒增强了青年是一种独特的社会类型的观念，使青年文化的内容变得更为一致，而青年文化的很多方面都是大众传播媒介及消费工业的结果❶。因此我们可以说，大

---

❶ 理查德·弗拉克斯：《青年与社会变迁》，李青、何非鲁译，北京日报出版社，1989 年版。

众传媒为青年亚文化的发展提供巨大的动力。

综上所述，第二次世界大战以后"丰裕社会"的到来引起了巨大的社会变化，这些变化为青年亚文化的繁荣提供了条件。高速发展的经济为青年亚文化提供了经济土壤，青年人口的急速膨胀和高等教育的扩张培养了青年亚文化的主体，而大众媒体的广泛传播为青年亚文化的形成提供了途径，青年亚文化作为第二次世界大战以后最为瞩目的文化现象登上了历史舞台，对世界文化版图的发展和分化起到了巨大的作用。正如龙·艾尔曼（Ron Eyerman）和阿德鲁·杰密森（Andrew Jamison）所言，五六十年代的青年"在文化的许多方面，无论是表层文化的服饰发型，再到深层次文化的如异性交往、种族沟通，都成为社会其他人群的榜样和标准"❶。

在西方国家，英美两国的青年亚文化，尤其是美国的青年亚文化成为社会文化中影响重大的文化现象。美国 20 世纪五六十年代最为瞩目的青年亚文化包括"垮掉一代"、嬉皮士运动，而英国的青年亚文化摩德族（Mod）和摇滚族（Rocker）到 20 世纪 60 年代开始引起社会关注，并对现代英国青年文化形成影响。

"垮掉一代"发源于 20 世纪 40 年代中期美国圣弗朗西斯北沙滩、洛杉矶的威尼斯西部、纽约的格林尼治村艺术家生活区。"垮掉一代"是 the Beat Generation 的中文译称。1948 年，"垮掉之王"克鲁亚克在与专栏作家约翰·霍姆斯的谈话中，创造了这个词语。"beat"一词含义很多，在美国俚语中它有"筋疲力尽""贫穷""流浪街头"的含义，同时它也表示流行的爵士乐的节拍。据说，以"垮掉派之魂"金斯伯格为首的诗人常和着爵士乐的节奏朗诵诗歌；约翰·霍尔姆斯在谈到"beat"这个词时也指出，它还指心灵，也就是精神意义上的某种赤裸裸的直率和坦诚，一种回归到最原始自然的直觉或意识时的感觉。与 beat 相关的词，如 beatitude，含有宗教上"至福""祝福"之意；beatific 含有"有福的""快乐的"的意思。金斯伯格和"垮掉之王"克鲁亚克都醉心于东方禅宗，因此 beat 一词可能包含以上多重含义。❷

---

❶ Eyerman, Ron & Jamison, Andrew. Music and Social Movements: Mobiling Traditions in the Twentieth Century, Cambridge: Cambridge University Press, 1998, p. 113.

❷ 侯阿丹：《重新解读作为文化思潮的"垮掉一代"》，《南京师范大学文学院学报》，2005 年第 1 期，第 103－108 页。

　　"垮掉一代"自称"beatnik"。美国高速发展的经济使大众的物质需求得到了极大满足，然而传统的新教伦理和清教主义在工业化、城市化和消费主义面前显得苍白无力，从工业化到后工业化的社会转型使人们的精神寄托出现了断裂。"垮掉一代"憎恶美国社会的物质主义和商业文化，却又无力改变，因此他们通过桀骜不驯、离经叛道的生活方式对主流社会发起挑战和抗议。如同马尔库塞所描述的，他们起初是一些中产阶级青年知识分子群体，追求的是"开放的人生，是欢畅的、没有道德和文化禁忌过多约束的自我表达"❶，后来扩展到手工劳动者、工艺制作者、乐队演奏员、无固定职业者，也有大学生、艺术家和作家。

　　"垮掉一代"借用社会底层的穿着和生活方式与社会主流形成对抗。在他们的眼中，社会底层成为对抗主流社会的一种本体。"垮掉一代"故意衣衫褴褛，穿着牛仔裤，脚蹬皮凉鞋，喜欢住在城市中的贫民窟，与贫穷的人和那些犯罪分子交朋友，借以显示与社会底层的关系。在生活上，他们放荡不羁，吸毒、酗酒、纵欲，开创了"幻觉文化"，企图通过身体的极端体验来达到反抗社会、回归自我的目的。"垮掉一代"还深受黑人爵士音乐文化的影响。他们借用爵士音乐家的语言，形成了独特的语言风格。他们对自由有着执着的追求，热衷于爵士乐、东方的禅宗，由于外部权力机构的压制、"垮掉"运动自身分散多变的行动风格、过度放荡的生活方式带来的负面影响以及"青春期造反"潮流的消退，尤其是回归田园式乌托邦的不切实际，"垮掉"运动不可避免地失去了它激进的锋芒，由高潮走向衰落。

　　"垮掉一代"对美国当代文学和文化造成了巨大的影响。"垮掉派"作家艾伦·金斯伯格（Allen Ginsburg）、杰克·可鲁亚克（Jack Kerouac）、威廉·巴勒斯（William S. Burroughs）创作出了《嚎叫》《在路上》《裸露的午餐》等美国 20 世纪诗歌、小说的经典之作，被奉为后现代主义的鼻祖。而"垮掉一代"的生活方式和精神追求则冲击着美国主流社会的秩序，并为后来的嬉皮士文化所借鉴。"垮掉一代"的影响甚至超越了国界，在世界各地青年中引起了强烈反响，至今在世界各地仍然拥有大批追随者。

　　在美国，与"垮掉一代"一脉相承的青年亚文化还有嬉皮士文化。嬉皮

---

　　❶ 李斯：《垮掉的一代》，海南出版社，1996 年版。

士是 20 世纪 60 年代反对主流社会的又一个亚文化群。由于反对技术至上的后工业社会模式，反对美国的越南战争和与苏联的冷战，反对实用主义的大学教育，追求自由和向往大自然，生长在战后的美国婴儿潮一代在成长为青年后采用了"垮掉一代"的反抗方式，并且有过之而无不及。

嬉皮士和"垮掉一代"一样喜欢奇异的服装造型，如褪色的牛仔裤、念珠、手镯之类的装束。他们还喜欢留长发和胡须，自称为"花之子"，因为他们向警察和迫害他们的人献上鲜花。嬉皮士文化有四大精神支柱：摇滚乐、吸毒、纵欲和群居生活。

摇滚乐对嬉皮士文化影响巨大。摇滚乐兴起于 20 世纪 50 年代，本是黑人民间音乐。1951 年，克利夫兰电台主持人在将一首《我们要去摇，我们要去滚》的节奏布鲁斯歌曲中的"摇"和"滚"合在了一起，创造了"摇滚乐"一词。通过电影摇滚歌曲和电台摇滚唱片的播放，摇滚乐风靡欧美，出现了一大批著名的摇滚乐歌星和乐队，如鲍勃·迪伦（Bob Dylan）、猫王埃尔维斯·普莱斯利、滚石乐队等。摇滚乐与传统音乐有很大的不同，摇滚乐节奏强烈，歌词直白，贴近生活，表达青年对现实社会的不满、失望和批判。因此，"摇滚乐是嬉皮士的集体宗教，它表达了他们的内心世界"❶。开始，嬉皮士们喜欢成群结队地坐在海滨和公园聊天、唱歌、弹奏乐曲和唱歌，这种聚会叫"狂欢大会"。当聚会的人越来越多时，摇滚乐队就开始演奏，音乐的声音压倒一切，聚会就在摇滚乐中达到高潮，嬉皮士把对现实的不满全部发泄到摇滚乐中。

除了摇滚乐，毒品也是帮助嬉皮士逃避压抑的现实世界，麻痹自我的另一个良方。和他们的前辈"垮掉一代"一样，他们吸大麻，用海洛因，还使用 LSD（迷幻药），掀起了一场"幻觉革命"。这样大范围地使用毒品在历史上是空前的。据《生活杂志》报道，1967 年，美国吸食毒品者超过了 100 万。❷ 美国迷幻药（LSD）的发明者阿尔勃特·霍夫曼（Albert Hoffmann）在解释为什么嬉皮士使用他的迷幻药时指出，使用毒品是有其深刻社会原因的："物质崇拜主义，工业化和不断都市化造成的同大自然的隔绝，在这个富足的

---

❶　温洋：《反主流文化的亚文化群——嬉皮士》，《美国研究》，1988 年第 4 期，第 95-112 页。

❷　Allen J. Matuson. The Unraveling of America：A History of Liberalism in the 1960s. New York：Harper & Row Publishers，1984.

社会里，生活反倒无聊乏味，没有意思，失去其宗教、教育及有价值的基础……这些是导致'嬉皮士'运动发生和发展的因素，他们与迷幻药热同时出现。"❶

性解放和性自由也是嬉皮士追求的目标之一。受诺曼·布朗（Norman Brown）的影响，嬉皮士们认为：物质社会造成性生活成为物质享受的陪衬品，社会应该减少乃至取消对其成员性欲的压抑，让他们回归到人类存在的自然状态，尽情地享受自然人的感官乐趣。他们不仅将性自由看成感官享受的一部分，而且将其作为反抗主流社会的手段。嬉皮士中普遍存在男女未婚同居的现象。同时嬉皮士还积极追求同性恋的权利。同性恋自由在美国长期以来都是禁区，以金斯伯格为首的嬉皮士主动向社会亮出自己的同性恋身份，为同性恋者的权利和尊严奔走呼号，号召同性恋者勇敢出柜，这对美国社会造成巨大冲击，对美国传统性观念造成巨大影响。

嬉皮士还有一个特点就是群居生活。为了能够充分享受自由，按照嬉皮士的标准生活，嬉皮士还建立了自己的公社。这些公社远离城市，建在乡间或者山区，没有现代文明和物质社会的干扰。在这些公社中大家各自为政，平等相待，以爱的精神和兄弟般的情谊维系相互之间的关系，建立起与自然和谐共处的关系。20 世纪 60 年代中期，嬉皮士公社多数存在于旧金山。到 1970 年，嬉皮士公社共计 7000 多个，城市和乡间分别为 5000 多个和 2000 多个，公社社员总人数有二三百万人。

嬉皮士文化最盛大的一次活动是伍德斯托克音乐节。1969 年 8 月 15 日至 17 日，嬉皮士们在纽约州北部举行了一次为期三天的盛大流行音乐节，大约 45 万年轻人蜂拥而至，形成一片人海。他们坐在泥泞的草地上，在滂沱的大雨中聆听流行歌手和摇滚乐队的轮番演奏。在伍德斯托克音乐节后，盛极一时的嬉皮士文化在历经了 10 年的辉煌后终于在 20 世纪 70 年代走到了尽头。嬉皮士乌托邦式的理想注定难以实现，因此嬉皮士文化的衰落也就难以避免了。

20 世纪五六十年代在大西洋的另一边，作为青年亚文化重地的英国也迎来了青年亚文化的繁荣期，但是这种青年亚文化并未如美国的青年亚文化带

---

❶ 温洋：《反主流文化的亚文化群——嬉皮士》，《美国研究》，1988 年第 4 期，第 95－112 页。

来全球影响，其影响主要局限在英国本土。这种青年亚文化也不是产生于中产阶级青年中，而是出现在工人阶级青年中，包括泰迪男孩（Teddy boy）、摩登族（Mod）、洛克族（Rocker）和光头仔（Skinhead）。

20 世纪 50 年代初在英国伦敦东部出现了泰迪男孩，他们主要由工人阶级青年组成，年龄在 18~20 岁。由于从学校毕业到服兵役还有 2 年的等待期，在这较短的一个空闲期间，他们形成了一个有归属感和群体意识的群体。"泰迪男孩"一词是由媒体首先创造出来的，第一次出现是在 1954 年 3 月 23 日的《每日要览》（Daily Sketch）的一篇文章中，这篇文章将泰迪男孩描述为"穿着爱德华时代服装的年轻暴徒"❶（Teddy 是爱德华国王的昵称）。泰迪男孩有两个特点，他们偏爱复古的服饰和美国的摇滚乐。泰迪男孩特别喜欢穿着改装的充满贵族气息的爱德华七世时期的服饰，那是一种宽大的西装外套，常用天鹅绒做绲边装饰衣领和口袋、细细的领带，内衬黑色或白色的高领宽松衬衫以及有着厚底的爱尔兰粗革皮鞋，女孩则受美国时尚潮流的影响，偏爱马裤、百褶裙和低胸装，发型上男孩是油腻的富有造型的飞机头，女孩是马尾辫。另外，泰迪男孩深受美国摇滚乐的影响。1953 年，摇滚电影《黑板丛林》（Blackboard Jungle）在英国上映，摇滚乐开始进入并风靡英国。美国摇滚乐歌星猫王埃尔维斯·普莱斯利、比尔·哈利（Bill Harry）等成为泰迪男孩喜爱的摇滚乐歌手。

泰迪男孩具有强烈的仇外心理，因此一些人还卷入针对拉美裔移民的袭击斗殴中。如 1958 年有 300~400 名白人青年（其中大部分是泰迪男孩）袭击了位于伦敦西部诺丁山的拉美裔移民的聚居区。❷他们甚至拒绝听拉美裔摇滚歌手的歌曲。由于媒体对泰迪男孩打架斗殴事件的大肆报道，泰迪男孩在公众的心目中形成了负面印象，成为不良青年的代名词，任何穿着这种类型服饰的青年都被拒绝进入公共场所，因此 20 世纪 50 年代后期泰迪男孩逐渐淡出公众的视线。

20 世纪 60 年代初期，由于英国社会向消费社会转型，青年人口的可支配

---

❶ 戴立云：《战后英国青年文化与大众传媒》，《中国青年研究》，2007 年第 4 期，第 85-87 页。

❷ Travis Alan. After 44 years secret papers reveal truth about five nights of violence in Notting Hill, the Guardian ［EB/OL］, http://www.theguardian.com/uk/2002/aug/24/artsandhumanities.nottinghillcarnival 2002,（2002-12-8）［2016-6-20］.

收入增加，在泰迪男孩之后又兴起了摩登族（Mod）。mod 是 modernist 的简称，玛丽安认为摩登族首先出现在伦敦东部郊区服装行业的犹太青年中，● 而西蒙·弗里斯则认为常去爵士乐酒吧的青年艺术家中诞生了摩登族。● 摩登族被认为是工人阶级中的"花花公子"。像泰迪男孩一样，早期的摩登族对于服装十分讲究，喜欢体面整洁的西装，尤其注意细节的差别，以让"内行"注意到，他们的发型短而整洁，常常骑着意大利速可达牌摩托车。他们也常去俱乐部、舞厅和唱片行，迷恋除了摇滚乐以外的其他黑人音乐，如美国非裔的灵魂乐，牙买加的斯卡和节奏布鲁斯，英国本土的乐队甲壳虫（Beatles）、谁（the Who），同时受到美国嬉皮士的影响，他们也使用安非他命这样的毒品。

摩登族的兴起与英国新兴的披头风咖啡店（beatnik coffee bar）有直接的关联。披头风咖啡店原本针对中产阶级以及艺术学校的学生，后来却成为摩登族的空间。其最主要原因在于传统的酒吧晚上 11 点就关门，而这种咖啡店则营业到凌晨。此外，这类酒吧还设有点唱机（jukeboxes），在这里，年轻人可以投币点选自己所喜爱的音乐，披头风咖啡店因此成为年轻人愿意彻夜驻足、认同的空间。从这里我们也不难理解为何速可达摩托车成为摩登族的必备工具：只有个体得以自由移动的摩托车，才能在公共交通系统都已停止的夜晚穿梭。

20 世纪 60 年代中期，在英国北部还兴起了洛克族。洛克族主要属于工人阶级青年。与摩登族不同，他们身着皮衣，喜欢摇滚乐，深受马龙·白兰度电影《飞车党》（The Wild One）的影响，常常骑摩托车飙车，除了出现在公路或都市空间，也出现在狂飙起点或终点的咖啡馆，但是他们从不使用毒品。因此洛克族与摩登族相互敌视。摩登族认为洛克族粗野、颓废甚至是肮脏，而洛克族则认为摩登族柔弱、傲慢、讲求派头。60 年代中期，两派在英国南部出现了摩擦，甚至斗殴。1964 年，在英国南部海滨城市布莱顿发生了两派的斗殴，3000~5000 个两派青年在此大打出手，极大地加深了大众对青年亚文化群体的负面印象。

● Long, May Anne. A Cultural History of the Italian Motorscooter, senior thesis presented To Prof. Anne Cook Saunders on December 17, 1998, www. nh-scooters. com/filemanager/download/11/php1C. pdf.

● Frith, Simon and Howard Horne. Art into Pop, 1987, p. 86-87.

20世纪60年代末，从摩登族演变出了一种新的青年工人阶级亚文化——光头仔（Skinhead）。他们在发型服饰上都模仿典型的工人：理平头，穿吊带裤、工作靴或者是军靴。光头仔是清教徒，具有好斗的特点。他们出没于足球赛的看台、当地青年俱乐部和街头，甚至组成自己的帮派。他们喜爱拉美风格的雷鬼乐，常常和拉美青年移民混在一起。但是到20世纪70年代由于雷鬼乐中黑人民族主义日益抬头，他们开始转移视线。光头仔这一特殊的亚文化形态在70年代也慢慢走向了尽头。

从20世纪五六十年代英国青年亚文化的发展来看，这一时期英国青年亚文化影响主要限于国内，而且显示出南北地域的差别，这些亚文化群体主要是在休闲爱好、服饰装扮上与主流社会形成了区别，但并未如美国的嬉皮士文化那样对主文化形成强烈冲击。

二、温和的七八十年代

如果说20世纪五六十年代的青年文化充满了理想主义的色彩，那么七八十年代的青年文化则更多地笼罩在现实的阴影之下。在经历了经济上飞速发展，社会上各种社会运动涤荡的60年代后，七八十年代的欧美社会经济发展开始停滞。一方面受到1973年经济危机和1979年的能源危机的影响，西方国家陷入经济衰退，失业率攀升。70年代与60年代相比，国民生产总值增长率从4.1%降为2.9%，工业生产率从5.5%降到3.2%，美国平均失业率在1970—1979年上升到6.6%，1980—1983年进一步上升到8.5%。"失业问题已构成70年代以来美国最严重的经济问题。"❶ 由于失业问题的加剧，中产阶级的比重在社会中降低，从1975年的43.4%降为1980年的42.2%和1985年的39.4%，❷ 人民生活水平下降。失业率的飙升引发了各地工人罢工不断增多，邮政、铁路、煤矿、交通行业都举行了有史以来规模最大的罢工。人们对联邦政府的信任也动摇了。1979年，非常信任联邦行政机构的人降至17%，而1966年则有41%。❸

---

❶ 孙刚：《七十年代以来美国就业结构的变化与结构性失业》，《世界经济》，1985年第10期，第45－53页。

❷ Statistical Abstract of the United States. Washington, 1987, p.436.

❸ James, Q. Wilson. American Government: Institution and Politics. Massachusetts: Heath, 1983, p.84.

政治上，英美国家的保守主义思想开始抬头。1973 年，在美国历史上持续时间最长并使政府陷入危机的越南战争让美国政府吃尽苦头，美国政府在反战浪潮的呼声下终于签订了停战协定，美国军队撤出越南。而在美国国内政坛上，受水门事件的影响，美国总统尼克松被迫辞职。政治上的一系列负面新闻使人们对现实的安全感产生怀疑，于是新保守主义思潮抬头。新保守主义反对新政以来的自由主义传统，主张限制国家干预，维护自由企业和自由市场制度；反对平等主义，要求实行保守主义的福利政策；呼吁恢复传统价值观念，强调宗教、家庭和学校的作用，是当代美国社会中一种很有影响的保守主义的思想。❶ 新保守主义主张坚决打击青年亚文化，保护传统文化，维护西方社会的社会文化基础。20 世纪 70 年代中期以后，新保守主义的思潮对政府决策影响日益加大，社会思潮从激进趋向回归传统。

另一方面，由于 20 世纪 60 年代各种社会运动的风起云涌，传统的价值观受到巨大冲击，60 年代人们对于婚姻家庭的前卫观点开始进入主流社会。传统的家庭形式出现了急剧的变化，甚至走向解体——离婚率快速上升，达到结婚率的 1/3。80 年代后该比例飙升到 50%。离婚率不断上升的后面留下的是为数众多的单亲家庭。1960 年，18 岁以下孩子所属单亲家庭的比率是 9%，1986 年，这一比率上升到 25%（黑人单亲比率从 2% 上升到 53%）。❷ 未婚同居和单身人士人数也增长惊人。在这种社会背景下，青年也更加现实地考虑社会和自身的前途，更加关切个人利益，厌恶政治上的党派斗争。一些学者称七八十年代的年轻人为"现实的一代"或者"自我一代"。

由于外部环境的恶化，无论是嬉皮士文化还是英国的工人阶级亚文化到 20 世纪 70 年代都开始没落，在欧美国家出现了两种对后世影响深远的青年亚文化——朋克文化和嘻哈文化。

朋克（punk）文化是青年用音乐及其相关形式建立的对恶化的经济政治大环境的一种反应。朋克原意为"垃圾""废物"，出现于 20 世纪 70 年代的美国，纽约先锋艺术家安迪·沃霍尔（Andy Wahol）发起的"地下丝绒"乐

---

❶ Zerougui, Abdelkader. America at the Crossroads: Democracy, Power, and the New Conservative Legacy (Book Review). Middle East Policy, 14.1 (SPring2007), p. 170.

❷ 陈奔：《从美国家庭变革看其价值观》，《厦门大学学报》（哲社版），1996 年第 2 期，第 14—19 页。

队首开西方朋克摇滚之先河。但是朋克发展为引人瞩目的青年亚文化则是在英国，是英国青年对现实绝望甚至否定的反应。

朋克文化的形成与朋克摇滚乐密切相关。朋克反对过去注重音乐技巧的表达，简单直接，倾向于思想解放和反主流的尖锐立场，废黜了明星对话语权的垄断，让所有热爱音乐的人"自己动手"创造音乐，表达自己，让所有的人都真正"独立"地去搞音乐，而不使传统、权威或者大公司成为无论是音乐还是个人自身发展的羁绊。摇滚乐中的个人主义和个性创造从此进入了一个新的高度。

朋克音乐最著名的代表是性手枪（Sex Pistols）乐队。性手枪乐队以原始粗糙却具生命力甚至有暴力倾向的表演方式，以及崇尚虚无主义、高唱无政府失序混乱状态的内容，吸引了大批的学生与工人阶级听众。他们作风大胆，发表的专辑"God Save The Queen"的唱片封套甚至把英女皇的嘴巴用"Sex Pistols"的封条封着。由于性手枪乐队造成的巨大争议，他们的首次巡回演出大部分都被当局取消，唯一的一次演出现场也引发了暴力。值得注意的是，性手枪乐队的作品在当时虽然被禁，却也因此在地下形成一股势不可当的音乐革命潮流。其后，英国的朋克乐队如雨后春笋般迅速发展，朋克文化也对社会形成了巨大影响。

朋克信奉虚无主义和无政府主义，声称要做被社会忽视的失业青年的代言人。面对当时恶化的社会经济环境，他们通过音乐来表达青年的不满和愤怒，对未来持悲观的态度，呐喊"你们没有未来"。朋克与雷鬼乐有着密切联系，后者反对种族主义和阶级压迫，许多朋克乐队参加了"反对种族主义摇滚"的巡回演出。同时，朋克还反对性别歧视和偏见，支持男女平等，朋克族的装扮没有男女差别，性别界限被完全打破。

朋克反对消费主义，信奉 DIY（Do-It-Yourself），在服饰上形成了明显的风格。他们把从慈善机构和跳蚤市场得到的那些廉价的服装和布料进行再造加工，使服装呈现出一种新的粗糙的风格：安全别针、金属挂链、皮带、衣服破洞等表明贫困身份的衣饰成为朋克的标志。朋克的发型也引人瞩目，他们用糖和水的混合物、肥皂液、白明胶、PVA 胶、头发定型胶液等各种方法来塑造发型，把头发尽可能弄成很高，并染上令人吃惊也很不自然的颜色：通常是非常苍白的黄色，有时是红色、绿色、橘色或淡紫色。朋克涂黑眼圈，

还经常在耳朵、鼻子、脸颊和嘴唇等身体的其他部位用安全别针和撞钉穿孔，表现得十分另类。❶

朋克文化对音乐、时尚和青年政治产生了重要影响。在朋克之后，出现了众多受到朋克音乐影响的摇滚风格，在其他音乐类型，如硬核、说唱、爵士/速度疯克、工业音乐、歌特/华丽摇滚、重金属、激流金属、速度金属以及其他一些抵制商业操纵的音乐风格中我们也能看到朋克的影响。在时尚方面，朋克文化对后来产生的后现代时装风格产生了重要影响，如今朋克独有的那些风格和式样已经汇入主流的设计理念中，产生了时尚大师如维维安·韦斯特伍德（Vivienne Westwood）等。朋克文化的核心精神——自助（Do It Yourself）精神鼓舞了当时的青年参加"摇滚反对种族主义"运动、反对里根政府的硬核运动和支持女权的"暴乱女孩运动"。❷

在大西洋西岸，另一种青年亚文化也开始出现并席卷美国——在美国纽约的贫民窟诞生了嘻哈文化。20 世纪 70 年代，纽约布朗克斯区是纽约底层黑人和拉美移民聚居区，帮派林立，毒品泛滥，失业率居高不下。许多失业的黑人青年通过音乐和舞蹈发泄情绪，疏解压力。这种街头派对的音乐和舞蹈通过众多分布在纽约的移民社区在纽约流行开来。1979 年，第一个说唱团体糖山帮（Sugarhill Gang）所唱的《说唱歌手的快乐》成为第一首嘻哈歌曲，在商业上获得了空前的成功，随后又出现了反映嘻哈文化的电影《狂野风格》，嘻哈文化开始受到商业包装，从表现城市黑人生存状况的街头文化活动演变为一种商业文化。20 世纪 80 年代中后期，嘻哈音乐出现了更多的风格，包括美国东岸和西岸嘻哈音乐，嘻哈音乐的多样化受到美国社会民众的欢迎，并开始超越国界，传播到其他国家。20 世纪 90 年代，由于全球化和去工业化浪潮席卷世界，许多国家失业率居高不下，尤其是低收入阶层的城市青年更是深受影响，嘻哈文化作为对主流社会的抗议，成为世界各地的青年表达个人思想并与世界对话的途径，逐步发展成为全球性的文化。如今，嘻哈文化

---

❶ 张战胜、周灵、张晓明：《窥探：朋克运动对现代服装风格的影响》，《电影文学》，2008 年第 16 期，第 131—131 页。

❷ Moran, I. P. Punk: the Do-It-Yourself Subculture. Social Sciences Journal. 10（1），2011，http://repository.wcsu.edu/cgi/viewcontent.cgi? article = 1074&context = ssj&sei - redir = 1&referer = http%3A%2F%2F.

中的说唱乐（rap）代替摇滚成为最受青年欢迎的音乐，❶ 嘻哈文化从代表美国城市底层青年呼声的典型文化逐渐演变为一种全球时尚文化。

嘻哈文化包含四大要素：MC（随节奏说唱）、DJ（转动唱片及混音）、街舞（break dancing）和涂鸦艺术。❷ MC 在派对中以人声制造节奏以及模仿机器所发出声音如鼓声或刮擦声，后来演变为说唱乐（rap）。DJ 作为播放唱机的操作员，在派对中选择并播放音乐，和说唱歌手配合制造派对气氛。涂鸦艺术是年轻人在城市公寓的墙上，地铁、汽车等城市交通工具上喷涂，开始只是一些个性签名，后来逐渐发展为使用色彩鲜艳、个性鲜明的字符、标志、图形表达自我的主张和个性。街舞最初是城市黑人青少年模拟帮派打斗的战斗舞，发展出包括摇摆步、冻姿、地板舞的舞蹈。这四种元素涉及了音乐语言、肢体语言、视觉语言，是嘻哈文化最初的表现形式。嘻哈文化在后来的发展中出现了极限运动、街头篮球、街头足球、时尚服饰等，嘻哈文化形式丰富多样，因此受众广泛，受到青少年广泛喜爱。

从 20 世纪七八十年代的青年文化看，在经历了叛逆与激进的 60 年代之后，青年文化开始趋向平稳，回归理性，甚至陷入虚无主义，对主流文化的冲击减小。有研究者甚至认为，20 世纪七八十年代是青年文化的"过渡期"，是代际文化更替的正常表现。❸ 同时，青年文化与社会大环境联系更加紧密，而且青年文化对社会的影响开始向日常生活蔓延。

三、90 年代以后

20 世纪 90 年代的青年亚文化在经历了温和的七八十年代之后，开始出现了新的趋势。一方面各国青年文化随着全球化的发展，互联互通，相互渗透，青年文化呈现出全球化趋势；另一方面，在计算机和互联网技术的支持下，青年亚文化也朝虚拟化发展。在此基础上，各国本地青年文化继续发展，出现了在过去的青年亚文化基础上发展的风格和更加多样化的青年亚文化群体。

---

❶ Reese, R. From The Fringe: the Hip Hop Culture and Ethnic Relations. Popular Culture Review, volume XI, No. 2, 2000.

❷ Kitwana, B. The Hip-Hop Generation: Young Blacks and the Crisis in African American Culture. New York: Basic Civitas, 2002.

❸ 刘杰：《美国青年文化的新价值取向》，《青年研究》，1996 年第 8 期，第 44—49 页。

全球化是 20 世纪 80 年代后期出现并在 90 年代持续发展的国际趋势。在经历了漫长的经济衰退与萧条之后，欧美国家的经济开始好转。例如，20 世纪 90 年代美国的国内生产总值年均增长率约为 3%，劳动生产率年均增长率约为 2.5%；而通货膨胀率一直维持在大致年均 2.4% 的低水平，失业率也始终低于 6%。在经济复苏的条件下，由于自由贸易和交通通信技术的发展，一方面各国经济相互影响和相互依赖的关系愈加明显，另一方面跨国公司为代表的市场力量加速了商品、服务和生产要素的跨国流动，而国际组织和各国政府努力推动全球经济资源配置也推动了全球化的发展，经济全球化成为青年文化全球化的经济基础。

贝斯利（A. C. Besley）认为，处在晚期资本主义的后工业社会中，有两大特征影响青年亚文化的生长和传播，"一是被跨国公司而不是被单一国家影响和主导的消费社会，另一个是被信息技术、媒介和服务行业而不是被旧制造业赋予特征的全球化社会"[1]。在全球化社会的影响下青年亚文化出现了一系列新的变化。首先，具有重大影响的青年文化呈现出全球化的趋势，如 20 世纪 80 年代风靡欧美的嘻哈文化、朋克文化现在已成为各国青年文化中常见的文化元素，受到世界各地青年的喜爱和追捧，在当地都出现了全球化青年文化的本地认同形式。有学者认为文化的全球化将导致文化的同质性，然而从各种青年亚文化的全球化发展来看，青年文化的全球化构建远比我们想象的更为复杂，呈现出本地实践性、多元互动性的特点。

青年文化的全球化发展具有本地实践性，青年亚文化的本地化并非当地青年对外来青年文化的全盘吸纳，也不是对其简单地适应和模仿，而是本地青年基于现实实践对全球性青年文化的改造过程，研究全球化的学者罗兰·罗伯森（Roland Robertson）认为，文化的全球化也就是文化的全球本土化过程（glocalization），包括本土化的连接和本土化的创造。本土化的创造就是根据本地的境况将外来文化的形式和内容加以改造、融合、创新，加入本地文化的元素，这一过程是全球化和本地化的双向过程。[2] 例如，当嘻哈文化传播到中国后，

---

[1] A. C. Besley. Hybridized and Globalized: Youth Cultures in the Postmodern Era, Review of Education. Pedagogy, and Cultural Studies, 2003, Vol. 25 (2).

[2] Robertson, R. Glocalization. Time – space and Homogeneity – heterogeneity. M. Featherstone, S. Lash, & R. Robertson (eds). Global Modernities. London: Sage, 1995, p. 25-44.

中国青年对嘻哈文化形式进行改造，反映本地青年的思想和诉求，并加入中国文化元素，将嘻哈文化融入了本地青年文化的元素，从语言到内容形成了不同于美国或者其他国家的中国式嘻哈文化。在世界其他地方的嘻哈文化也发生了相似的变化，全球性青年文化成为在同质化形式下异质性的青年文化形态。

青年亚文化的传播打破了地域、阶级这些固有的边界，向不同文化、不同阶层和不同地域群体开放，呈现出互动性的特点。在青年文化的全球化过程中，文化不再是单向传播，而是双向甚至是多向的多元互动。各国青年不仅对全球化的青年文化进行改造以表达本地青年的诉求，而且这些本地化的青年文化元素通过跨国传媒和文化工业在各国间流动，相互影响，形成互动互融的格局，极大地丰富了全球性青年文化的内涵和领域。由于各国文化间的碰撞、交流和融合，走在文化前沿的亚文化具有了混杂性的特征。例如在非洲的穆斯林摇滚乐，在伦敦的亚洲说唱乐，或者在德国的美国动漫，无一不体现出受到多元文化影响下的青年亚文化的互动性和混杂性特征。

除了全球化的趋势，青年亚文化还呈现出虚拟化的趋势。20 世纪 80 年代后期，高科技产业迅速发展，计算机与互联网的发展使人类社会的生产方式和生活方式发生了深刻变化，突破了人类交往的空间、时间障碍，降低了交往成本，也改变了青年的社会交往。作为接受新鲜事物最为灵活的青年群体，网络已经成为青年获取信息、学习知识、休闲娱乐、社会交往的重要工具，并为青年文化的全球化奠定了技术基础。

网络制造出了虚拟的世界，这个世界和过去现实的青年文化一样，与主流文化保持了差异与隔绝。正如鲍德里亚所言称的那样，在符号建构的类像世界里，模型和真实之间的差别被销蚀，形象与真实之间的界限被内爆，人们从前对真实的那种体验以及真实的基础也一起消失。新媒介技术将众多的非自然的、非真实的成分引入赛博空间，并且运用超文本或者超链接技术，为青年亚文化与外部现实世界的断裂创造出了一种"自然"的表现场所，遮蔽了人与现实真实关系的呈现，促成了青年亚文化表达方式的图像化转型。

在这个虚拟的世界里，青年亚文化获得了更多自由表达的空间，而自由表达则始终是青年亚文化得以生产和传播的基本前提，它可以使青年据此克服自身的怯弱、羞涩、拘谨和不成熟的忧虑，避开成人家长般的监视和压抑，充分自由地去表达自我。但是同时，娱乐的特性也被无限放大。"在亚文化族群身上已经看不到那种与社会对立的激烈情绪，而是以相同的兴趣爱好集合到一起，或是借助网络、手机等新兴媒介去发泄，或是在自己的虚拟社区里持续狂欢。"❶ 我们看到，当代青年亚文化对待权威的方式并不是公然地抵抗和反对，而是采用拼贴、戏仿、挪揄、反讽的手段尽情调侃和讥刺，同时获取自我的愉悦和狂欢。例如网络文学由"寓教于乐"转向"自娱娱人"，网络视频聚焦重心由"艺术作品"转向"现场直录"，一切传统、经典、权威、主流的话语、作品和表达都面临随时被颠覆的命运，娱乐性消解了与权威话语对抗的严肃性，并将对抗转向了虚拟世界。在网络的影响之下，各种青年亚文化在网上恣意生长，成为这一阶段最具生命力的亚文化景观。例如网游文化、"小清新"亚文化、网络文学、恶搞文化、山寨文化等。

伴随着这些新的趋势，传统的本地青年亚文化也有出现，但是规模或者说影响以及对主流文化的冲击明显不如早期的青年亚文化。比较典型的青年亚文化包括锐舞文化、哥特文化。锐舞文化起源于英国，在欧洲十分流行。锐舞（rave）一词是 20 世纪 60 年代伦敦的加勒比海裔居民用来称呼派对的俚语，锐舞文化作为一种青年聚会文化，往往通宵达旦，其间播放电子或技术合成音乐，通常由音乐主持人控制整个聚会，少则几十人多则上百万人，2000 年 8 月的一个周末，100 多万狂欢者参加了在柏林举办的爱之旅大型锐舞舞会。

锐舞聚会一开始由于往往是非法聚会，而且使用毒品，因此遭到英国政府的禁止。由于青年锐舞迷的抗议，锐舞在英国得到了许可，1993 年参加人次达到了 5000 万。锐舞流传到欧洲其他国家，在 20 世纪 90 年代中期，德国锐舞组织"锐舞国"的成员达到了 2000 万。

大部分锐舞迷为出身工人阶级的青少年，他们往往穿着松松垮垮的喇叭牛仔裤，棒棒糖、安抚奶嘴和玩具娃娃等儿时物件是他们身上常见的装饰品，在舞会上锐舞迷还常常使用类似毒品的药物，因此备受争议。从某种角度而言，锐舞舞会是现代青年逃避现实压力的一种工具。

哥特文化本是中世纪中晚期的一种艺术，以黑暗美学为核心，颓废、死亡、黑暗是哥特文化的关键词。在英国，当朋克文化消退时，一些朋克歌手

---

❶ 《当代青年：从愤怒到游戏》，载《环球》，2007 年 9 月 5 日。

将朋克音乐融入了哥特元素，形成了当代独特的哥特亚文化。

哥特族不像嬉皮士或者朋克那样有政治诉求或者政治口号，他们标榜对个体的重视、互相宽容、创造性、理智，对守旧社会的厌恶以及对犬儒哲学和玩世不恭主义顶礼膜拜，通过热心地参与具创造性的活动，获得他人和自我的认同，比如组建乐队、客串 DJ、制作服装、设计、艺术活动或者创办写作爱好者杂志。在音乐上它承袭了 20 世纪 70 年代欧美朋克摇滚音乐的风格，阴暗、怪诞而浪漫，形成了黑浪潮音乐，典型的乐队如 The Sisters of Mercy（仁慈姐妹），The Mission UK（英伦任务）和 Fields of the Nephilim（尼斐力人之地）。哥特时尚往往以黑色为主色调，黑色高耸的怪异头发、浓重的黑色眼影配以苍白的皮肤、黑色指甲油。装饰风格通常来自于伊丽莎白时期、维多利亚时期或者中世纪，并且常常带有天主教或其他宗教图案如十字架或 T 形十字章。

哥特族在同辈人中往往感到孤独，一些哥特族还有自残和自杀的倾向，而哥特族对于死亡的迷恋和与之相关的校园枪杀案（如道森大学枪杀案）引发了大众对哥特文化的批评和排斥。

从"垮掉一代"到泰迪男孩，从嬉皮士到光头族，从嘻哈族到哥特族，我们不难发现青年亚文化从诞生、发展到普及，60 年来不断推陈出新，展现出多种色彩。青年亚文化的影响是双重的，对于青年亚文化的成员来说，青年创造的相对独立的文化空间调节了青年由于在融入成人主导的主流文化时产生的心理压力、缓解紧张和焦虑，对青年的情感起到了宣泄的作用。同时青年利用时尚化的符号、以另类的着装及其生活方式的表现表达对成人世界的反抗和不满，对于社会变迁和动荡的迷茫及内心冲突，使青年能够使用非暴力形式为顺利进入成人世界和主流文化铺垫道路。因此这些标新立异的青年文化归根结底是青年能动地适应环境的手段或者是逃避现实的工具。

同时某些青年亚文化还对社会主文化造成了巨大的影响，尽管青年亚文化不可能在社会中占主导地位，但却可以影响社会主流文化，通过对主流文化的偏离、反哺促使社会改变文化的某些成分和结构，推动社会文化发展，成为变革主流文化、开拓文化发展方向的先驱。例如，随着网络时代、全球信息共享时代的到来，在青年中形成了网络文化。中国互联网络信息中心提供的数据显示，截至 2014 年 12 月，6 亿多中国网民中，10~39 岁年龄段的人群占 78.1%，其中，20~29 岁青年为最大群体，占比达 31.5%。由于对于计算机的操作需要相关的专业知识和良好的英文基础，青年同计算机具有"天生的"亲缘关系，而许多父母对此却力不从心，青少年基本上垄断了对互联网及其信息的话语权力。因此，在网络世界中，青年处于新技术的领先地位、新观念的引领地位、新文化的制定地位，他们凭借其在技术与心理上的优势，强有力地影响、"反哺"成人文化，改变了现实世界中人们的学习、工作和生活方式。正如美国学者理查德·弗拉克斯所说的："对于既存的社会秩序来说，青年的想法是很危险的，但也是很有希望的。"❶

---

❶ 理查德·弗拉克斯：《青年与社会变迁》，北京日报出版社，1989 年版，第 132 页。

第二章　青年亚文化研究理论综述

青年亚文化在这 60 年来绚丽的姿态不仅吸引了青年的参与，而且吸引了文化学家、社会学家的目光。从青年文化诞生之日起，欧美学者就对青年亚文化产生的背景、群体、手段和意义从各个角度使用不同的研究方法进行了研究，经历了将青年亚文化研究学科化的芝加哥学派、开拓青年亚文化研究领域的伯明翰学派和互联网时代的后亚文化研究阶段。

第一节　芝加哥学派的亚文化研究

对青年亚文化的开拓性研究开始于 20 世纪初期的社会学芝加哥学派（Chicago School）。所谓芝加哥学派是芝加哥大学建校几十年所形成的众多成就卓著、影响深远的不同学术派别的总称，这些学术派别包括哲学芝加哥学派、政治学芝加哥学派、经济学芝加哥学派、建筑学芝加哥学派，当然也包括社会学芝加哥学派。社会学芝加哥学派从出现到崛起其实也经历了一个过程。一般认为，从 1892 年芝加哥大学社会学系创办到 1915 年为社会学芝加哥学派早期发展阶段；1915 年至 1935 年为社会学芝加哥学派的全盛时期；1935 年之后社会学芝加哥学派进入衰败时期。社会学芝加哥学派研究的对象是美国，特别是芝加哥城市的社会问题。20 世纪 20 年代，芝加哥成为美国第二大城市和移民中心之后，出现了一系列的社会问题。过度都市化、大量海外移民的涌入、日益严重的贫富分化、失业人口的增加、工作条件恶化、生活水准降低、贫困阶层出现和各种各样的犯罪问题出现和加剧，同时也导致了包括"边缘人"现象在内的更为广泛的行为失序、心理失序、道德失序和社会失序等问题，这些引起了芝加哥大学社会学系学者们的注意。在他们的研究中，对城市移民、越轨青年帮派等城市群体的研究开启了青年亚文化研究的序幕，同时他们使用的研究方法，如民族志学（ethnography）的方法和参与调查法（participatory observation）也开拓了青年亚文化的研究手段。

早期芝加哥学派的代表人物托马斯在研究社会失序方面的贡献巨大。托马斯是早期芝加哥学派主要成员中研究成果最多、学术思想最丰富的学者。他早年求学于德国，深受欧洲社会学的影响，开创了社会学研究的文化人类学传统。文化人类学发源于欧洲，这是一门从人的角度出发研究文化的科学，至 19 世纪末期文化人类学已经相当成熟，大师级的学术人物和学术著作均已出现，如英国弗雷泽的《金枝》、泰勒的《原始文化》等。托马斯与兹纳涅茨基合作，对波兰移民进行了研究，出版了开创性的巨著《波兰农民》，提出了社会解体和社会重组的概念。移民是当时美国社会乃至世界变化的一个缩影，从某个角度来说，关注欧洲和美国的波兰移民就是关注整个美国和整个世界当时正在发生的巨变。1899—1910 年的 11 年间，在美国移民总数中波兰移民占 1/4，托马斯选择波兰移民作为研究对象的一个重要原因在于这些波兰移民在差异性的社会环境下所表现出来的显著特征，他试图从这一社会群体中发现诸如社会人格、情境决定、态度和价值之类的秘密，揭示个人与社会相互作用和影响的社会心理事实。在这本书中，他认为社会解体是由于"现有的社会行为准则对团体的个体成员的影响的减少"❶，美国的社会解体正在以惊人的、戏剧化的方式进行。社会解体可以分为家庭解体和社区解体，其中家庭解体导致了青年的贫困化和青少年犯罪。面对这种状况，移民群体会改变它的态度，而相对不易变化的宗教价值观将负责传统规则和习俗的重建。这即是社会重组。

在研究方法上，托马斯通过有偿阅读的方式收集了来自波兰农民群体的书信、有关新闻报道数据、庭审记录、祷文、小册子等材料作为自己研究的第一手资料，这些资料真实地记录了波兰移民在相互交往的历史中所发生的一切真实的故事，他们的经历、文化、传统、情感、态度、价值观、信仰等。

---

❶ Emory S. Bogardus. The Sociology of William I. Thomas. Sociology and Social Research 34（1949），p. 34-48.

这一创新的调查方法开创了芝加哥学派使用民族志学研究社会的传统。

　　托马斯对移民的研究为芝加哥学派的崛起和繁荣奠定了理论基础，也为亚文化的研究开创了学科先河，其经验主义的方法催生了经验社会学研究的主题，奠定了芝加哥学派经验主义研究方法论基础，其著作成为芝加哥学派形成的标志。

　　随后，在罗伯特·E. 帕克（Robert E. Park）进入芝加哥大学社会学系后，芝加哥学派进入了鼎盛时期。芝加哥学派的核心思想是以社会平衡为核心的城市生态模型，奠定了芝加哥学派核心思想的正是芝加哥大学社会学系的系主任罗伯特·E. 帕克。帕克于1914年进入芝加哥大学社会学系。在此之前，他的主要职业是新闻记者。在从事新闻报道的十几年中，他就养成了观察城市发展和城市生活的习惯，他认为："城市就是一种思想状态，是各种道德态度和礼俗的整体，换句话说，城市并非简单的物理现象和人工建筑。城市与组成城市的人们的重要活动过程息息相关，是大自然，特别是人性的产物。"❶ 由此可见，帕克将城市看作是一个有机整体。他认为："社会学研究工作应该定位于芝加哥的都市文化，芝加哥就是一个社会实验室，这意味着应该去收集那些影响城市社会生活的各种材料，并对材料进行归纳和分析。"❷ 帕克建立了美国第一个城市研究中心，并提出了城市生态学的定义和构想。

　　城市生态学将城市视为一个有机的整体，各区域又各具特点。在社会或者文化上相似的人们被分别吸引到各个区域。一些相同职业的人，如售货员、司机、股票经纪人通过自己的职业被团结起来，但是城市中也有趋异的人群类型，他们具有与一般人群的不同之处，帕克对这些极端或者特异的类型很感兴趣。对他来说，城市就是产生极端问题的场所。帕克认为，城市在道德、文化方面都能容忍差异，帕克借助弗洛伊德的理论认为，城市文明的影响即使在其试图控制其影响的同时，也会希望尽量减少约束。城市使这些特立独行的人建立起"道德区域"，在这些区域中，这些趋异者的道德原则占主导地

　　❶ The Centinnial Catalogues. The University of Chicago, http：//www. lib. uchicago. edu/projects/centcat/centcats/fac/facch17_01. html.

　　❷ Martin Bulmer. The Chicago School of Sociology：Institutionalization, Diversity and the Rise of Sociological Research. Chicago and London：The Univerisity of Chicago Press, 1984, p. 93.

位。❶ 亚文化正是凭此而兴起，而亚文化在美国的崛起正是都市化的结果。帕克进一步将亚文化形成的原因细化，即把社会解体和重组的过程分为四个阶段：敌对、冲突、适应和同化。因此，在帕克看来，同化应该是社会解体和重组的最终目标。

帕克深受德国社会学家黑特纳的影响，重视人文地理学。在实地调查的时候，帕克鼓励学生们绘制各种与城市相关的地图，同时倡导深入异常群体中进行面对面的调查，参与到被观察者的日常生活中，开创了"都市生态结构研究"和"都市行为研究"的研究范式，以显示城市的特点。他将人文地理学的思想方法应用于实际研究中，同时运用其他各种实证研究方法，如访谈、观察、数据收集、文献分析也被广泛运用。这类经验研究方法的广泛应用对芝加哥社会学派的最终形成至关重要，极大地影响了社会学未来的发展方向。

在帕克的倡导下，芝加哥社会学研究者大量研究了偏离常规的亚文化群体：青少年帮派、歹徒、舞女、贫民窟居住者、自杀者、少数族裔，积累了大量有关芝加哥青少年犯罪、吸毒、卖淫、舞女生活等方面的数据，其中对于城市越轨青少年的研究成为青年亚文化研究的先驱。

芝加哥学派对于青年亚文化的研究贡献最大的就是对城市越轨青年群体的研究，其中威廉·福特·怀特功不可没。威廉·福特·怀特（William Ford White）生于 1913 年，1943 年获得芝加哥大学博士学位。1936—1940 年，怀特对波士顿市的一个意大利人贫民区（即称之为"科纳维尔"的波士顿北区）进行了实地研究，记录了其中青年帮派的活动。他以被研究群体——"街角帮"一员的身份，置身于观察对象的环境和活动中，对闲荡于街头巷尾的意裔青年的生活状况、非正式组织的内部结构及活动方式，以及他们与周围社会（主要是非法团伙成员和政治组织）的关系加以观察，并及时做出记录和分析，最后从中得出关于该社区社会结构及相互作用方式的重要结论。怀特称这些街角男孩为"一群以街角为社会活动中心的人，他们构成了他们同龄社会中的底层阶级，同时又是科纳维尔青年的主体"❷。尽管这些男孩生

---

❶ Gelder, Ken, ed. The Subculture Reader, 2nd edition, Routledge, 2005.

❷ William, F. White. Street Corner Society. Chicago University Press, 1943, p. xviii.

活在以工人阶级为主的家庭中，他们仍然感到阶级附属感，而这正促使了以组织紧密为特点类似帮派青年群体的形成。同时，他提出作为附属阶级的一员，这些青年在现有的政治文化和社会文化中没有发展的空间，因为他们的阶级无法从现有的文化中受益，这成为这些"街角男孩"在其特定的社区或公共领域的障碍，而这些障碍变相地鼓励和加大了他们的越轨行为，因为他们将越轨行为视为他们可以获得社会地位的一种途径。怀特强调尽管在犯罪率高的地区，人们将这样的行为视为青年帮派的常态，"街角青年"却将他们的行为视为正常，而成人社会则将他们的行为视为越轨行为。怀特还研究了街角文化。他对"大人物"与街角青年和大学生对待大人物方式的关系进行了研究，发现"社区的社会结构组织清晰、等级森严，帮派的行为方式异常固定，帮派成员每天都聚到一起，自由交流很长时间"。他调查了该社区的"诺顿帮"，发现诺顿帮的"每个成员在帮的结构上有自己的位置"，"并通过不断的相互义务维护它"[1]。

怀特对意大利青少年移民的研究是第一次对青少年亚文化的研究，展现了亚文化群体与同龄人群、政府机构关系的复杂性以及其内部结构和互动方式。这也是社会学领域中第一次使用参与观察法调查社会群体现象，怀特在其分析中吸取了马林诺斯基、涂尔干、帕累托等人的理论，同时他假定"集团内的地位（角色）、完成、精神状态三者之间存在联系，通过观察成员之间的评价和等级建立如何影响各个成员的行为和意识，从态度和价值意识的角度去观察小群体内的相互作用"。其著作《街角社会》成为研究青年越轨亚文化群体的典型，为后世的青年亚文化研究提供了理论资源。

芝加哥学派对于城市越轨青少年和越轨行为的研究，为青年亚文化研究注入了实质性的具体的内容，使得青年亚文化的研究对象更加具体，从城市化的角度、偏离和社区的角度研究亚文化的形成，为青年亚文化的研究开拓了新的领域，而他们使用的民族志学、田野调查和参与观察法更丰富了青年亚文化的研究方法，为后来的青年亚文化研究者提供了方法上的参考和借鉴。因此，我们可以毫不夸张地说，芝加哥学派是青年亚文化研究领域的先驱和规范制定者。当然芝加哥学派在研究内容和研究方法上也并非没有缺陷，在

---

[1] 彭佩拉尼·穆福恩：《南部非洲的街头青年》，《国际社会科学杂志》，2001 年第 2 期。

探讨越轨亚文化群体形成原因和社会结构之间的关系时，芝加哥学派过分强调外在因素，如城市环境和社会结构对于个体的影响力，而对于群体本身的能动因素没有进行深入分析。此外，其经验主义的研究方法由于缺乏系统性的解释也常为后来的社会学研究者所诟病。

在芝加哥学派的影响下，一些美国的社会学家继续对越轨青少年群体进行了研究，其中比较重要的两位是阿尔伯特·科恩（Albert K. Cohen）和霍华德·贝克尔（Howard Becker）。

阿尔伯特·科恩于 1918 年生于美国波士顿，1951 年毕业于哈佛大学，获得社会学博士学位，是美国著名的社会学家。由于对青少年越轨文化有过深入的研究，1993 年他因而获得了美国犯罪学会埃德温·苏斯兰德奖。他综合和发展了芝加哥学派的社会解体理论、莫顿的紧张理论、文化冲突理论和苏斯兰德的差异联系理论，首先探索了越轨亚文化形成的过程，并将亚文化概念应用于越轨青少年群体。科恩在其著名的《越轨男孩：帮派文化》中从社会底层的青少年群体的角度对亚文化现象进行了考察，他指出越轨亚文化是美国社会中，尤其是社会底层男性中最普遍的形式。越轨亚文化具有"非功利性、恶意性和消极"的特点，❶"越轨亚文化主要存在于工人阶级中"❷。而越轨亚文化出现的原因则与青少年面临的适应问题和他们所处的社会阶层相关。儿童家庭的社会阶层决定了他们将在社会中所面临的问题和经历。在民主社会，无论什么出身，衡量各阶层的标准都是同一个标准，即中产阶级的价值标准：如学业成功、理性、控制暴力和侵略行为、延迟欲望的满足、尊重财产权、礼貌待人等。底层青少年在融入社会时面对与本阶层不同的社会标准在先天上就处于劣势，因为底层阶级的文化鼓励非理性、即时的冲动和反应、暴力和侵略性的展示、不尊重财产等。当他们试图建立中产阶级的价值标准时，他们会感到自己差人一等，产生愤恨和敌意，这些产生了他们的地位挫败感。科恩因此提出了问题解决理论，即每个人的行为都是在试图解决自己在社会中遭遇的各类麻烦问题。在他看来，底层阶级出身的青少年所面临的一个核心问题就是地位挫败（status frustration）的苦恼，而这些青少年

---

❶ Cohen, Albert, K. Delinquent Boys: The Culture of The Gang. The Free Press, 1955, p. 25.
❷ Cohen, Albert, K. Delinquent Boys: The Culture of The Gang. The Free Press, 1955, p. 73.

形成的越轨亚文化就是他们解决地位挫败问题的特有方式。越轨亚文化颠覆了中产阶级的价值观，而崇尚相反的文化要素（如暴力和侵犯、破坏财产、即时享乐、学业失败）缓解他们的挫败感。青少年犯罪的行为以他们的亚文化的水准来看是正当的，只是在以"大文化"的准则衡量时，才认为它是"错误的"。在科恩看来，越轨亚文化是底层青少年对主流价值标准的一种反抗。

科恩的观点受到了相当大的诘难，博达（Barnard）感到科恩过高估计了越轨亚文化功利主义的方面，而没有强调家庭的动力。❶米勒（Miller）认为，青少年犯罪亚文化很少反映对地位丧失的反应，而更多地反映了工人阶级"集中关心"的扩大，从文化角度上这种关心不同于中产阶级的那些关心。❷对米勒来说，青少年犯罪是底层社会文化的产物，正是底层社会文化，对青少年犯罪亚文化产生过影响而不是对中产阶级文化起反作用。

另一位对青少年越轨亚文化做出理论贡献的是美国社会学家霍华德·贝克尔（Horard Becker）。贝克尔1951年毕业于芝加哥大学社会学系，获得博士学位，被认为是芝加哥学派鼎盛时期过后的代表人物。贝克尔主要研究了吸毒青少年、音乐家和学生等人群，并在其著名的社会学著作《局外人》中对越轨亚文化的形成进行了分析。贝克尔以音乐家为例，指出音乐家将他们与非音乐家对立起来，反过来又强化了他们的越轨亚文化。在该书中，贝克尔基于符号互动理论，系统阐述了标签理论。标签理论认为社会越轨者并非本人越轨，而是由于被人们贴上了这样的标签才会越轨。在《局外人》中，贝克尔认为：社会各群体通过制定规则并将这些规则应用到特定的人身上，并将他们标记为局外人而创造了越轨，正是这些不同的规则形成了越轨，从这一观点来说，越轨并非个人行为，而是对违规者使用了规则和惩罚形成的后果。越轨者是指被成功贴上越轨标签的人，越轨行为是人们贴上标签的行为。❸

贝克尔还认为，首先，造成越轨的原因并非先天的性格使然，也非社会

---

❶ Barnard. Teenage Culture-an Overview. Annals, special edn, 1961, Vol. 338. 1-12.

❷ Miller, W. B. Lower Class Culture as a Generation Mileu of Gang Delinquency. Journal of Social Issues, 14, 5-19.

❸ Becker, Howard S. Outsiders: Studies in the Sociology of Deviance. New York: Macmillan, 1963.

化的结果，社会的反应（也就是贴上标签）才是越轨行为的成因。其次，标签的张贴是有选择性的，并非所有的行为都会贴上标签。标签的张贴因时、因事、因人而异，同时标签的张贴还受到社会阶层因素的影响，弱势阶级的青少年更容易被贴上越轨的标签，因此标签的张贴是不公平的。越轨行为的养成是一个越轨者和非越轨者之间互动的过程，而不是个人和群体自身的特征。这个过程可以分为三个步骤：一是权威者或者关系密切者对越轨行为的察觉；二是贴上标签；三是越轨群体或者越轨亚文化对为加入该群体或者文化的人提供社会化的支持。越轨者并非一开始就有越轨的习性，而是在贴上越轨的标签后，个人会走上越轨的道路。❶

在贝克尔的拥护与提倡下，标签理论被发扬光大，进入繁荣时期，并逐渐成为 20 世纪 70 年代美国社会研究越轨行为的主要理论之一。标签理论提供越轨行为如何发生与持续的新观点，对越轨行为的研究做出一定的贡献，但由于此理论不够精确清楚，同时缺乏实证的证据，也引起不少批评的声浪。批评者提出了两点理由：首先，因为标签尚未出现之前，越轨行为业已出现了。即使承认标签及社会的反应是决定越轨行为的重要因素，仍难相信它们是唯一的因素。华特·高威（Walter Gove）❷ 甚至主张，标签的力量充其量只具有微量的影响，个人因素及背景因素更为重要，因此他认为"标签是越轨行为的结果，而非其原因"。其次，批评者指出，标签理论似乎把所有的越轨行为的责任都怪罪到贴标签者的身上，而把越轨行为视为无辜的受害人。正如罗纳德（Ronald Akers）所说："读此类文献时，我们似乎得到一个印象：有一个人走在街上，心中盘算着自己的私事，突然间，社会对他重重地迎面一击，并把一个玷污的标签贴了上去，然后他就毁了。"标签理论片面强调人们心理上的反应，而忽视社会问题本身的性质。

针对这些批评的声音，贝克尔于 1973 年发表了《局外人》的最后一章重新考虑标签理论。贝克尔称标签理论并非解释越轨行为最重要的理论，也并不认为越轨行为是外部力量的结果。实际上，标签理论是为了强调标签这一

❶ Becker, Howard. S. Outsiders: Studies in the Sociology of Deviance [M]. New York: Macmillan, 1963.

❷ Gove Walter ed. Labelling of Deviance: Evaluating a Perspective [M]. John Wiley & Sons Inc., 1975.

行为使行为者难以继续正常的生活从而促使其采取"反常"行为。

在青年亚文化的研究上，我们可以看到，美国的青年亚文化研究者主要对城市青年亚文化，尤其是对城市越轨青年文化进行了研究，这反映了城市青少年问题对于美国社会的意义。第二次世界大战以后，美国社会经历了巨大的变迁，经济的快速繁荣和城市化的扩张，涌现了不少青年亚文化群体，这使得保守传统的思想受到了巨大冲击，反叛的思潮冲击着美国社会。因此，对于这一特殊的对社会思想和城市面貌造成巨大影响的群体，美国学者给予了特别的关注。

第二节 伯明翰学派的亚文化研究

在美国之外，研究青年亚文化的重地就是英国。1964 年，英国伯明翰大学成立了当代文化研究中心（CCCS，the Center for Contemporary Cultural Studies），在其成立后的 20 年间，伯明翰学派取得了丰富成果，无论是研究的领域和研究的方法都出现了突破性的进展，成为青年亚文化研究最为繁荣的时期。研究中心工作的学者们被称为伯明翰学派。伯明翰学派的出现是当代青年亚文化研究的一个重要里程碑，它意味着青年亚文化研究进入了一个新的时期。

伯明翰学派跳脱了美国芝加哥学派功能主义和越轨行为的研究，以当时繁荣的英国青年亚文化为研究对象，继承使用了芝加哥学派的社会学和人类学研究方法，同时还使用符号学、结构主义的理论方法，从大众传媒、大众文化、"日常生活"的角度分析第二次世界大战以后英国工人阶级青年亚文化的成因、表现形式和意义。他们认为青年亚文化是工人阶级青年借助日常的时尚风格对主流社会和统治阶级的一种象征性的反抗，亚文化与主文化之间保持着"抵抗"和"收编"的关系。伯明翰学派代表学者包括理查德·霍加特（Richard Hoggart）、菲尔·科恩（Phil Cohen）、斯图尔特·霍尔（Stuart Hall）、约翰·克拉克（John Clark）、保罗·威利斯（Paul Willis）、迪克·赫伯迪格（Dick Hebdige）、安吉拉·麦克罗比（Angela McRobbie）。

理查德·霍加特作为伯明翰现代文化研究中心的第一任主任，是伯明翰学派的开山鼻祖，英国文化研究的奠基人之一，其著作《识字的用途》与雷蒙德·威廉斯（Raymond Williams）的《文化与社会》《漫长的革命》，E. P. 汤普森的《英国工人阶级的形成》一起，成为后来斯图尔特·霍尔所称英国传统的文化研究的奠基之作。霍加特出身于战后的英国工人家庭，在读完大学之后从事成人教育的工作，曾在莱斯特与伯明翰教授英语文学，在进行传统文学研究的同时断断续续地在报纸上发表了与工人阶级生活相关的短文，正是由于有工人阶级生活的经验，霍加特才在《识字的用途》中针对对工人阶级有巨大影响的大众文化进行了批判性的研究，抨击了那些粗制滥造的大众媒体。在该书中，霍加特一方面对传统的工人阶级文化给予了高度评价，另一方面对在大众传媒中诞生的新兴的青年亚文化表示出了忧虑。他认为，新出现的大众文化侵蚀了传统的工人阶级文化。霍加特通过对电唱机男孩（jokebox boys）的观察，发现有一些年轻的工人喜欢到牛奶吧（milk bar）打发时间，他们的打扮完全是美国式的，神情慵懒，就靠喝茶闲聊打发时间。边上的留声机里放的都是美国的流行音乐，曲风前卫，但内容毫无意义。在霍加特看来，这种青年文化完全是与传统工人阶级文化的断裂，他们并没有按照文化传承的方式建立起自己的文化，而是片面地接受了一些外来文化中的糟粕，从而脱离了自身的文化传统。

霍加特以独特的学术视角和人文关怀着眼于社会现实，继承了文学批评的优良传统，同时使用了民族志的研究方法，能够在普通人习以为常的生活中提出深刻的社会问题，揭开了伯明翰学派研究青年亚文化的序幕，为伯明翰学派的研究提供了研究的范式。但是，霍加特的研究也招来了批评。批评者认为，霍加特根据个人经验和感受而对英国工人青年文化进行的评价是片面的，只看到了其中的消极因素，但是对工人阶级青年文化的丰富性、复杂性却视而不见。❶

对伯明翰早期亚文化研究起到奠基作用的另一位研究者是菲尔·科恩，他发表于 1972 年的《亚文化冲突和工人阶级社区》是伯明翰学派亚文化研究的另一奠基之作。在该作中，科恩用民族志的方法调查了伦敦东区的工人阶

---

❶　周丹：《伯明翰学派青年亚文化研究的起点：理查德·霍加特与"电唱机男孩"》，《国际新闻界》，2009 年第 12 期，第 39—43 页。

级青年亚文化，例如朋克族、光头仔、油脂族。他发现这一地区成为青年亚文化的发源地受到三个因素的影响：首先，长期居住于伦敦东区的工人家庭的迁出和外来移民的迁入导致工人阶级社区的消亡，第二次世界大战后以中产阶级核心家庭为发展模式的城市住宅建设破坏了原有的工人阶级社区的凝聚力；其次，战后英国经济结构的调整使工人阶级内部分化，将工人阶级演变为技术工人和劳力工人，高端精英和低端工人的对立，将部分工人阶级青年置于不利的局面，伦敦东区的变化发展促成了青年亚文化的产生；最后，工人阶级内部出现了意识形态和经济利益的矛盾，在菲尔·科恩看来，这两大矛盾即"在意识形态方面，传统工人阶级清教主义和新的消费享乐主义之间的矛盾；在经济层面上，作为成为社会精英阶层一分子的未来与新的缺乏阶级觉悟的无产阶级的一部分之间的矛盾"[1]。工人阶级青年群体以各种方式，试图表达和解决父辈文化中的矛盾，而亚文化为此提供了解决方案。但亚文化只是象征性的结构，绝不能与实际生活中作为亚文化载体的青年混淆。

菲尔·科恩对伯明翰学派后来的研究者影响甚大。他从阶级角度解读青年亚文化，把工人阶级社区的解体和亚文化作为工人阶级青年想象性的解决办法联系起来，首次将"阶级"作为考察青年亚文化的重要指标，使长期以来将青年亚文化的"世代模式"转向为"结构模式"。因此霍尔等人说："科恩对亚文化的产生与阶级命运之间的关系做出了富有建设性的解释，它的价值在于把社会阶级的一个部分的形成放回到整个历史状况中加以考察。它对经济的变化、工人阶级父辈文化的变化与青少年的反应之间的关系的探讨是细致而复杂的。"[2]

20 世纪 70 年代后期，伯明翰学派进入了学术繁盛期，而在这段时间领导伯明翰学派跨入繁盛期的正是英国文化研究巨匠斯图尔特·霍尔。斯图尔特·霍尔 1932 年生于牙买加，是战后英国最为著名的文化研究巨匠，被认为是当代文化研究之父，是伯明翰学派当之无愧的代表和集大成者。他于 1951 年获得罗氏奖学金到英国牛津大学学习，在 1968 年至 1979 年任 CCCS 的中心

---

[1] 菲尔·科恩：《亚文化冲突和工人阶级社区》，载陶东风、胡疆锋主编：《亚文化读本》，北京大学出版社，2011 年版，第 68 页。

[2] Stuart Hall, Toney Jefferson, eds. Resistance through Rituals: Youth Subcultures in Post war Britain. London: Hutchinson, 1976, p. 33.

主任。在他担任中心主任期间，伯明翰学派大部分的学术研究成果都以集体成果而非个人研究的形式出现，在伯明翰学派的集体研究成果中，霍尔无疑起到了掌舵者和领航者的作用，正如约翰·道克尔所说："霍尔是伯明翰 70 年代的顶尖人物，他的名声不是基于他自己的哪一本书，而是在于文章和文集的序言，它们交织在热火朝天的论争中间，引导伯明翰学派走过了五花八门的理论地雷阵。就像许多人一样，我发现这类文章鼓舞人心，富有挑战性，在多姿多彩的伯明翰著述中，是我的阅读首选。"❶

霍尔在文化研究方面涉猎广泛，青年亚文化、大众文化、多元文化、政治种族、大众传媒都是其研究的对象。霍尔对文化研究的贡献主要在于其认为："文化的问题绝对是政治问题。"❷ 对于青年亚文化的研究也反映了霍尔将文化研究与意识形态相联系。霍尔对青年亚文化持积极的态度。在其著作《流行艺术》中，霍尔对里维特的怀旧思想进行了批判，否认了工业化前的英国文化与当时的大众文化的对立。他认为："旧时的文化已经逝去，因为产生它们的生活方式已经逝去。工作的节奏已经永久性地改变，封闭的小范围的社区正在消失。抵制社区的不必要的扩张、重建地方独创性也许很重要，但是，假如我们想要重新创造一种真正的通俗文化的话，我们只能在现存的社会之内寻找生长点。"同时，霍尔还批判了霍加特对战后青年文化的批评态度。与霍加特对新兴的青年亚文化的批评态度不同，霍尔对青年亚文化持一种肯定的态度，他认为："因为民间文化和生活方式如此完全地相互改变，我们现在不能希望能够在没有复活这种生活方式的情况下而使这种文化继续存活。重回有机社区的渴望是一种文化怀旧，只有那些没有体验过这种生活的束缚的和不近人情的人才会虔诚地迷恋它。"❸ 霍尔认为青年文化体现了战后英国三方面的社会变化——"富裕""共识""布尔乔亚化"。战后英国生活水平的提高，英国的精英统治阶层之间以及与广大工人阶级达成了政治共识，工人阶级在生活方式、态度和行为上的小资产阶级化使得青年文化站在了时

---

❶ 约翰·道克尔：《一种正统观念的开花》，戴从容译，载陆扬、王毅选编：《大众文化研究》，上海三联书店，2001 年版，第 36 页。

❷ Stuart Hall. Subjects in history：Making diasporic identities, The House that Race Built, ed. Wahneema Lubiano. New York and London：Pantheon Books, 1997, p. 289-299.

❸ Hall, Stuart, Paddy Whanel. Popular Arts. Boston：Beaeon Press. New York, 1967, p. 53.

代的前沿，成为时代的先锋。青年亚文化正是时代的产物。

霍尔首次将当代青年亚文化与意识形态联系起来，探讨青年亚文化的政治意义。在其主编的论文集《通过仪式抵抗——战后英国青年亚文化》中，霍尔借用了马克思主义的阶级理论和葛兰西的文化霸权理论，分析了青年亚文化的社会政治地位和特点。霍尔等人认为，青年亚文化具有阶级性。在资本主义条件下，阶级是最重要的社会结构划分，任何文化都是一种阶级文化。工人阶级青年亚文化作为工人阶级文化的一种亚模式构建了工人阶级文化新类型。它与工人阶级母体文化之间保持着矛盾中的连续性，反映着新的历史条件下工人阶级青年的集体认同、生活状态和阶级经验。亚文化及其工人阶级母体文化都同时从属于主流文化——中产阶级文化。霍尔等研究者还认为，青年亚文化具有反抗性。在《通过仪式抵抗》中，霍尔等人指出目前的社会中统治阶级和其他阶级具有各自的文化，"主流文化想方设法界定和包含所有文化……其他文化形态不仅仅处于从属地位，而且将与之斗争、尽力修改、协商、抵抗甚至推翻其统治——即其霸权。各阶级在物质生活和社会生活上的斗争总是表现为文化权力上的不断斗争"[1]。但是后来，霍尔又对这种反抗给予了解释，特别强调这种反抗与阶级斗争的差别，指出反抗是"对主导地位秩序的挑战与协商，不能被等同为革命阶级斗争的传统类别"[2]。霍尔对青年亚文化的风格也给予了特别的关注。他认为，青年亚文化的风格体现了青少年的反抗姿态。如泰迪男孩的文化风格是对上层贵族阶层的反抗，詹姆斯·迪恩（Jame Dean）在影片《无因的反叛》《伊甸之东》中展现了对社会的反抗。"对青少年来说，服装成为一种未成年人的流行艺术，它被用来表现一定的当下态度。如在青少年中出现了一股强烈的离经叛道的反叛潮流，……这些反社会的情感相当活跃，以它所有的形式拒绝权威，对成人制度和传统的道德和社会习俗满怀敌意。这一期间，成人叛乱者经常把这种被概括的离经叛道误读为一种青少年犯罪类型，尽管它很少与有组织的犯罪和

---

❶ Clarke, J. Style in Hall, Stuart, Jefferson. T. eds. Resistance through Rituals: Youth Subcultures in Post-war Britain. Psychology Press, 1993, p. 12.

❷ Hall, S. "For Allon White: Metaphors of Transformation" in D. Morley and D. K Chen (eds) Stuart Hall. London: Routledge, 1996, p. 294.

暴力有关。"❶

霍尔还探讨了青年亚文化与大众传媒、商业之间的复杂关系。霍尔借用了葛兰西的霸权理论。葛兰西认为在资本主义社会里，资产阶级成功地利用文化领导权，而不是仅仅依赖军队、法庭监狱等暴力机构来维持其统治。葛兰西提到的文化霸权并非通常理解的支配阶级和从属阶级压迫反抗的单一关系，它是一个不断变动的斗争过程，也就是说，虽然掌握主控能力者在获取权力过程中，也需要武力的支持，但更为重要的是要能发展出一套能为大多数民众所接受的"共识"。而大众传媒正是生产和制造了一致的舆论共识，并在其中起到了传送的作用。一方面，霍尔注意到大众传播媒介在青年的生活中扮演了重要角色，如电影、电视节目和流行歌曲对青年影响极大，但不是霍加特所说的只是让人堕落："通过各种不同的艺术和娱乐，媒介提供了具有想象力的体验，这对青年的态度和价值产生着限制和影响。"❷ 另一方面，霍尔还论述了青年亚文化与商业之间的关系，他认为青年亚文化与商业之间存在复杂的互动关系，一方面受到商业的控制，一方面又不断抵抗来自商业方面的抵抗。霍尔指出：

"青少年文化是本真和复制的矛盾混合体。对青少年来说，它是一个供青年们自我表达的领域。对商业供应者来说，它是水清草肥的牧场……，我们在处理青年时的态度，和商业娱乐业为未成年人的消费提供的事物之间存在复杂的互动关系。青年被丹麦街（Denmark Street）苛刻的商人白白盘剥这一图式虽有几分道理，但太简单化了。我们观察到，这在某一方面更类似电视，在那里，供应者的企图和通常由特殊风格的观众的主旨从来没有完全融合，而且经常冲突，这种冲突在青少年娱乐领域尤为明显。"❸

霍尔对青年亚文化的研究勾勒出伯明翰学派青年亚文化理论的版图，成为伯明翰学派研究的奠基人，并拉开了英国文化研究的序幕，使跨学科的青年文化研究开始走向全球。而对具体的青年亚文化群体的深入研究则由其他伯明翰学派的研究者完成。

---

❶ Hall, Stuart, Paddy Whanel. Popular Arts. Boston：BeaeonPress. New York，1967，p. 283.

❷ Ibid，p. 20.

❸ Ibid，p. 276.

在斯图尔特·霍尔的领导下，伯明翰学派的研究者集中研究了青少年的社会生活。他们认为娱乐休闲是亚文化自我表达的最常用方式。在这个领域中，风格成为亚文化的重要标志。正如他们所说："风格问题，更确切地说是一个时代的风格问题，对战后青年亚文化的形成至关重要。"[1]科恩将风格概括为四个方面：服饰、音乐、仪式和俚语。但是风格并不是这四个方面的基本要素，约翰·克拉克指出："我们可以通过青年亚文化群体的所有物和物品识别这些群体，然而，虽然具有可见性，简单收编和穿着（或者聆听）并不能创造风格。构成风格的是风格化的活动——也即是通过各种活动和观点积极组织物品，从而用一种有序和别具特点的'入世'手段形成结构清晰的集体身份。"[2]

因此，对于伯明翰学派的学者而言，风格就是青少年亚文化群体想象性解决问题的一种手段，是自我意识的编码化表达。迪克·赫伯迪格等对英国青年亚文化群体的风格进行了解读，尤其是从服饰和音乐风格，探讨了青年亚文化群体建构亚文化风格的手段，包括拼贴、同构和表意实践。拼贴是指"在一套完整的符号系统里，把物体重新进行排序和语境更新，以此来产生新的意义。它包括了这被使用的物体上依附的、优先的和沉淀的意义"[3]。赫伯迪格引入了符号学和后结构主义，解读了泰迪男孩、摩登族和朋克的拼贴风格。泰迪男孩盗用了 20 世纪 50 年代重新复活的爱德华七世时的贵族服装，并加入了自己的想象，合并了独特的元素，如靴带和系带皮鞋（brothelcreepers），从而改变了爱德华服装的原有意义，成为泰迪男孩的标准服装，构成了一种工人阶级青年亚文化的独特风格。摩登族服用治疗精神疾病的药物，将国旗拼贴在自己的服装的装饰品上，踏板摩托车这一交通工具成为展示群体力量的符号。[4] 赫伯迪格还研究了朋克族的风格，分析了朋克的服饰和音乐。

[1] Hall Stuart, Toney Jefferson, eds. Resistance through Rituals: Youth Subcultures in Post war Britain. London: Hutchinson, 1976, p. 33.

[2] Clarke et al. Subcultures, Cultures, and Class. in Resistance through Rituals, edited by Stuart Hall and Tony Jefferson. London: Routledge, p. 9-74.

[3] Clarke, J. Style in Resistance through Rituals, edited by Stuart Hall and Tony Jefferson. London: Routledge, p. 177.

[4] 迪克·赫伯迪格：《亚文化：风格的意义》，陆道夫、胡疆锋译，北京大学出版社，2009 年版，第 129-130 页。

他发现朋克通过对商品的拼贴和挪用，改变了各种象征饰品（如安全别针、垃圾袋、渔网丝袜等）的原意，创造了新的文化意义。用服饰风格"再现了战后整个青少年工人阶级文化的服装历史，以一种'剪裁'的形式，结合了原先属于完全不同时代的元素……朋克风格也包含了对所有重大战后亚文化的扭曲反映"❶。同时朋克通过无序的舞蹈、吵闹的音乐、亵渎的歌词、无政府主义的形象反映了青年对英国当代危机的愤怒和挫折感，塑造了文化反抗者的形象。赫伯迪格对朋克摇滚的研究成为亚文化风格研究的经典。

亚文化同构（homology）的概念是保罗·威利斯率先提出的。威利斯是英国文化研究中人类学研究的最重要支持者之一，他认为同构即"在任何一种独特的亚文化的内部结构里，都表现出了一种有条不紊的特征：每一部分和其他部分都存在有机的联系，通过这种彼此之间的相符一致，亚文化成员理解着他们所生存的世界"。他指出："从本质上讲，它（同构）关注的是结构和内容相距多远的问题，特别的物品体现出社会群体的结构、风格、典型关注、态度和感受。凡有同构被发现，它们最好从结构上理解。这在群体与特定物品之间被不断上演，产生了特定生产方式、意义、内容和意识形态。"❷他以摩托车男孩为例，研究了摩托车与工人阶级男性青年的同构关系。发现"摩托车的坚固、反应、不可避免、力量符合摩托车男孩世界中具体的、安全的本质"❸。而"摩托车男孩瞬间加速的惊喜、无障排气强烈的重击声符合并象征了男性的自信、阳刚的同伴友情、语言的男子气概以及社会交往的风格"❹。

第三个建构亚文化风格的手段是"表意实践"。表意实践是"指一种可能出现多义甚至无穷意义的符号实践，指风格中出现了固有的颠覆成分"❺。赫伯迪格解读了朋克风格中的表意实践，认为朋克与自己在经验中的位置彻底决裂，而且用视觉双关语的形式再现了矛盾本身。在朋克所喜爱的"切割重组"手法的背后，暗藏着混乱、崩溃和类别的混淆，不仅取消了各种细节的

---

❶ Hebdige, Dick. Subculture: the Meaning of Style. London and New York: Routledge, 1979, p. 26.

❷ Willis P. Profane Culture. London: Routledge & Kegan Paul, p. 191.

❸ Ibid, p. 33.

❹ Ibid, p. 51.

❺ 胡疆锋：《亚文化的风格：抵抗与收编——伯明翰学派青年亚文化理论研究》，首都师范大学博士学位论文，2007年版，第66页。

时空界限，而且使能指呈现出巴特所描述的"一种漂浮的状态（恰好是能指的形式）；漂浮的状态不会破坏任何事物，而是仅仅满足于扰乱既有的法则"❶。

虽然各种亚文化群体通过群体风格的创新表达了对主流文化的反抗，然而亚文化群体无法改变既定的社会秩序，而且，依据赫伯迪格的观点，所有亚文化风格的抵抗都会被商业所收编或者商品化，从而失去抵抗的锋芒。❷ 伯明翰学派既肯定了亚文化的风格，也指出了其不可避免的局限性。

除了解读青年亚文化的风格，伯明翰学派还就青年亚文化出现的原因进行了分析。约翰·克拉克以英国的光头仔为例，分析了青年亚文化出现的原因。在《足球流氓和光头仔》中，他提出，光头仔的出现是为了应对工人阶级的文化危机。由于战后英国传统社区开始瓦解，公共娱乐空间消失，阶级结构持续失衡，工人阶级子弟教育中面临严重的挫折感，过去的工人阶级文化面临着空前的危机。底层工人阶级青年在足球运动中找到了适合的文化空间，因此出现了光头仔运动，社会的变迁造就了青年亚文化。

伯明翰研究中心对工人阶级青年亚文化的研究是伯明翰中心最重要的学术成果之一，代表了文化研究在该阶段取得的最高成就。伯明翰学派将马克思主义的阶级学说和意识形态引入了青年亚文化的研究中，形成了青年文化研究从代际模式到结构模式的转变，产生了广泛而深刻的影响，从而奠定了伯明翰中心的学术地位，也使文化研究这门新兴的前沿学科得到国际学术界的普遍认同并在世界范围内迅速蔓延，成为当前最有活力的学术思潮之一。

但是 20 世纪 80 年代以来，伯明翰学派的青年亚文化理论体系遭受了来自内部和外部的质疑。例如，斯坦利·科恩（Stanly Cohen）在《民间恶魔与道德恐慌》第 2 版的序言中，对伯明翰学派的理论进行了系统性反思，他认为在研究工人阶级青年文化的过程中，伯明翰学派缺乏历时性研究，从而陷入了历史相对论的陷阱中；采用结构主义和符号学理论分析青少年亚文化的

---

❶ Barthes, R. The Rhetoric of the Image, W. P. C. S 1, University of Birmingham, retranslated in S. Heath（ed.）, Image, Music, Text, Fountana, 1977.

❷ Hebdige, Dick. Subculture: the Meaning of Style. London and New York: Routledge, 1979.

实际意义过于机械，影响了亚文化理论的解释力，从而"在符号的密林中迷失"❶；伯明翰学派的理论解释与采用民族志的研究方法研究现实实践，结果并不完全一致。❷

对伯明翰学派研究的批评还包括其研究对象的选择。囿于自身的政治意识形态，伯明翰学派忽视了主流和中产阶级的青年文化。德夫·莱因（Dave Laing）用充满讽刺意味的笔调批评了伯明翰学派的亚文化理论。他认为，尽管赫伯迪格在《亚文化：仪式的抵抗》中对亚文化理论的基本主题的阐述具有重要的理论价值，但一味强调马克思主义社会学家的阶级理论，"这既将青年文化与某一特定的社会阶级联系起来，又以阶级斗争的模式说明了赶时髦者、光头一族与其他人表面上漫无目的活动；甚而在他们看起来只是纯粹的消费者或违法者时，这些孩子也是在为实现共产主义的最终目标而斗争，在对抗资本主义"❸。

此外，伯明翰学派的研究主要集中在阶级和年龄因素，在很大程度上忽视了其他可变因素，例如性别和种族，从而将复杂的青年亚文化现象简单化，也受到了女性主义研究者的批评。安吉拉·默克罗比对伯明翰学派过分倾向于男性而忽略女性青年亚文化经验进行了批判。麦克罗比指出，由于研究者男性中心主义的视角，使得他们要么无视女性问题的存在，要么进行严重扭曲。麦克罗比在很大程度上弥补了这一点。她运用阿尔都塞的意识形态理论和符号学理论研究英国 20 世纪 70 年代红极一时的少女杂志《杰姬》，对少女亚文化进行了研究。她发现《杰姬》强调了资本主义男性中心主流观念，模糊了阶级差别，塑造了驯服、被动的女性形象。同时默克罗比运用符号学的理论，将《杰姬》的内容分为四种符码——恋爱、个人家庭生活、时尚、流行音乐，将这四方面描绘成少女的重要空间，构建了排外的"个人"，使少女世界与真实社会相隔离。

---

❶ 斯坦利·科恩：《麻烦的符号》，载陶冬风、胡疆锋主编：《亚文化读本》，北京大学出版社，2011 年版，第 378 页。

❷ 斯坦利·科恩：《麻烦的符号》，载陶冬风、胡疆锋主编：《亚文化读本》，北京大学出版社，2011 年版。

❸ 德夫·莱因，转引自吉姆·麦克盖根：《文化民粹主义》，桂万先译，南京大学出版社，2001 年版，第 117 页。

1979 年，由于与校方的矛盾激化，霍尔离开了 CCCS，新的中心主任理查德·约翰逊开创的历史研究给伯明翰学派的文化研究带来了新的研究方向和影响，但是也宣告了伯明翰学派青年亚文化研究繁荣时期的结束。2002 年 7 月，随着 CCCS 被伯明翰大学校方宣布裁撤，伯明翰学派最辉煌的时期永远定格在了 21 世纪脚步到来之际。

第三节　后亚文化研究

21 世纪初期，随着媒介与消费者文化的激增，在后现代主义思潮的影响下，一度沉寂的青年亚文化研究出现了"后亚文化"（post subculture）转向。这一时期出现了一系列研究，青年亚文化的研究者运用后现代主义理论批评伯明翰时期的以阶级为基础的亚文化概念，认为青年的身份，尤其是社会身份与风格和音乐爱好之间的关系不再紧密，更具有自发性、流动性、碎片化的特点。后亚文化理论家如雷德黑德（Redhead）、玛格尔顿（Muggleton）、班尼特（Bennet）推出了一系列新的概念，对后亚文化的定义、特点、与亚文化的区别给予了阐述。

后亚文化概念首先由雷德黑德在 1993 年提出。在分析锐舞文化时，雷德黑德指出锐舞因为"能在一个舞场中混合各种风格并吸引各种截然不同的亚文化而闻名"❶。他提出由于后工业化和年轻人拥有更多的娱乐休闲时间，出现了新的"舞吧文化"。"舞吧文化"消解了过去的结构差异，例如阶级、种族和性别差异，跳舞的人群在这些方面都混杂在一起。雷德黑德强调了在建构青年生活方式中市场和媒体的影响力以及青年购买力增强的事实。玛格尔顿采用后现代理论进一步修正和发展了"后亚文化"的概念。玛格尔顿认为 20 世纪 80 年代和 90 年代是从亚文化到后亚文化的过渡时期，他将这段时间描述为"亚文化碎片化和扩散化，大量复兴、混杂和变化，在任何时间点上

---

❶ Redhead，S. "The-End-of the-Century Party"，in S. Redhead（ed.）. Rave Off：Politics and Deviance in Contemporary Youth Culture. Alder-shot：Avebury, p. 3-4.

各种风格并存的 20 年"❶。受访者采用挑选、混合来制造风格的方法是由于青年风格的兴盛、回收市场的突出地位和后现代风格的感知能力，在这里个人主义超过了集体主义，是社会成员为自己寻求满意的视觉形象和建构社会文化身份的手段。因此，在亚文化学者看来，当代的青年亚文化不再以阶级为社会基础，而是以个人生活方式和消费选择为基础。

后亚文化理论与伯明翰学派的区别还在于对青年亚文化的群体特点、风格特点的不同诠释。后亚文化理论发展了三个新的概念："新部族"（neo-tribe）、生活风格（lifestyle）、场景（scene）。

新部族的概念由法国社会学家迈克尔·马弗索里（Michael Maffesoli）提出的。在其著作《部族时代》（The Time of Tribes）中，马弗索里指出我们目前正在目睹各种后现代社会中的社交新形式的出现，新部族"没有我们过去熟悉的组织形式的僵化色彩，它更多地指某种气氛，某种精神状态，而且更适合用那些偏爱外表和形式的生活方式来表现"❷。在随后的两个音乐舞蹈文化的实证研究中，班尼特（Bennet）❸ 和马尔本（Marlbon）❹ 使用了新部族的概念。班尼特认为，舞吧场景由于给那种基于娱乐、放松和快感相融合的归属感的表达预留了空间，因而可以被视为许多短暂参与形式中的一种，这些新部族的联系就是通过这些短暂参与形成的。马尔本将新部族的概念与马弗索里随后提出的"社交性"概念充分结合在一起使用，以此强调那些可以体现当代夜总会群体特征的"可以感触到的……集体形式"❺。这两项研究都指出舞吧人群的流动身份揭示新部族的感官性，而这种感官性明显是由于青年风格的碎片化和舞蹈音乐的碎片化文本（舞蹈音乐的碎片化文本是 DJ 数字选段、混杂、融合的结果）生成的结果。"新部族"的概念使得我们能够重新审视青年文化的归属关系，更好地捕捉青年与当代媒介之间的动态、多元的关

❶ Muggleton, D. Inside Subculture: Postmodern Meaning of Style. Oxford: Berg Publishers, 2000, p. 47.

❷ Maffesoli, M. The Time of Tribes: The Decline of Individualism in Mass Society (trans. D. Smith) London: Sage, 1996, p. 98.

❸ Bennett, A. Subcultures or neo-tribes?: rethinking the relationship between youth, style and musical taste. Sociology, 1999, 33 (3), p. 599-617.

❹ Malbon, B., Clubbing: dancing, ecstasy and vitality. London: Routledge, 1999.

❺ Ibid, p. 26.

系。在新部族的概念下，品位、审美和爱好代替了阶级、社会、种族和性别的维度，成为划分青年文化群体的因素。

另一个后亚文化中的重要概念就是生活风格。马克斯·韦伯（Max Weber）首先提出了生活风格的概念，接着另一位美国社会学家索斯迪恩·威步勒应用这一概念研究了在 19 世纪晚期和 20 世纪初期的新兴富裕阶级的财富和地位问题。❶ 大卫·钱尼（David Cheaney）进一步对生活风格和生活方式加以区别。钱尼认为"生活风格是依靠消费者能力展示的创造性投射，而生活方式则主要与或多或少稳定的社群相关，并体现在共同的标准、仪式、社会秩序的形式和具有显著特色的方言中"❷。一些当代青年学家，如英国社会学家斯蒂文·迈尔斯（Steven Miles）将生活风格的理论应用于青年的研究中，强调了作为商业消费在青年构建身份中的重要作用。迈尔斯在分析现代青年的文化消费方式时提出在后现代性中，亚文化身份从实用统一的身份转变为多样性和并存化的生活风格。❸ 而班尼特则将生活风格与新部族联系起来，认为生活风格就是个人在选择特定的商品和消费方式，并将这些文化资源作为文化表达方式表达出来所采用的感官性。❶

在后亚文化研究中，另一个重要的概念就是场景（scene）。场景这一概念主要是用于音乐场景的研究中。加拿大文化学家斯特劳认为场景是后亚文化研究中的一个重要概念，是与固定不变的阶级概念相对的。他在研究音乐爱好和集体特征时，提出场景常常超越了地域性，反映并具体表现了不同人群与社会群体之间的关系状况，这些群体围绕某种音乐风格形成联盟。❺ 斯特劳的"场景"概念对后亚文化学者的影响很大。场景所体现的空间性——因为音乐爱好和相关的审美感觉而超越阶级和社群的人群所聚集的空间，场景的变动性和暂时性，都显示出后亚文化转向的特点。

---

❶ Chaney, D. Lifestyles. London：Routledge, 1996.

❷ Ibid, p. 92, p. 97.

❸ Miles, S. Towards an understanding of the relationship between youth identities and consumer culture. Youth and Policy, 1995, 51, p. 35-45.

❶ Bennett, A. Subcultures or neo-tribes?：rethinking the relationship between youth, style and musical taste. Sociology, 1999, 33（3）, p. 599-617.

❺ Straw, W. Systems of articulation, logics of change：communities and scenes in popular music. Cultural studies, 1991, 5（3）, p. 368-388.

后亚文化理论与伯明翰学派在亚文化群体的特性的不同看法引起了进一步的争议。一些研究者认为后亚文化理论家将阶级和其他结构性的不平等因素边缘化，忽视了意识形态因素在亚文化中的作用。布莱克曼（Blackman）曾撰文详细地提出了批判。在研究舞蹈亚文化时，他发现对亚文化有三种权力干预，包括执政党寻求压制和规范亚文化的立法活动；媒体为吸引读者而进行的耸人听闻的报道以及武装警察的武力干涉。这些政治干预反映出结构上的不平等。而且，从舞蹈亚文化中我们还可以看到与其他形式的自发反抗的联系，比如自由节目、反核组织、收回街头运动等，而各种各样的自我制造的文化之间松散的联合和反抗的形式，全球共享的音乐和舞蹈场景勾勒出了一个可辨别的全球青年亚文化形象。❶另一些研究者也对后亚文化理论中的"新族群""场景"等概念提出了批评。❷ 总体来说，后亚文化理论淡化阶级因素，强调消费媒介与青年的互动，而反对者在对后亚文化研究的争议中坚持对伯明翰学派青年亚文化研究的精神复归。

通过对青年亚文化研究的追溯，我们可以看到，从芝加哥学派到伯明翰学派再到今天的后亚文化理论，青年亚文化研究者对青年亚文化的特点、手段、本质有着不同的看法，在青年亚文化不断变化、个体与群体关系日益复杂的今天，如何能更全面客观地分析青年亚文化的特点，看待全球化时代中青年亚文化现象，把握青年亚文化的趋势，这是青年亚文化研究者应当思考的问题。这些看法与时代背景、社会变迁、政治立场和研究方法有很大的关系，而青年文化研究的每一次突破和进步都与新的理论的使用、新的视角的开发密切相关。因此，依靠当代相关领域的最新理论和视角研究当代青年亚文化现象是青年亚文化研究的前进动力，这也是本书希望突破的方向，本书将结合伯明翰学派理论与批评话语分析的方法审视当代青年亚文化现象。

---

❶ Blackman, Shane. Youth Subcultural Theory: a Critical Engagement with The Concept, Its Origins and Politics, From the Chicago School to Postmodernism. Journal of Youth Studies, 2005, 8 (1): 1-20.

❷ Hesmondhalgh, David. Subcultures, Scenes or Tribes: None of The Above. Journal of Youth Studies, 2005, 8 (1): 21-40.

第三章　青年亚文化研究的新视角：
批评话语分析

与前人的研究角度不同，本书从批评话语分析的角度入手，分析国内外青年亚文化现象。批评话语分析（critical discourse analysis），也称为批评性语篇分析，是现代语言学新兴的研究领域。批评话语分析以社会结构和意识形态为研究对象，通过对话语的研究揭示社会结构中存在的种种问题，从而实现语言学的社会批判价值。在其发展的 30 多年来，批评话语分析形成了带有自身特点的研究视角和研究方法，体现了近年来语言学研究的文化转向和社会学研究的语言学转向，是当今语言学界最为活跃的跨学科研究领域之一。在本章中，我们将对批评话语的概念，批评话语分析的理论基础，批评话语的研究对象、原则和方法给予阐述，并介绍近年来使用批评话语作为研究方法在亚文化研究上的进展和成果。

第一节　批评话语的概念

所谓话语，最早来源于语言学研究。在德国和中欧，学者通常把"语篇"（text）和"话语"（discourse）区分开，前者指书面语篇，后者指口头话语。在英语国家里，"话语"的含义则更为广泛，既指书面语篇又指口头话语。在不同学术领域，如语言学、社会学、传播学、文学中有不同的定义。语言学家把"话语"看作是超句单位的序列，社会学家把"话语"当成是不同群体行为方式在语言层面上的反映，传播学家把"话语"视为信息的载体，文艺学家把"话语"作为叙事行为方式和批评的对象，政治学家则把话语当作权力和权势的象征。

在语言学中，话语可以从三个角度理解，即结构/语法角度、功能/语义角度、社会语言学/语用角度。

对话语的理解是从传统的语法角度开始的。1952 年，美国语言学家哈里斯（Z. Harris）在 1952 年发表的论文 *Discourse Analysis* 中第一次使用 discourse 一词，以哈里斯为首的语言学家认为 discourse 不是以无关的词或句子的形式出现，而是"以联系着的篇章出现"❶，是超出句子的语言单位。斯塔普斯（Stubbs）也将话语定义为"大于句子，或大于从句，类似会话转换或篇章这样的语言单位"❷。从结构主义语言学家的角度看，词大于词素，词组或短语大于词，小句大于词组或短语，句子又大于小句，因而，"话语"就是"一个大于句子的语段"❸。

与哈里斯和斯塔普斯对 discourse 的结构主义理解角度不同，另一些语言学家则从功能主义的角度理解话语。他们注重语言的实际含义，认为 discourse 就是使用中的语言，它是一个语义单位，而不是语法单位。例如，布朗和余尔（Brown & Yule）❹ 就指出，对 discourse 的分析就是对语言运用的分析。

还有的语言学家则采用折中的方法，将结构与功能相结合。如语言学家施夫林（Schiffrin）将 discourse 定义为语段，在施夫林的论述中，话语指语境中使用的语言结构的结合体。❺ 多纳赫与普罗瑟（Donahue & Prosser）对"话语"的看法也与此相似。他们认为："话语是为了社交、提供信息，和/或修辞的目的而产生出来的口头的或书面的语言，如对话、演讲、小说和技术报告。"❻ 另一位语言学家哈金（Hacking）也是从社会语言学角度来界定话语的，虽然他更倾向于社会学的视角，他认为：话语是人们谈话、阅读、写作、

---

❶ Harris, Z. Discourse Analysis. Language, 1952, 28：1-30, p. 19.

❷ Stubbs, M. Discourse Analysis. Oxford：Basil Blackwell, 1983, p. 2.

❸ Salkie, R. Text and Discourse Analysis. London：Routledge, 1995.

❹ Brown, G. &Yule, G. Discourse Analysis. Cambridge：Cambridge University Press, 1983.

❺ Schiffrin, D. Approaches to Discourse. Oxford：Blackwell, 1994, p. 41.

❻ Donahue, R. T. & Prosser, M. H. Diplomatic Discourse：International Conflict at thpe UN-Addresses and Analysis. London：Ablex Publishing, 1997.

思想、信仰、评价、行动和与他人交往的不同方式，之所以在某种场合采用某种方式，是为了作为某个独特的群体的一员而得到别人或自我的认同。❶

在社会学中，话语的定义与语言学家有很大不同，对于社会学家来说，话语不是具体的语言运用或是日常会话，而是构成知识领域的规约和社会权力。在社会学对话语的研究中，法国思想家福柯（Foucault）的研究影响最大。对福柯而言话语是人类科学（如医学、经济学、语言学等学科）的知识系统，它们宣扬的是社会和政府在现代社会中用于构筑权力的各种"技术"。它们一部分是通过语言的使用来实现的，另一部分是通过其他方式来实现的。❷ 根据福柯的话语理论，话语由陈述构成，而陈述不是命题，不是句子，也不是语言行为，而是从属于符号的功能。后来，福柯评论自己对"话语"一词的使用时说："我相信我实际上增加了它的含义：有时把它作为全体陈述的统称，有时看作是具体的陈述，有时又看成是可以用来说明那些陈述的规则。"❸ 从福柯对话语的解析来看，话语意味着建构社会权力的知识系统。

福柯的话语理论对后世影响甚大，从社会学家们对话语的定义中我们或多或少都能看到福柯话语理论的影子。如卡尔达斯（Caldas Coulthard）等把话语定义为"知识，指的是有关实践的知识，即有关事情是怎样的或事情必须如何做的知识（在话语这一层面上，这两者融为一体，或同一问题的两个方面），以及这些实践的具体评估、合法化和计划；这些知识是与特定的交际语境相联系的，并在该语境中被激活"❹。另一位社会学家佩雪（Pêcheux）对话语的定义也体现了社会学领域对话语的社会意义的肯定。佩雪受阿尔都塞（Althrusser）的意识形态理论的影响，把话语定义为语言与意识形态的相会，认为话语分析就是分析语言使用的意识形态维度和意识形态在语言中的

---

❶ Hacking, I. Making up People. In T. G. Heller, M. Sosna & D. E. Wellbery (eds.) Reconstructing Individualism: Autonomy, Individuality, and the Self in the Western Thought. Stanford: Stanford University Press, 1986.

❷ Foucault, M. The Archaeology of Knowledge. New York: Random House, 1969.

❸ Foucault, M. The Order of Discourse in M. Shap iro (ed.) The Language of Politics. Oxford: Blackwell, 1984.

❹ Caldas Coulthard, C. R. & van Leeuwen, T. Baby's First Toys and the Discursive Construction of Childhood. Folia Linguistica, 2001.

体现。❶

　　结合语言学和社会学的理论观点，批评话语研究对话语形成了独特的认识。批评话语的代表人物费尔克劳夫（Fairclough）曾明确指出"话语——在口头和书面的语言运用——是社会实践的形式"❷。这里社会实践是指社会生活成分的一种构型（configuration），涉及劳动形式、身份确认和对现实世界的呈现三个部分，同时又包含四个范畴：物质元素、社会元素、文化/心理元素以及抽象意义上的话语。❸ 话语事件与情境、机构、社会结构之间存在辩证关系，即它们是相互影响的。费尔克劳夫的话语观有两种含义：第一，话语既是一种表现形式，也是一个行为方式；第二，话语和社会结构间存在一种辩证关系。一方面，话语由社会结构组成，并受到社会结构的限制；另一方面，话语在社会意义上具有建构性。费尔克劳夫尤其强调话语的建构性。这种建构性体现在话语可以构建社会情境、知识客体、人际和组织群体之间的关系。由于话语的社会影响力，话语与权力、意识形态产生了千丝万缕的联系。

　　另一位批评话语分析的代表人物沃多克（Wodak）在认同费尔克劳夫的话语观外，还强调话语的语言性。他指出，话语可以被理解为是"一个同时或先后发生的多个相互联系的语言活动的集合体，这个复杂的集合体中的语言活动可以跨越几个社会活动领域，但在符号层面［如可称作口语或书面语的文本（text）］彼此有主题相连，亦即属于某个符号类型的语体"❹。沃多克的话语观表现出批评话语研究的语言学属性。

　　总而言之，批评话语视角下的话语是体现和实践社会关系的语言活动，既包含书面的，也包含日常口语的，既是抽象的概念，也是具体的活动。

　　批评话语分析中的"批评"也是一个重要概念。批评话语学派的批评概念来源于法兰克福学派的批评社会学理论。批评社会学家康拿通（Connerton）

---

❶ Pêcheux, M. Language, Semantics and Ideology: Stating the Obvious (trans. H. Nagpal). London Macmillan, 1982.

❷ Norman Fairclough & Ruth Wodak, Critical Discourse Analysis. Eds. Tian Hailong and Zhao Peng Critical Discourse Analysis Essential Readings. Nankai University Press, 2012, p. 16.

❸ Fairclough, N. Discourse, Social Theory, and Social Research: The Discourse of Welfare Reform. Journal of Sociolinguistics, 2000 (4), p. 16-168.

❹ Wodak, Ruth. The Discourse-Historical Approach. Eds. Tian Hailong and Zhao Peng Critical Discourse Analysis Essential Readings. Nankai University Press, 2012, p. 229.

认为："批评是对人类制造的各种桎梏的反映：即个人、群体、族群在自我形成的过程中所屈服的令人扭曲的压力……批评的目的是纠正错位，解放被扭曲的对象。因此有解放的意义……批评致力于改变甚至去除认定为造成错误或者扭曲的观念的条件，揭露过去隐藏起来的事物，在这一过程中引发个人和群体的自我反思过程，从而达到从过去的桎梏中解放出来的目的，因此在实践中的改变也即是在理论的变化中的组成因素。"❶

对"批评"一词批评话语学家们有不同的定义。费尔克劳夫认为批评话语分析中的"批评"一方面与探讨事物之间的联系、运动、形成和消亡的辩证理论和方法相关，另一方面则假定在人类事务中，由于视角不同对社会事务的因果关系可能会被曲解。因此"批评从根本上来说是揭示事物之间的相互联系"❷。沃多克则指出"批评"一词是指"在研究过程中，研究者与数据保持距离，将数据放入社会中，保持明确的政治立场，以自我反思为中心"❸。特里·洛克（Terry Locke）则认为批评包含了三层含义：社会揭示、自我反思和社会变革。❹ 我国学者田海龙认为"'批评'就是揭示社会生活中习以为常的权力关系和意识形态"❺，批评的目的是将习以为常的、隐含的权力关系和意识形态明朗化，并推动社会变革。

从以上学者对"批评"的概念阐述中可以看出，批评话语分析中的"批评"并非简单的反对和否定，而是运用语言学、社会学方面的知识，对社会关系中存在的种种不平等现象和社会问题进行反映和揭露。在批评话语分析学者看来，批评是以明确的政治立场为出发点，在一定的社会语境中分析话语的意义，通过反省诸多社会问题，进而采取行动改造社会。由于批评话语分析中包含批判精神，因此批评话语分析与传统语言学中研究语言运用和人际互动关系的语篇分析在研究目的、研究对象、研究原则上有着极大的区别。

---

❶ Connerton, P. (ed) Critical Sociology, Harmondsworth. Penguin, 1976, p. 18~20.

❷ Fairclough, N. Critical and Descriptive Goals in Discourse Analysis. catalogue. pearsoned. co. uk/assets/... /M01_FAIR8229_02_SE_C01. pdf, p. 38~39.

❸ Wodak, R. What CDA is about - A Summary of Its History, Important Concepts and Its Developments. In Wodak &Meyer (eds.). Methods of Critical Discourse Analysis, 2001, p. 1~13.

❹ Locke, Terry. Critical Discourse Analysis. London, New York：Continuum, 2004.

❺ 田海龙：《语篇研究的批评视角：从批评语言学到批评话语研究》，《山东外语教学》，2006 (2)，第 40 页。

第二节　批评话语分析的历史发展

　　批评话语分析的发展起源于 20 世纪 70 年代。当时，语言研究的热点仍然是语言形式而鲜有对语言与社会结构之间关系的研究。1979 年，英国安东格里尼大学的 4 名学者合作出版了《语言与控制》（*Language and Control*）一书。在书中弗勒（Roger Fowler）提出"批评语言学"（Critical Linguistics）的概念。批评语言学以系统功能语言学为基础，认为语言是社会实践过程中不可或缺的有机部分，有其特定的意识形态基础。批评语言学的核心内涵、研究目的、研究意义和研究方法，对随后出现的批评话语分析起到了极大的先导作用，从而为批评话语分析研究拉开了序幕。但是批评语言学的缺陷也被后来的批评话语学家所诟病。首先，批评语言学过多地将语篇视为静态的产物而很少顾及它的生成和阐释过程；其次，批评语言学单方面强调话语在再现社会关系和社会结构过程中的作用，忽略了社会文化和关系对话语的影响，也就是忽略了话语与社会之间的辩证关系；最后，语言与意识形态的接口过于狭窄，仅仅限于语法和词汇上，没有延伸到整个文本的结构，也没有研究会话结构（如 turn taking）的意识形态意义，更没有注意研究文本解释的过程以及言者和分析者在解释中的作用。

　　批评语言学研究在 20 世纪 90 年代陷入停滞，此时，批评话语分析作为具有自身特色的学术流派开始崛起。1989 年，费尔克劳夫在《语言与权力》（*Language and Power*）一书中首次使用"批评话语分析"的概念。从其研究的对象和研究的目的而言，批评话语分析和批评语言学具有极大的相似性。1991 年，在阿姆斯特丹大学的支持下，范戴克、费尔克劳夫、克里斯、沃多克、樊利文等批评话语分析家聚首阿姆斯特丹，用了两天的时间讨论了话语分析尤其是批评话语分析的理论和方法问题，确定了一个交流项目和许多合作研究项目，并出版了《话语与社会》专刊，总结了在会议上探讨的批评话语分析的原则和方法。阿姆斯特丹会议标志着批评话语分析的机构性形成。

　　20 世纪末以来，批评话语分析的研究在欧洲得到长足的发展。费尔克劳夫、克里斯、沃多克、范戴克等学者著书立说，从理论和实践上巩固了批评话语分析在语言研究中的地位，而与批评话语分析相关的学术期刊也如雨后春笋一般出现，如《批评话语分析》（*Critical Discourse Studies*）、《语言与政治期刊》（*The Journal of Language and Politics*）、《话语、传播和视觉符号》（*Discourse and Communication and Visual Semiotics*）。批评话语研究所研究的领域包括政治话语、意识形态研究、种族研究、与种族有关的移民话语研究、经济话语研究、广告话语与推销文化、媒介语言、性别研究、机构话语、社会工作话语、官僚话语和教育话语。❶

在我国，批评话语分析的研究也方兴未艾。1995 年，在《外语教学与研究》上，学者陈中竺发表了国内第一篇关于 CDA 的研究文章，国内语言学界学者开始关于批评话语分析的研究。通过十几年的发展，批评话语分析已成为国内语言学界的一个热门研究领域。全国语篇分析研讨会（济南，2004）、首届多元文化话语国际研讨会（杭州，2004），以及第四届中国社会语言学研讨会（广州，2005）、"当代中国新话语"国际研讨会（天津，2006）都将批评话语分析设置为一个议题。同时国内也出版了与批评话语相关的专著，如辛斌的《批评语言学：理论与应用》《语篇互文性的批判性分析》和张桔元的《广告语篇的意识形态批评话语分析》。与批评话语分析相关的论文逐年增加，所涉及领域包括新闻话语、广告话语、机构话语、立法话语、政治话语、法官话语、演讲话语、医生话语、文学话语、教师话语、电视访谈话语等，而且更多的学者也倡议对批评话语研究的本土化和中国化。

尽管批评话语分析的发展历史不长，但影响广泛，发展速度惊人，目前已成为社会学、政治学、语言学以及语言教学等多个学科领域直接或间接采用的方法之一。

第三节　批评话语分析的理论基础

批评话语分析在发展过程中，积极吸收语言学、哲学、文艺学方面的理论，形成了理论基础多样性和跨学科性的特点。其理论来源主要包括语言学

---

❶ 刘立华：《批评话语分析概览》，《外语学刊》，2008 年第 3 期，第 102—109 页。

理论基础、哲学理论基础和文艺学理论基础。语言学理论基础主要是韩礼德的系统功能语言学和符号学理论，而哲学理论基础则主要是西方马克思主义、福柯学派的话语观和权力论，文艺理论则借鉴了巴赫金的互文性理论。这些理论是 20 世纪以来西方语言学、哲学和文艺学理论发展的重要成果，而批评话语分析则成为集当代理论精华最活跃的研究领域之一。

一、语言学理论基础

沃多克曾在评价批评话语的理论基础时指出："无论使用批评方法的分析者是偏好语言微观层面上的特征、宏观语言特征、文本、话语或是语境特征，无论其角度是哲学的、社会学或是历史的，在大多数情况下，他们都借鉴了系统功能语言学理论。"❶

系统功能语言学是英国著名语言学家韩礼德于 20 世纪 60 至 70 年代创立的语言学派，旨在探索语言与其社会环境之间的实现关系。从起源上看，它是一种马克思主义的语言学，目的在于通过语言和社会的结合把语言学作为一种批评社会实践的方式放置于社会语境中。在《作为社会符号的语言：从社会角度诠释语言与意义》一书中，韩礼德指出，语言是一种社会现象、一种社会符号，并力图从社会和文化的角度诠释语言的性质和意义。韩礼德认为语言是社会过程的产物，既是反映事物的手段又是影响事物的手段。❷ 系统功能语言学强调语言的社会属性和社会功能，这是系统功能语言学研究的核心思想。

韩礼德认为，语言具有三种元功能：概念功能（ideational function）、人际功能（interpersonal function）和语篇功能（textual function）。所谓概念功能包括经验功能和逻辑功能。经验功能是指语言对人们在现实世界各种经历的表达，反映出现实世界中的客观事物，各种客观事物和人之间的关系，以及周围环境因素。逻辑功能则是指语言对两个或两个以上的意义单位之间逻辑

---

❶ Ruth Wodak, What Critical Discourse is About-A Summary of its History, Important Concepts and Its Development. In Wodak, R. & Meyer, M (eds.) Methods of Critical Discourse Analysis. London: Sage, 2001, p. 8.

❷ Halliday, M. A. K. Language as Social Semiotic: The Social Interpretation of Language and Meaning. London: Edward Arnold Limited, 1978.

关系的表达。除了概念功能，韩礼德认为语言还能够表达人际功能，即具有表达讲话者的身份、地位、态度、动机和他对事物的推断，判断和评价等功能。语言的人际功能是讲话者作为干预者（as intruder）的"意义潜势"，是语言的参与功能。最后，语言以这样那样的方式使话音和话语产生有意义的联系。这种有意义的表述的集合体就是"语篇"（text）。在语义层中，把语言成分组织成为语篇的功能，叫作语篇功能。

另外，韩礼德认为语言是有层次的。语言不仅包括语义层、词汇语法层和音系层等多层次，而且各层次之间存在体现（realization）关系，即语义层体现于词汇语法层，而词汇语法层又体现于音系层。

受韩礼德的语言观和系统功能语言学影响，批评话语分析学家的话语观和对话语的功能的分析也体现出系统功能语言学思想的烙印。例如，批评话语分析的领军人物费尔克劳夫正是把口头和书面的话语和语言使用当作社会实践。而把话语作为社会实践又包含着辩证的关系，即话语事件由情景、机构和社会结构塑造而成，同时又塑造它们。将语言与社会紧紧联系，并强调语言的社会建构功能是对语言的社会功能的肯定，这也正是系统功能语言学所强调的语言的社会属性和社会功能。另外，韩礼德的语言三大功能同样也影响了费尔克劳夫对话语功能的认识。费尔克劳夫认为："语言的使用既构成社会身份，又构成社会关系、知识和信念。"❶ 其中，构成社会身份和社会关系，也正是韩礼德所说的语言的人际功能，而构成知识和信念就是语言的概念功能。韩礼德的阶级思想对批评话语分析也产生了一定影响。费尔克劳夫认为每个话语事件都是三维的，它既是语篇，又是话语实践，同时也是社会实践。也就是说每个话语事件都分为三层，这三层相互联系、相互影响。语篇是一个话语事件中产生的书面或口语语言，它包括在话语实践层内，而话语实践层又连接语篇和社会实践。同样，话语分析也是三维的，它由语篇分析、语篇生成分析和社会分析构成，缺一不可。从批评话语分析的语言学渊源来看，我们可以看出系统语言学为批评话语分析提供了语言学理论，为批评话语分析形成自己的话语观和分析方法奠定了基础。

---

❶ Fairclough, N. Language and Social Change. Cambridge：Polity Press，1992，p. 134.

二、批评话语分析的哲学理论基础

批评话语分析从诞生之日起就注重语言与社会结构的辩证关系，其理论一方面带有系统功能语言学的烙印，另一方面在哲学基础上则深受西方马克思主义和后现代主义的影响。西方马克思主义是当代马克思主义发展的重要流派，西方马克思主义强调社会的文化层面，认为资本主义的社会关系不仅是在经济基础上而且也是在文化中（所以也是在意识形态中）构成并得到维护的。西方马克思主义对当代社会意识形态、大众文化、工业社会的批判延续了传统马克思主义的社会批判精神，拓宽了马克思主义的理论视野，为建立人与自然、人与社会、人与人和谐相处的社会提供了独特的思考。在西方马克思主义理论中，对批评话语分析形成影响的主要是其众多流派对当代社会意识形态的阐述和批判，包括早期西方马克思主义代表人物葛兰西的文化霸权理论（cultural hegemony）、法兰克福学派阿尔都塞的意识形态理论（ideology）、哈贝马斯的批判理论（critical theory）。

葛兰西（Gramsci）（1891—1937）是意大利共产党的创始人，也是西方马克思主义的先驱。在与意大利资产阶级的独裁统治者墨索里尼的斗争中，葛兰西被捕入狱，判刑 20 年零 4 个月。在狱中，葛兰西写成了《狱中札记》，总结了 20 世纪 20 年代意大利工人阶级运动失败的原因，他认为工人阶级运动失败最主要的原因在于受"经济决定论"的影响，将阶级斗争简单地归结为经济领域内的斗争，忽略了意识形态领域的斗争，在书中他提出了著名的文化霸权理论，这一理论是葛兰西意识理论形态的核心，也成为 20 世纪 70 年代对文化批评最有影响力的理论资源之一。

文化霸权概念，有时也翻译为文化领导权，是葛兰西哲学的核心内容。在葛兰西之前，霸权通常是指"一个国家对另一个国家的支配权，特别是相对友好的同盟国之间"❶。葛兰西在《狱中札记》中赋予了霸权更为丰富的含义。国内学者仰海峰指出，对于葛兰西来说，霸权概念是一个具有总体性意蕴的概念，它不仅指伦理道德意义上的文化领导权，而且指经济与政治意义

---

❶ Ives Peter, Language & Hegemony in Gramsci. London：Pluto Press，2004，p. 3.

上的霸权。❶ 葛兰西指出，霸权有经济的层面。"霸权虽然是伦理——政治的，但也必然是经济的，它的基础必定是领导集团在经济活动的核心决策方面所起的决定性职能。"❷ 霸权概念的丰富性还体现其包含政治的方面，政治霸权强调的是国家统治的暴力层面，实质上就是狭义意义上的"统治"。最后，文化霸权则是葛兰西最核心和具有原创性的理论。葛兰西将文化霸权定义为"在市民社会中一个社会集团在文化、伦理、意识形态上的领导权。它主要通过使别的集团赞同、认可而不仅是用强制来获得"❸。在阐述文化霸权理论时，葛兰西提出了市民社会的理论（civil society）。他认为国家包括两个方面，一是政治社会，二是市民社会。政治社会主要指国家行政机关、军队、监狱、法庭等专政工具，市民社会，则是指私人领域，是各种民间组织的总体，它既包括政党、工会、学校、教会等民间社会组织所代表的社会舆论领域，也包括报纸、杂志、新闻媒介、学术团体等所代表的意识形态领域。政治社会的特征是强制，而市民社会的特征则是同意、认同。市民社会是从经济领域中独立出来的，与经济基础和上层建筑是相互独立的领域。统治阶级将自己的价值观信仰和意识形态普遍推行给社会各阶级的过程，是一个赢得价值共识的过程，也是领导权即霸权实现的过程。它不是凭借暴政和强力，而是通过大多数社会成员自愿认同来实现的。如果各阶级不能达成认同，则通过对反对者强制统治形成压制或威胁压制从而实现领导权。葛兰西意识到在市民社会相对发达的社会中，政治的强制性开始弱化，而意识形态领域的领导权问题更加突出，对工人阶级来说，革命的中心从暴力夺取领导权转移到了争夺文化领导权。因此总体来说，文化霸权起到了意识形态的作用。

葛兰西的霸权理论是其对 20 世纪马克思主义思想的"最重要的贡献"。其创新之处在于提出了意识形态理论的新维度，用文化霸权理论展现出人们的日常生活如何成为权力运行的重要方面，同时也将霸权的实现过程从国家扩展到学校、宗教组织、新闻媒介、出版机构等市民社会和机构，从文化的层面阐述传统马克思主义的意识形态，表明了市民社会和政治社会就是意识

---

❶　仰海峰：《葛兰西的霸权概念研究》，《山东社会科学》，2005 年第 11 期，第 39－44 页。

❷　Gramsci, Antonio. Selections from the Prison Notebooks, N. Y: International Publisher, 1971, p. 161.

❸　张怡：《葛兰西的文化政治思想》，《外国文学》，2000 年第 4 期，第 58－63 页。

形态的物质载体，为以后的文化研究提供了丰富的话语资源，形成了文化研究的"葛兰西转向"。特瑞·伊格尔顿（Terry Eagleton）说："正是由于葛兰西，才实现了从作为'思想体系'的意识形态到作为被体验的、惯常的社会实践的意识形态的关键性转变。"❶ 在葛兰西的影响下，霸权这一概念成为费尔克劳夫、沃多克等批评话语分析学家研究话语中意识形态的重要理论。

除了葛兰西意识形态理论中的文化霸权理论，在西方马克思主义中，阿尔都塞（Louis Althusser）是另一位对批评话语分析产生重大影响的马克思主义理论家。阿尔都塞作为结构马克思主义的代表人物，是西方马克思主义内部较早提出意识形态理论的，也是第一个将意识形态列为马克思主义理论的核心范畴的人。J. 拉雷（J. Larry）指出："在最近的 20 年里，阿尔都塞对意识形态作了最有影响的探讨。"❷ 阿尔都塞的意识形态理论影响了自 20 世纪 70 年代以来的文化批评、政治哲学、文艺批评等人文学科的多个领域。

在葛兰西的意识形态理论的影响下，阿尔都塞借助结构主义符号学和精神分析学，对马克思主义的意识形态理论重新进行了阐释和发展。他认为，意识形态首先是一种观念体系，是一种无意识的"表象体系"，尽管其与意识相关，但是不等同于意识，是人类世界的客体。同时，意识形态也是一种社会结构，它强加于多数人身上，使人们不知不觉生活在其中。其次，意识形态是一种物质性的存在，它以物质为载体，存在于"国家机器"之中，存在于"实践"之中。阿尔都塞认为"意识形态绝不单单是一种观念体系，同时也是一种以现实存在表现出来的特殊的非强制性国家机器"，"意识形态国家机器的本质恰恰在于成功地掩盖起自己的统治意图，让被统治者真的相信统治不是奴役而是合法的民主和自由"❸。最后，意识形态对个体的主体具有建构作用。阿尔都塞说，"意识形态从来都在把个体召唤为主体"，意识形态对个体召唤（interpellation）即各种意识形态的社会把个体当作介入社会实践的主体来召唤，从而维持社会秩序，而个体也听从意识形态的召唤，把社会当作承认自己为主体的对象并向社会屈从，然后主体与社会或与其他主体之间相互承认、主体自我承认，最后主体与想象的状况靠拢，并按照想象的状况

❶ 齐泽克、阿多尔诺等：《图绘意识形态》，方杰译，南京大学出版社，2002 年版，第 258 页。
❷ 转引自俞吾金：《意识形态论》，上海人民出版社，1993 年版，第 286 页。
❸ 张一兵：《问题式、症候阅读与意识形态》，中央编译出版社，2003 年版，第 161 页。

去行动，这就是意识形态对主体建构的四个阶段。

　　阿尔都塞的意识形态理论将意识形态置于广泛的文化背景之下，这是对葛兰西文化霸权理论的继承和发展。意识形态理论对后来的批评语言学家如弗洛、克莱斯、费尔克劳夫都有一定的影响。在他们对意识形态的态度上都能看到阿尔都塞的影子。如弗洛就指出意识形态并非在政治上的含有贬义的术语，而是一个中性的描述性的概念，克莱斯认为它是从某一特定立场组织的思想体系，既包括歪曲现实的政治态度和理论，又包括科学和形而上学。而费尔克劳夫则一方面认为意识形态不应等同于蛊惑性的宣传或偏见，另一方面又强调意识形态与人类的兴趣相关。

　　西方马克思主义对批评话语分析形成重大影响的理论流派还有法兰克福学派。法兰克福学派是西方马克思主义后期最具影响力的流派之一，其提出和发展的批判理论是其对马克思主义最重要的贡献，也对批评话语分析产生了重大影响。

　　批判理论派生于马克思主义的政治经济学描述，是法兰克福学派面对发达工业社会的种种弊端，对其进行总体性的哲学批判和社会批判。1937 年，霍克海姆（Hochheim）发表了《传统的和批判的理论》一文，他在文中初步提出了批判理论的性质、对象、特征、方法等，对批评理论进行了纲领性的阐述。批评理论的目的是改变现实苦难的条件和加速未来公正社会的实现，因此，批判理论首先是一种立场，是一种政治实践，其次才是一种理论。从研究对象上来看，霍克海姆指出，批评理论的研究对象是整个人类的本质以及人以外的本质，也即社会和自然的相互作用的整个体系。❶

　　从方法上看，霍克海姆提出批评理论应以辩证哲学和政治经济学批判为认识论基础，批判理论以人本主义为逻辑主线，反对实证主义，使用跨学科的方法探讨当时重大的社会问题和政治问题。霍克海姆等指出，在对待社会问题上，实证主义主张像自然科学描述自然法则一样描述社会法则，因而在逻辑上将资本主义、极权主义、种族主义、性别歧视以及各种各样的统治与压迫看作是必然的趋势和事实。法兰克福学派则以人本主义为认识基础，十

---

❶　陈振明：《论法兰克福学派社会批判理论的形成及其特征》，《社会学研究》，1990 年第 6 期，第 106－113 页。

分看重乌托邦理想的确立，并将这一理想视为学派的最根本性内驱力。

法兰克福学派的批判理论着重研究意识形态领域，强调了意识形态的欺骗性，带有马克思主义的社会批判特征。法兰克福学派认为，从本质上看意识形态是一种虚假的意识，它具有很大的欺骗性。在发达工业社会中，意识形态主要不是通过宣传和灌输，而是通过提供一种新的生活方式来行使欺骗功能，以现代多种休闲生活方式控制人的心理机制，美化现实社会并为其辩护。在意识形态的欺骗下，人们会把受操控的生活当作舒适的生活，把社会的制约需要错当成他们自主的需要，把社会的强迫当成自己的自由。由此可见，"现代意识形态不仅是具有欺骗功能的虚假意识，而且是一种强有力的统治力量和操纵力量，一种扼杀人的自由和自主性的异化力量"❶。早期的法兰克福学派使用批判理论对西方社会中存在的偏见进行了研究，如对 20 世纪 30 年代美国工人中反犹太主义的集体研究，出版了《偏见研究》等。

在法兰克福学派建立批判理论之后，哈贝马斯成为法兰克福学派的第二代旗手，他提出了批评理论的理论框架。在其批判理论的框架之下包含三个层次：第一个层次是批评理论来源于人类对解放的需求。人类的认知兴趣包括三个方面：技术的兴趣、实践的兴趣和解放的兴趣。这些兴趣分别来自于劳动、言语交际和权力。哈贝马斯认为，人类对获得自身解放的兴趣促成了以反省为目标的批评科学的形成。第二个层次是历史的理论，即批评是历史性的，批评科学必须考虑到言语交际和社会交往的历史生活环境；必须认识到它所分析的社会规则和社会环境并非天赋的而是来自于生活，因而必须在其历史的发展中加以理解。第三个层次是批判理论的现实批判性。批判理论分析西方发达的资本主义，以便识别其中潜伏的危机、支撑这些危机的意识形态以及那些能够参与解放过程的社会群体。

法兰克福学派和哈贝马斯所提出的批判理论对批评话语分析，尤其是话语历史分析有着重大影响。在批评话语分析的各个流派中，如话语历史分析的研究视角、研究方法、研究内容、研究原则上都能看到法兰克福学派的烙印。

---

❶ 汝绪华、汪怀君：《法兰克福学派的社会批判理论及其意义》，《山西师大学报》（社会科学版），2010 年 37 卷第 2 期，第 6—10 页。

意识形态理论和批判理论为批判话语分析提供了研究对象和理论基础，而后现代主义代表福柯的权力话语理论也是批判话语分析的理论源泉。

福柯是法国著名的哲学家和思想家，他的思想新颖深刻，分析方法独特，研究主题多变，涉及文学、历史、哲学和政治学等诸多领域。他的话语观和权力论对费尔克劳夫等人形成了重大影响。

话语是福柯哲学思想的核心概念。福柯在解释话语时指出："我把话语有时当作所有陈述所在的广大领域，有时当作一组可以独立的陈述之总称，有时当作解释某些陈述的一个规则化的运作。"[1] 此处的陈述不能像孤立的句子一样单独存在，必须置于相关的知识领域内，才能成为话语的部分，这就是话语的形成。话语受到内部因素和外部因素的控制和影响，这就形成了"话语秩序"。福柯充分肯定了话语的作用。他认为，我们与世界的关系（认识世界）实际上就是一种与世界所发生的话语关系，脱离话语的世界就都是不存在的，也即是"话语之外无他物"。正如霍尔指出的那样，话语在福柯看来"既构建话题，又定义和构成我们的知识客体。同时，还规定我们谈论和思考问题的方式，影响思想被付诸实施和被用来规范他人行动的方法。"[2] 福柯对话语的理解已经超出了语言学的范畴，将"话语"放到更复杂的社会关系网络中进行功能"透视"。

福柯的话语理论包含三个维度：知识话语、权力话语和生命话语。其中知识话语和权力话语是其话语理论的关键。福柯认为，话语是人类知识的科学体系，人类一切知识都是通过话语获得的。在福柯看来，权力既不是指在确定的一个国家里保证公民服从的一系列机构与机器，即"政权"，也不是指某种非暴力的、表现为规章制度的约束方式，也不是指一分子或团体对另一分子或团体实行的一般统治体系，而是"众多的力的关系，这些关系是存在于它们之间发生作用的那个领域"[3]。因此权力是一个中性词，并非总是产生负面的作用，如压制、蒙蔽、欺骗。福柯认为权力无处不在，权力构成话语，同时话语又是权力的栖身之地，权力通过话语来实现。他把话语看作权力关

---

[1] 福柯：《知识的考掘》，王德威译，麦田出版有限公司，1993 年版，第 176 页。

[2] Hall, S. The Work of Representation In Hall, S. (ed.). Representation: Cultural Representations and Signifying Practices. London: Sage in association with The Open University, 1997, p. 44.

[3] 福柯：《求知之志》，载杜小真编选：《福柯集》，上海远东出版社，1998 年版，第 345 页。

系的网络，认为话语始终是与权力和权力运作交织在一起的，社会性的和政治性的权力总是通过话语去运作。"在每个社会，话语的制造是同时受一定的数量程序的控制、选择、组织和重新分配的。这些程序的作用在于消除话语的力量和危险，控制其偶发事件，避开其沉重而可怕的物质性。"❶ 福柯认为权力不是一种实体概念，而是一种关系概念，要通过具体的控制与反控制来实现。权力对话语的控制策略包括外部控制、内部控制，外部控制包括禁律、区分与歧视、真伪之间的对立，而内部控制则包括评论原则、作者原则和学科原则，以及与主体有关联的话语仪规、话语社团、信条原则与社会性占有来展开，而反控制策略则包括反向原则、断裂性原则、特殊性原则和外在性原则。"福柯认为通过以上原则，在话语所倡导的价值立场相反的路径上进行言说，主体就能摆脱话语对自己的控制。"❷

福柯话语理论是批评话语分析各流派的重要理论来源，批评话语分析的一些概念和术语甚至直接来自福柯的话语理论，如"话语形成""话语秩序"，他对于话语与权力关系的揭示和探讨也成为批评话语分析的研究目的之一。

从葛兰西到阿尔都塞，从哈贝马斯到福柯，批评话语分析学家广泛吸收了当代西方哲学思潮的理论营养为批评话语分析作为一个学派建立起来提供了理论支持和方法论的基础，对批评话语分析的影响十分深远。在批评话语学家费尔克劳夫的访谈及其文章中，他就多次详细说明了这些理论是批评话语分析的源头，而由这些理论中发展出来的概念，如"意识形态""权力"则成为批评话语分析研究的对象。在《语言与权力》一书中，费尔克劳夫指出，语言不是透明的中介，它具有意识形态的性质，是表达意识形态和权力的工具。语言、权力和意识形态之间的关系是隐含的，话语分析的主要目的应该是使语言、权力、意识形态之间的关系透明化，揭示社会关系体系中隐藏的决定因素以及它们对体系的隐含影响。由此可以看出，批评话语分析学家在建立批评话语分析学派时都受到了西方马克思主义关于意识形态的理论的影响。

---

❶ Foucault，M. The Order of Discourse. Shapiro M J. Language and Politics. Oxford：Basil Blackwell，1984.

❷ 刘晗：《福柯话语理论中的控制与反控制》，《兰州学刊》，2010 年 199 卷第 4 期，第 204—208 页。

三、文艺学理论基础

除了语言学、哲学理论基础之外，批评语言学同样受益于 20 世纪文艺学理论的蓬勃发展，其中最为重要的就是巴赫金的对话理论。

米哈伊尔·米哈伊洛维奇·巴赫金是苏联著名的思想家、文艺学家、语言哲学家，在通过对陀思妥耶夫斯基和拉伯雷的小说研究中，巴赫金系统研究了"对话"，并对对话性给予了全面的阐述。他认为话语是语言交际的最基本单位，而一切话语都存在内在对话性。❶ 任何对话都是对他人的回应，与先于它存在的话语处在对话关系之中，是先前话语的继续和反响。

巴赫金认为，在不同体裁中，对话的程度是不同的。一般说来，文学语篇相对于非文学语篇而言，对话性强，但也并非绝对，独白性与对话性本身就是两个相对的概念，是个程度问题，即使是最典型的独白性语篇也会具有某种程度的对话性。❷

在后来的《陀思妥耶夫斯基诗学问题》中，巴赫金深化了他的对话理论。他指出："一切都是手段，对话才是目的。单一的声音，什么也结束不了，什么也解决不了。两个声音才是生命的最低条件，生存的最低条件，对话的基本公式是很简单的：表现为：'我'与'别人'、对立的人与人的对立。"❸ 由此强调了他者对自我的重要性和交流的重要性，而这正是对话理论的哲学基础和本体论。

巴赫金的对话理论为费尔克劳夫所采用，成为"互文性"理论的基础。费尔克劳夫认为，当不同的话语和体裁呈现交织在同一个交际事件中就会产生互文性。通过互文性的分析，分析者可以观察到话语的再生产，也可以通过话语新的结合来探究话语的变化进而将话语的变化与社会文化的变化联系起来。这样，互文性就连接了话语实践和社会实践，实现了通过语言来研究社会的终极目标。批评话语分析还引入了巴赫金的主体对话，使文本概念不再局限于一个固定的文本及其结构之中，文本之间也像言谈主体一样不断对话，文本的意义从自足走向开放的维度。

---

❶ 巴赫金：《巴赫金全集》第四卷，钱中文译，河北教育出版社，1998 年版，第 208 页。
❷ 辛斌、陈腾澜：《语篇的对话性分析初探》，《外国语》，1999 年第 5 期，第 8—13 页。
❸ 巴赫金：《巴赫金全集》第五卷，钱中文译，河北教育出版社，1998 年版，第 340—341 页。

第四节　批评话语分析的研究范围、原则、方法

一、批评话语分析的研究范围

批评话语分析关注话语与社会的关系，认为话语被社会环境所塑造，同时又作用于社会环境。批评话语分析的研究对象是话语与社会结构中的"意识形态""权力"及其相关的社会问题的关系。费尔克劳夫和沃德克提出了批评话语分析的三个目的：（1）系统地探索话语实践、事件和语篇与更广阔的社会文化结构、关系和过程之间的因果关系；（2）研究这些实践、事件和语篇与权力之间的关系；（3）探讨话语与社会的关系在维护权力和霸权中的作用。❶ 由此可见意识形态和权力处于批评话语分析的中心。

在批评话语分析的研究对象中，意识形态与权力是两个重要的研究对象。批评话语分析学家同时也指出，批评话语分析中的意识形态不完全等同于马克思主义中以经济为基础的贬义性质的意识形态，也不是以文化为界面的意识形态，而是那些在日常生活中隐藏的意识形态，如观念上的比喻和类比。费尔克劳夫认为意识形态不能等同于蛊惑性的宣传或偏见，也不等同于观点和信念，而是指"那些能够用来建立、保持权力、控制和剥削关系的世界某方面的呈现……对文本的分析是对意识形态分析的一个重要方面"❷。范戴克从社会认知角度界定意识形态。他认为，意识形态是某一社会群体的社会呈现的基础，是为该群体提供社会态度和信仰基本原则与原理的心理结构。❸ 因此批评话语分析正是从话语的层面阐释解读各阶层的社会态度、观念和控制关系。

❶ Fairclough, N. & R. Wodak. Critical discourse analysis in T. Van Dijk (ed.) Discourse Studies: Multidisciplinary Introduction. London: Sage Publications, 1997.

❷ Fairclough, N. Analyzing Discourse: Textual Analysis for Social Research. London and New York: Routledge, 2003, p. 8.

❸ Van Dijk, T. A., JoAnne Neff-van Aertselaer and MartinPütz. Introduction: Language, Discourse and Ideology In Martin Pütz, JoAnne Neff-van Aertselaer and T. A. von Dijk (eds.). Comm unicating Ideologies: Multidisciplinary Perspectives on Language, Discourse, and Social Practice. Peterlang, 2004.

权力是批评话语分析研究的另一个焦点。范戴克曾对批评话语分析中的权力做出了详细的解释。他指出，批评话语分析的权力不是个人的权力，而是全社会范围的社会权力。而社会权力来源于对具有社会价值的资源的特权占有，如财富、收入、社会地位、地位、强力、组织成员身份、教育资源或者知识。权力涉及控制，也就是一个人群对另一个人群的控制。批评话语分析对社会精英、机构和组织通过权力运作导致社会不平等尤其关注，称为"支配关系"。如果支配人群能够影响被支配的人群的思想，使得他们能够接受支配并自愿为权力者的利益而行动，则这种支配关系就成为霸权。范戴克将权力与支配关系和霸权联系起来，更多地看到了权力的不平等性。我国批评话语分析学家田海龙认为话语分析研究的权力是指"广义的由话语体现的，在日常交际中人与人的社会关系"❶，各阶层和人群的权力是不平衡的，因此社会各阶层的关系也是不平等的。尽管对权力的定义不同，但是中外学者都关注到权力的不平等及其对社会各阶层和人群的影响。在分析话语与权力的关系时，批评话语分析认为话语本身没有权力，但是话语可以生产并挑战支配权力。因此批评话语分析致力于探索在生产支配权力中话语的结构、策略或其他特点。

话语与意识形态和权力相关的社会问题的关系也是批评话语分析的研究对象。由于各社会结构中的权力大小不等，由此引发相关的社会不公，涉及政治、文化、阶级、民族、种族和性别等多种社会因素。这些社会问题在话语中得到体现，同时话语也引发和塑造了这样的社会问题。批评话语分析所研究的社会不平等问题包括性别歧视、种族歧视、就业和司法上的不平等、战争、核武器和核力量、政治策略和商业行为等。❷

布鲁马特（Blommaert）对批评话语分析的研究领域做了总结，他指出批评话语分析的领域包括政治话语、意识形态、种族、与种族有关的移民话语、经济话语、广告话语与推销、媒介语言、性别研究、机构话语、社会工作话语、官僚话语、教育话语等。从他的总结中我们可以看出批评话语分析的范围十分广泛，研究领域涉及多个学科，如政治学、文化学、经济学、教育学，

---

❶　田海龙、张迈曾：《话语权力的不平等关系：语用学与社会学研究》，《外语学刊》，2006 年 129 卷第 2 期，第 7—13 页。

❷　辛斌：《批评语言学：理论与应用》，上海外语教育出版社，2005 年版。

显示出其巨大的发展前景。通过对各个社会领域中权力关系和社会的不平等与偏见的分析，批评话语分析揭示了这些隐形于我们社会关系和结构中的社会不平等现象，从而达到引发反思和变革的作用。

二、批评话语分析的原则

从批评话语分析研究的范围来看，其研究主要关注话语、意识形态与权力及其衍生的社会问题。费尔克劳夫和范戴克在阐述批评话语分析的基本理论方法时，总体来看，批评话语分析应当遵循八项原则。

1. 批评性话语分析关注的是社会政治问题

范戴克认为，批评性话语分析的研究范围决定了它与其他话语分析不同，批评性话语分析学家采取社会政治研究立场，对社会发展中迫切需要解决的问题在语言和其他符号中的表现进行剖析，而不是为了纯语言研究而分析语言的运用。批评话语分析学家应当就社会问题提出自己的观点、态度、原则和目标，其目的是为了通过批判性理解当前的问题达到促使社会变革的目的。他们的视角应当是遭受社会不平等待遇的人群，他们批判的目标应当是引发、维护、合法化、漠视不平等权力关系的权力精英，因此这些问题是实实在在的社会问题，而不是无足轻重的小问题。因此批评话语分析就其根本来说是社会政治批判。

2. 话语反映权力关系

批评性话语分析强调权力关系在话语中的体现。权力关系通过话语得以巩固或变更。以媒体和政治之间的权力关系为例，从表面上看，采访者在很大程度上（如话题、角度、时间等）对被访者有控制权，但实际上被访者常常打破这种格局。采访往往变成争夺控制权的较量，被访者会打断采访者的问题或借回答问题之机大做政治演说。但是，说"话语反映权力关系"并不等于说话语实践和权力关系之间有一种固定不变的对应关系。批评性话语分析将"话语之中的权力"和"话语之上的权力"区分开来，前者相对稳定，后者则是不断变化的。改变或创新话语实践也会导致权力关系的改变和更新。

3. 话语是意识形态的工具

既然话语具有上述功能，它自然成为意识形态的工具，即意识形态通过话语渗透于社会生活，话语成为描写、建构和再现权力关系（除了不平等的阶级关系，还有不平等的性别和种族关系）的工具。但是，说"话语是意识形态的工具"并不等于说语篇中的所有观点（包括老百姓的常识）都具有意识形态的宣传性质。要就此做出判断，光凭分析语篇还不够，还必须考察语篇是如何被解释和接受以及它们产生了什么样的社会效果。

4. 话语是社会和文化的构成要素

话语与社会文化实际是一种辩证的同构关系，即互相包含、互相影响。语言运用对社会和文化（包括权力关系）的再现或更新有直接的关系，这就是话语权力。各权力阶层都想争夺这一权力。话语构成社会文化，因为它描写着世界，确定着社会关系和身份。任何语篇，哪怕只是语篇中的一个句子，都同时具有三种功能：表意（描写现实）、人际（建构社会关系和身份）和语篇（使语篇各部分相互衔接、连贯）功能。因此话语建构社会与文化。

5. 话语具有历史性

话语不可能在真空中产生，话语产生于历史语境，话语不可能在没有历史背景做参照的情况下得以解读。以撒切尔夫人的讲话为例，解读时必须考察她以及她所领导的政府以前说过什么，制定过什么法律和政策，采取过哪些具体的措施和行动，媒体曾做过什么样的报道等。至于她讲话中提到的"40 年代""戴高乐的远见"等，其联想意义的解读则更离不开相关的历史知识。

6. 语篇与社会的关系是间接的

社会文化结构及其演变过程与语篇之间自然有关联。但其关联是间接的。其间充当中介的是"话语秩序"（orders of discourse），即与特定场合或情境相关的话语实践规则。英国政策、文化以及政治与媒体的关系有什么变化，都或多或少反映在政治话语秩序的变化之中，如撒切尔夫人把传统上在政治话语秩序中严格区分的话语（如保守和自由话语）的体裁交织起来，把政治话语与日常生活话语秩序交织起来，把媒体采访与政治演说体裁交织起来。此类交织导致话语秩序和语篇体裁界限的变更，然而这种变更终究还得靠语篇的语言特征来实现。如此，语篇与社会通过话语秩序这个中介发生了间接的联系。

7. 话语分析既是解读性的也是解释性的

由于受众和语境信息的不同，话语可以通过不同的方式解读。例如，在研究对新闻报道的理解和新闻报道的可理解性时，沃多克和陆兹根据读者和听者的感情、形式和认知图式剖析了对同一个文本典型但是不同的解读。根据不同的情感、态度和知识，读者在文本里就能读到阶级、性别、年龄、观念、态度这样的主题。

8. 话语是权力活动的方式

对话语的分析有助于揭示权力活动的规律，暴露其与话语关系的隐蔽性。

上述八大原则为批评性话语分析后来的发展设定了基调，构成了批评话语分析的基本理念。

三、批评话语分析的方法

批评话语分析的跨学科性决定其分析框架具有多样性。由于其借鉴的理论不同，在批评话语分析内部形成了不同的派别，主要有以费尔克劳夫为代表的社会文化分析学派、以范戴克为代表的社会认知分析学派和以沃多克为代表的历史分析学派。

费尔克劳夫是批评话语分析的领军人物，从 20 世纪 80 年代开始对批评话语进行研究，发表和出版了大量相关的论文和专著。他将语言学方向的话语分析和与话语相关的社会学理论相结合，开创了批评话语分析的社会文化学派。

费尔克劳夫对话语的理解糅合了语言学和社会学的观点。他认为话语是语言以口头和书面形式的运用，是社会实践的一种形式，与社会的其他层面有着辩证的关系，❶ 也即话语一方面受社会实践的制约，另一方面对社会实践具有建构性。话语的建构性体现在话语具有构建社会身份、社会关系以及知识和意义体系的作用。在费尔克劳夫的话语分析中，意识形态中的权力斗争、社会变化和全球化是其研究的重点，而在其分析中，话语秩序和互文性是贯穿其中的两个核心概念。话语秩序概念源于福柯。福柯认为，话语生产总是按照一定程度受到控制、选择、组织和分配。费尔克劳夫利用话语秩序考察话语实践，认为话语秩序是以具体方式交织在一起的社会实践所构成的社会

---

❶ Fairclough, N. Language and Power. London：Routledge，1989，p. 15.

秩序在话语层面的体现，也是在具体社会领域使用的所有体裁和话语的集合。❶ 某一领域的话语秩序由该领域的话语类型组成，不同类型的话语秩序可以混合，因此话语秩序的边界不是一成不变的。话语秩序内部和外部边界的变化体现了社会和文化的变化，话语秩序的变化同时又影响着社会和文化的变化。话语秩序包含三个具有辩证关系的成分：体裁、话语和风格。体裁与具体的社会活动有关，表现为文本中的行为意义；具体意义上的话语则用来表达文本的呈现意义；风格与身份的确认有关。互文性是费尔克劳夫话语分析方法中的另一个核心概念。费尔克劳夫认为，当不同的话语和体裁呈现交织在同一个交际事件中就会产生互文性。互文性可以被当作工具来分析话语秩序是否发生了变化，互文性的分析把话语秩序的变化和社会文化的变化连接了起来。

费尔克劳夫的批评话语分析对象经历了三个阶段的变化，在每个阶段研究的重点不同。早期他以权力和意识形态为分析的重点，主要目的是使语言、权力、意识形态之间的关系透明化，揭示社会关系体系中隐藏的决定因素以及它们对体系的内在影响；中期他分析的目标从权力与意识形态转变为话语与社会文化的变化；后期他转向研究全球化和新资本主义。在这三个阶段的变化中，他的批评话语分析模式即三维分析模式也不断完善。

费尔克劳夫对他提出的话语分析的三维模式不断加以完善。话语分析的三个维度包括：①语篇（text）的语言学分析，包括书面语和口语；②话语实践分析（discursive practice），包括语篇的生产、分配和消费；③社会文化实践（sociocultural practice）的分析，也即是话语实践如何影响社会，社会文化如何反过来作用于话语。在此基础上，费尔克劳夫提出了批评话语分析的三个层次：描述（describe）话语的形式结构特征，阐述（interpret）语篇与话语实践过程的关系，解释（explain）话语实践过程与社会文化语境之间的关系。文本的描述是分析的出发点，具体的分析在词汇、语法、文本结构三大方面展开，每一个方面又从经验价值、关系价值表达、价值三个角度进行分析。阐释层面关注话语的生产和阐释过程以及他们对常识性假设的依赖，是描述和解释层面的中介。解释层面则关注话语与斗争过程和权力之间的关系。

---

❶ Fairclough, N. Language and Social Change. Cambridge: Polity Press, 1992.

费尔克劳夫的三维分析模式被学界视为批评话语分析的经典模式，被大量介绍和应用，但是这个分析模式只关注了对语言与社会现象进行解释的，而没有体现批评性话语分析的另一个目标，即改造社会。后来，费尔克劳夫继续完善三维分析模式，发展了批评话语分析的五阶段分析模式，包括：①确定需要研究的社会问题和其符号学内容；②从结构和互动角度确定研究该社会问题的障碍，即该问题是如何产生又如何与社会生活联系，这一部分是分析的重点和批评话语分析的独特价值所在；③考虑社会秩序是否需要该社会问题；④提出去除这些障碍的方法；⑤对分析进行反思。其中，第二个阶段中的互动分析是这个分析模式的重点。互动分析以符号学理论为依据，分析对象更广，包括实际谈话、访谈、电视节目以及其他符号活动的分析。❶ 互动分析模式仍然包括三个维度：文本的语言学分析、互动的话语交互分析和互动的社会分析。在互动分析模式中的文本包括书面文本和所有符号活动的形式，文本作用于世界的表征（意识的形式）、社会关系、社会认同和文化价值，而文本分析即分析表征、关系、认同和价值的文本作用分析。对文本的分析可以在多个层次上进行，如词汇、句子、文本结构；互动的话语交互分析则是分析文本中采用了什么体裁、话语和风格，以及它们作为话语秩序的组成部分又是如何连成一体的；而社会分析则主要指话语秩序的分析。修正后的社会文化分析模式分析对象更加广泛，具有较强的可操作性，为众多批评话语分析的实践提供了分析模式。

除了社会文化分析流派，社会认知分析也是主流的批评话语分析方法之一。著名语言学家、话语语言学开创者范戴克是这一流派的代表人物，他提出了"话语—认知—社会"的分析模式。在这一分析模式中，认知因素和社会因素成为批评话语分析者的关注点。在批评话语分析研究中"要想把话语与社会并进而把话语与控制和不平等的再生产相联系，我们需要详细探究社会行为者大脑中的社会表征所起的作用……对这种社会认知的忽视一直是批评语言学和话语分析的主要理论缺陷之一"❷。社会表征是社会心理学的概念，

---

❶ Fairclough, N. 2001 The Discourse of New Labor: Critical Discourse Analysis. Eds. Tian Hailong & Zhao Peng. Critical Discourse Analysis Essential Readings. Tianjing: Nankai University Press, p. 194.

❷ Van Dijk, T. Multidisipinary CDA: A plea for diversity In R. Wodak & M. Meyer (eds.) Methods of Critical Discourse Analysis. London: Sage, 2001, p. 301.

社会表征即社会认知，范戴克把"社会认知"定义为社会所共享的对社会结构、群体、关系以及思维活动的表征，包括知识、态度、价值、意识形态等。批评话语分析特别关注一个社会群体的社会表征是如何为其成员提供解读框架或意识形态框架以及人们如何通过自己的成员身份来建构自我意识和他者意识，话语的作用在于以各种方式使各种社会表征通过言语活动获得生产和再生产，或者受到挑战并发生变化。

在社会因素中，语境受到特别的关注。范戴克将语境定义为"社会情境的参与者在话语互动中的主观建构和定义"❶，他将语境分为微观语境和宏观语境。微观语境是指在特定时间和场合面对面的交流，例如在新闻报道的微观语境就是指记者、访问者搜集新闻的日常话语技巧；而宏观语境则是指制度性或者是机构性的限制条件，群体关系、操控和权力滥用的条件。范戴克认为，语境概念能够解释连接问题，符合建构主义原则，强调本地化、情景化。

在"话语—认知—社会"模式中，话语和社会结构之间不是直接发生联系，社会表征是调节话语和社会结构关系的中间媒介。社会表征通过心智模型体现在话语中，心理模式又可以由语境模式和事件模式具体运作，两者可以看成位于长时记忆中关于经验的心理呈现。其中，前者负责话语交际的"语用"部分，后者负责话语的"语义"部分。社会呈现作为一种集体感知框架，它调节社会结构和话语结构，形成社会系统和个体认知系统之间的连接，完成外在要求和主观经验之间的转换，并且实施统一和协调功能。

"话语—认知—社会"模式融语言学、社会学和认知学为一体，强调了社会认知在批评话语分析中的重要性，作为一种批评话语分析的研究方法，在这一领域占有十分重要的地位。

第三种重要的批评话语分析方式是奥地利批评话语分析家沃多克领导的研究小组与社会学家和历史学家在合作分析战后奥地利国内反犹倾向过程中提出的历史分析方法（historical discourse approach）。历史分析方法主要受法兰克福学派批评理论的影响，认为"话语"是一种复杂的，同时或相继发生

---

❶ Van Dijk. T. Critical Context Studies. Eds. Tian Hailong & Zhao Peng. Critical Discourse Analysis Essential Readings. Tianjing：Nankai University Press，p. 269.

联系的一连串语言行为。它是开放性的、混杂的，不是一个封闭的系统。话语展现自身的主要形式是以符号性的口语和书面语，或者说文本为主。在历史分析法中，沃多克将语境分成四个层次：语言和文本内在的上下文关系，语段（utterances）、文本、体裁和话语间的文本和话语间性关系（intertextual and interdiscursive relationship），语言外在的社会/社会学变量，以及语境涉及的机构框架，更为宽泛的社会历史语境。这四个层次中，第一层次是描述性的，其他三层是语境的理论部分。历史分析通过对特定话语的语境、互文性进行考察，将话语、文本、文类和话语行为领域联系起来以建构理论模型。

沃多克❶提出了历史分析方法的 11 个特点，总结起来主要是 3 个方面：首先，历史分析法研究以社会问题为导向，而不是以语言问题为中心。历史分析法从人类学和社会学等角度，以社会问题为切入点，考察语言与社会之间的关系，对体现在语言和其他符号中的社会发展和矛盾进行剖析，揭示语言、权力和意识形态之间的复杂关系。例如，沃多克就对反犹太主义和种族主义政治话语进行了深入研究。其次，在分析话语和文本时，历史分析法总是联系历史背景并对历史背景进行分析。历史分析法要求研究者考察与研究问题相关的各种话语信息及其产生的语境信息、某一文类的历时变化、互文性和重构话语语境，并将这种历史性的语境融合到对话语分析的阐释中。在考察历史语境时，研究者通常会结合实地调查和民族志研究，并将其作为进一步建构理论框架和进行话语分析的基础。最后，历史分析方法的多样性。由于在对于某一社会问题相关的话语进行分析时要根据具体情况和具体研究客体来选择语言范畴和分析工具，选择那些能够很好解释和阐释考察客体的理论方法，对于某一社会问题相关的话语进行分析时，研究者需要选择很多理论方法，历史分析法在理论上采用了多个学科如社会语言学、修辞学、传媒学、政治学、社会学、历史学、哲学等学科的相关理论和方法，具体方法包括个案研究、定性研究、互文性研究、比较/对比研究、修辞分析、叙事分析、论证分析等，这种多样性有利于对复杂的社会问题给予合理的分析和解释。

---

❶ Wodak，R. The discourse-historical approach. eds. Tian Hailong & Zhao Peng. Critical Discourse Analysis Essential Readings. Tianjing：Nankai University Press, p. 232-233.

在具体分析过程中，历史分析法主要采用了三维分析法。三维分析法的分析步骤如下：（1）首先确定一个与种族或歧视等话语相关的话语主题；（2）考察话语中使用的话语策略，如辩论策略；（3）分析语言形式和特定语境中的语言实现。第三部分包括话语策略分析和惯用语分析。"话语策略"是语言系统的运用方式，体现在语言结构组织的不同层面上。在历史分析法中，研究者一般会对以下 5 种基本话语策略进行考察分析：指代策略（referential strategy）、宣称策略（strategies of prediction）、论辩策略（strategies of argumentation）、视 角 策 略（strategies of perspectivation）和 强 化 弱 化 策 略（strategies of intensification and mitigation）。在惯用语上，沃多克 在《话语历史分析方法》一文中分析了 1993 年 2 月奥地利自由党的请愿（FPO petition 'Austria first' 1993-2）时，列出了 15 类偏见性惯用语，并结合具体语境阐释它们的实现过程。

历史分析法是批评话语分析的重要方法之一，使研究者能够对间接的带有偏见的话语进行分析，辨别和揭示隐藏在偏见话语中的密码和暗语。历史分析法与社会文化分析法一样涉及语篇分析、互文性分析和社会分析，只是在分析步骤的顺序上相反，反映出他们对话语和社会现实有不同的关注度，沃多克更为重视历史现实，而费尔克劳夫更重视话语结构。

批评话语分析的这三大分析模式都以话语文本分析为具体描述的内容，但是在解释分析时却各有侧重，利用不同的理论从不同的角度对意识形态和社会结构进行了剖析，各有所长，共同促进了批评话语分析的学科化，实现了批评话语分析的目标。

第五节　国内亚文化的批评话语研究进展

批评话语分析自 1995 年引进中国以来吸引了许多学者的关注，使用批评话语分析作为分析理论和工具的文化研究逐年增加，在理论方面，我国学者丁建新提出了批评话语分析和亚文化研究相结合的边缘话语分析，并介绍了韩礼德的反语言理论。边缘话语研究关注话语与文化的不平等，试图照亮话语与文化的边缘，以此消解"中心/边缘""主流/非主流"的二元对立，丁建新提出的边缘话语理论以语言为出发点，为亚文化的批评话语研究开创了新的视野。❶ 在应用方面，批评话语研究主要应用于三个方面：新闻媒体、政治演讲和教育教学。但是在文化研究中的应用还相对较少，对青年亚文化的批评文化研究更是少之又少，从国内现有研究看只有周旗和胡上对青春电影和青春文学中反映的青年话语进行了分析。胡上应用费尔克劳夫的三维模式对《那些年，我们一起追的女孩》中的校园俚语进行了分析，发现了青年话语的词汇特征，包括重新词汇化、过度词汇化、功能变化、禁忌语的过度使用，在语义上的隐喻化，在风格上的口语化和随意性，展现出青年对权力的反抗和群体归属感。❷

与周旗一样，胡上采用费尔克劳夫的三维模式对青春小说集《校园王》中的语码转化现象进行了批评话语分析，❸ 他发现语码转换主要发生在词汇层面，而非语法和句子层面，与一些日常休闲话题有关，而且这些出现在汉语句子中的英文词汇都相对简单，多属网络词汇。

从上述研究可见，已经有一些学者开始了青年亚文化的批评话语研究，为我们研究青年亚文化提供了新的视角，也找出青年亚文化中一些青年话语特征。但是由于研究内容还比较狭窄，研究的层面还都只停留在词汇层面，在句子和文本结构上的探讨比较少，而且与社会实践的联系和解释还都不充分，因此青年亚文化的批评话语研究还只停留在文本层面的局部探讨，还有很大的发展空间。

青年亚文化从诞生之日起，其文化理念、文化手段、与社会结构其他因素之间的关系在社会变迁的洪流中也在不断变化，其文化话语是如何随之变化而又在变化中不断影响和塑造着新的青年亚文化是值得我们探讨的。在本书中，我们将对青年亚文化发展三个阶段中具有代表性的青年亚文化进行批评话语的分析，通过对这些亚文化的语言，具有代表性的文本如亚文化地下刊物、歌曲、文学的分析，审视亚文化受不同因素，包括阶级、种族和性别

---

❶ 丁建新、沈文静：《边缘话语分析：一些基本的理论问题》，《外语与外语教学》，2013 年第 4 期，第 17—21 页。

❷ 周旗：《话语与青年：从批评性语篇分析角度分析〈校园王〉中的语言转码》，中山大学硕士学位论文，2010 年。

❸ 胡上：《那些年，我们一起追的女孩：从批评语言学角度分析青年话语和青年文化》，中山大学硕士学位论文，2013 年。

因素的影响，如何解构主流社会中不平等的话语秩序，建构亚文化与意识形态和社会结构的关系。在三种批评话语分析的方法中，费尔克劳夫的社会文化分析法能够较好地揭示亚文化与社会结构因素的关系，贴合我们对青年亚文化进行话语分析的目标，因此我们将使用费尔克劳夫的社会文化分析法，结合亚文化理论，发现和理解青年亚文化成长发展的轨迹。

第四章　嬉皮士文化批评话语研究

在本章中我们将以 20 世纪 60 年代的嬉皮士文化为例，以费尔克劳夫的三维分析法为研究框架，探讨嬉皮士话语是如何建构起嬉皮士亚文化的意识形态系统及其与主流文化的意识形态的关系，反映在当代历史社会条件下青年亚文化在与权力关系的博弈和社会结构的变迁中的话语形态和策略。

在本章中，我们将从话语策略、话语实践和社会实践三个维度对嬉皮士文化话语进行分析。嬉皮士话语的范围十分广泛，包括摇滚乐、嬉皮士地下报刊、嬉皮士文学、嬉皮士电影、嬉皮士的访谈和回忆录。在这些话语资源中，嬉皮士地下报刊（under-ground press）是最具有特色的亚文化文件。嬉皮士地下报刊诞生于 20 世纪 60 年代后期 70 年代初，即 1965—1973 年间，主要报道、宣传和反映嬉皮士文化浪潮。与访谈和回忆录相比，嬉皮士地下报刊能够更加稳定地反映时代，与摇滚乐相比，对嬉皮士文化的反映又更加直接和平实，因此嬉皮士地下报刊成为许多研究嬉皮士文化的学者的第一手资料，也是我们研究 20 世纪 60 年代嬉皮士话语的资料来源。

第一节　嬉皮士文化概述

嬉皮士（hippie）一词，是美国社会对 20 世纪 60 年代本国一支反文化群体的青年的称呼，其词源众说纷纭。学者夏学花指出 hippie 源自 20 世纪 50 年代美国作家诺曼·梅勒的一部小说《白色黑人》（The White Negro），在小说中作者塑造了一个存在主义的二流英雄——"嬉皮斯特"（Hipster），他"在反叛的自我意识的推动下，开始了通向未知天地的旅程"❶，以此作为在一个被死亡阴影笼罩着的社会中生存下去的手段。随着这本书的畅销，Hipster 成为不愿被正统思想和文化约束的渴望自由的青年的象征，被"垮掉一代"所推崇。"垮掉一代"就用 hipster 或者 hippie 称呼他们中的一部分人，到了 20世纪 60 年代，随着"垮掉一代"迁居到旧金山海特-埃斯伯里（Haight Ash-bury）一带，媒体开始用 hippie 一词指代聚居于此的青年群体，嬉皮士由此而得名。而端木义万则认为，20 世纪 60 年代中期，一些崇尚乌托邦生活，向往自由不羁的生活方式的青年在旧金山的海特-埃斯伯里区（Haignt-Ashbury）建立了所谓的"政治组织"——海特-埃斯伯里独立领主者（Haight-Ashbury Independent Proprietors，简称 H. I. P.）。他们由此得名 hippies（嬉皮士）❷。也有学者指出，hip 是 20 世纪 40 年代的爵士俚语，意思是赶时髦，hippie 就是指那些衣着时髦并对服饰深有研究的人❸。从构词法看，嬉皮士（hippie）也并非如中文译名联想到的"嘻嘻哈哈、稀里糊涂"。特里·安德森指出，hippie 由两部分组成（hip+pie），hip 意思是 knowing，意即"明白、了解"，pie 的意思是 of a person，意即"……的人"，hippie 一词意思是"明白人"或者"了解的人"❹。从嬉皮士一词的词源和词义我们可以一窥嬉皮士的历史渊源。

嬉皮士年龄一般在 17~25 岁，主要是中产阶级青年，在嬉皮士文化全盛时期，全美大约有 30 万人散居在嬉皮士群居点。美国的嬉皮士作为第一个引起世界瞩目的青年亚文化群体，具有非常鲜明的特征。《简明不列颠百科辞典》对嬉皮士有如下定义："嬉皮士指生活在既定的社会之外的不顺从的年轻人。其特征是他们寻找一种非唯物主义的生活方式，偏爱奇装异服，常用致幻的麻醉剂或大麻。"在这一定义中，我们可以看出嬉皮士文化主体的基本特征。

从类型上看，嬉皮士成员在类型上各有不同。根据他们在对待嬉皮士文

---

❶ 夏学花：《嬉皮士：美国主流社会的叛逆一代》，上海辞书出版社，2006 年版，第 2 页。

❷ 端木义万：《美国社会文化透视》，南京大学出版社，1999 年版。

❸ 罗望阳：《论嬉皮士文化没落对 70 年代美国青年价值观的影响》，山东大学硕士学位论文，2008 年。

❹ Anderson, Terry. The Sixties, Pearson Education, 1998.

化价值观与态度上的差异，霍华德将嬉皮士分为四类：第一类是乌托邦主义者（visionaries）。他们唾弃和否定正统价值观，因为正统价值观会引起对社会地位的焦虑和对物质财富的恋物癖，乌托邦主义者提出了一种与主流社会背离的另类生活方式。他们以像海特—埃斯伯里地区这样的地区为试验场，试图建立起自己的乌托邦。第二类是瘾君子嬉皮士（freaks and heads）他们与其他嬉皮士相比更多地使用毒品，并且相信毒品的使用具有种种神秘主义的益处。第三类是半嬉皮士（midnight hippies），他们大都是已经融入了主流社会的中年人，三十几岁，无法过嬉皮士式的生活，但是却对嬉皮士抱有同情的态度，具有并表达对主流社会的嬉皮士观点。最后一类是伪嬉皮士（plastic hippies），业余嬉皮士穿着嬉皮士风格的服饰，如串珠、手镯、头饰，对嬉皮士文化理念的理解比较肤浅，一般只是将嬉皮士文化当作一种流行风尚❶。

除了根据嬉皮士对嬉皮士文化的价值观与态度分类，加拿大青年学家布雷克根据嬉皮士群体在社会阶层中的地位以及他们在社会中的职业，把嬉皮士分为四类。他认为：

"处在上层的是一群'摇滚贵族'，他们有很高的地位，他们是摇滚乐歌手或明星中最具有诱惑力的一部分。例如鲍勃·迪伦、'感恩而死'（Grateful Dead）、杰弗逊飞机（Jefferson Airplane）等摇滚乐队。其次，是拥有专业知识的'有选择性的资产阶级'（比如电子、生产、通信和组织方面的技术），或者其他与反文化相伴而生的一些放纵主义先驱。第三类是来自'中下层家庭的成员'，因为缺乏上述技艺，只能被其他阶层所雇用，通常处在受人剥削的雇佣关系之中。最后，还存在所谓的'流氓嬉皮士'或者'街头颓废派'，工人阶级、恶棍。他们大都从处境艰难的家庭中逃脱出来，受嬉皮士生活的引诱发现在这个有选择的社会中没有他们的适当位置。通常，由于同样的原因，他们在正统的社会里受到各方面的排斥——他们缺乏技术、表达能力和奖金。由于极度贫穷，他们走投无路，经常冷酷无情，靠小聪明东奔西突，靠乞讨、小偷小摸、卖淫以及做毒品生意买卖（危险性最大，获利极微的行

---

❶ Howard, J. R. Flowering of Hippie Movement. The Annals of American Academy of Political and Social Sciences, 1969, 382 (1)：43-55.

当）等凑合着过活。"❶

　　虽然嬉皮士类型各异，但是大多数研究嬉皮士文化的学者都同意，嬉皮士文化的主体是中产阶级白人大学生。在对一个位于加利福尼亚大学芭芭拉分校的嬉皮士公社 Isla Vista 的调查显示，80%的嬉皮士成员的父母收入平均在 1 万美元左右，而中间数则在 1.8 万美元（1961 年，美国家庭平均收入 6691美元），远高于当时美国家庭的平均收入。20 世纪 60 年代中期以后，美国中间阶层不断扩大，中产阶级成为美国的主流社会阶层。根据 1940 年发表在《财富》杂志上的《美国人的肖像》一文所揭示："到这一时期，美国有大约 79.2%的人自认为他们是属于中产阶级的范畴。"❷ 20 世纪的美国中产阶级具有鲜明的特点。中产阶级都接受过教育，他们大都接受过 12 年的高中教育，主要从事脑力劳动，具有稳定的职业和收入。在经济上，中产阶级注重个人价值，而不是家庭出身和社会来源；注重职业的经济效益和社会利益。美国大学毕业生寻求在商界就职的人数大幅度超过在政府、法律、医药和工程技术等部门求职的人数，在第二次世界大战后这种趋势尤其明显。在政治上，虽然中产阶级作为中间阶层痛恨垄断资产阶级的贪婪，又同情底层社会的悲惨命运，但是中产阶级对阶级斗争和政治斗争缺少兴趣，倾向于保守和中庸。在对待子女的家庭教育上，他们强调家庭成员地位平等，尊重孩子的个性发展，鼓励孩子独立思考，自强自立，他们所坚持的自立品质和个人主义精神观念的家庭对塑造年轻一代的价值起到了重要作用。

　　在子女的养育上，中产阶级和其他阶级一样经历了一个生育的高峰。1946—1961 年的 15 年，美国共有6300万婴儿出生，比前 15 年多出生2200万，而医生、律师这些受过高等教育的中产阶级家庭生育率上升最快❸。在 20 世纪 60 年代的 10 年中，18~24 岁的人数增加了 855.9 万。庞大的青年人口使历史上仅仅只是家庭问题的青年成为改变美国社会面貌的一支强大力量。历史

❶　迈克尔·布雷克：《越轨青年文化比较》，岳西宽、张谦、刘淑敏译，北京理工大学出版社，1989 年版，第 128－129 页。

❷　"The Fortune Survey: XXVII, The People of U. S. A-Self-Portrait. ". Fortune, 21 (February), 20. In Burton J. Bledstein. The Culture of Professionalism: The Middle Class and the Development of Higher Education in America. New York: W. W. Norton Company. Inc., 1976, p. 3.

❸　兰登·琼斯：《美国坎坷的一代——生育高潮后的美国社会》，贾蔼美等译，社会科学文献出版社，1989 年版，第 24－25 页。

学家威廉·曼彻斯特在 1974 年出版的《光荣与梦想》一书中指出，20 世纪
60 年代，"美国好像马上要成为一个子女专政的国家似的"❶。

在经济上，中产阶级父母为他们的子女提供了物质丰裕的生活环境，因
此中产阶级青年缺乏对社会经济问题的敏感。他们在中产阶级郊区的住宅区
成长，有一首歌曲这样描述了当时中产阶级的郊区生活：

小盒子

山坡上的小盒子，用廉价材料做的小盒子，

山坡上的小盒子，一模一样的小盒子，

有绿，有红，有蓝，有黄，

它们全都用廉价材料制成，

看上去一个样子。

这些房子里的人，

全都读大学，

在大学他们住在盒子里，

结果完全相同。

有的当医生，有的当律师，

有的当董事，

他们都用廉价材料制成，

看上去一个样子。

他们都打高尔夫球，

喝无果味马丁尼酒。

他们都有可爱的孩子，

孩子们上学，

孩子们去夏令营，

---

❶ 威廉·曼彻斯特：《光荣与梦想》，转引自阮宗泽、宋军：《大国解疑　为什么偏偏是美国》，
世界知识出版社，1995 年版。

然后进大学，

在大学他们住在盒子里。

小伙子跨入商界，

结婚成家立业，

住在用廉价材料制成的

看上去一个样子。❶

在中产阶级青年的世界里，物质丰裕是理所当然，他们衣食无忧，过去的战乱、物质匮乏是不可想象的，这与他们的父母不同，这些中产阶级父母虽然也生活在消费社会，但是他们经历过"大萧条"和第二次世界大战，对物质财富的观念仍然是传统的。20 世纪 60 年代的青年是在消费社会中成长的年轻一代，面对五光十色的商品，他们毫不吝惜手中的钱财，是商家们不可小觑的消费者市场；而且他们还积极引领消费，创造时尚，因为他们的存在，唱片业、电影业、时尚产业蓬勃发展。以唱片业为例，英国著名史学家霍布·斯鲍姆在《极端的年代》一书中对西方各国青年消费唱片的状况做了这样的描述：

青少年金钱的购买实力可以从美国唱片的销售量一窥究竟。从 1955 年摇滚乐问世时的 2.77 亿美元开始猛升至 1959 年的 6 亿美元再到 1973 年的 20 亿美元。在美国 15~19 岁的年龄层中的每一个人，他们在 1970 年用来购买唱片的费用至少是 1955 年的 5 倍。而且国家越富裕，唱片业越兴隆。美国、瑞典、联邦德国、荷兰、英国等国的青少年，平均每人花费在唱片上的金钱高达财力不足但也在快速发展中的国家如意大利、西班牙的 7 倍至 10 倍❷。

中产阶级的子女们生活在战后丰裕社会所引导的消费主义之中，但又是具有强烈的个人主义色彩的一代。美国中产阶级在子女教育上抛弃了传统的教育手段，采用宽松式的民主教育，注重孩子的人格培养和价值观熏陶。这

---

❶ 戴安娜·拉维奇：《美国读本》（下），国际文化出版社，2005 年版，第 555－556 页。

❷ 霍布·斯鲍姆：《极端的年代》，江苏人民出版社，1998 年版，第 496 页。

样的教育方式一方面是由于美国中产阶级阶级的特殊性，他们不像上层阶级，能够让后代继承其地位，子女必须靠个人努力获得社会地位和成就，因此职业中产阶级总是精心培养下一代，使他们身心都能健康成长，在成人后能继续维持中产阶级地位。另外，中产阶级家庭深受一本畅销欧美的育儿书——本杰明·斯波克医生的《婴幼儿保健常识》（又译《斯波克育儿经》）的影响。《婴幼儿保健常识》未经推荐，未被宣传，却在发行后卖出400万册。在以后的18年中，每年至少售出100万册，总共发行3 000万册，译成了29种语言，成为中产阶级父母的育儿圣经，开启了家庭教育的新时代，被时代周刊评为影响20世纪进程的10本书之一。在这本书中，斯波克医生认为在家庭教育中，家长不能把约定俗成的规范强加给孩子，不能强迫孩子成为家长希望的模型，不能体罚，而应当充分培养孩子的个性和未知的潜力，给予孩子充分的自由。斯波克医生这样的教育方式关注的不是道德品行的培养，而是孩子的幸福和快乐，自我个性的张扬和保护。在这样强调自由与个性的家庭教育环境下，中产阶级青年具有强烈的自我意识，关注自我个性，关注自我的存在状态、自我的表达方式和自我的实现，个人主义成为中产阶级青年价值观的核心。

中产阶级青年大多受过良好的高等教育。战后美国高等教育迅速发展，从只能是社会精英接受的象牙塔式的教育转变为大众都能有机会接受的教育。根据美国政府统计，1940年美国各种高等院校共有1708所，1950年增加到1851所。随着高等教育进一步大众化，到1976年已发展到3026所。各类高校每年招生人数由1940年的150万增加到1960年的323.6万，1970年增加到858.1万。这些年龄相似的青年在相当长的时间内被集中地安置在培养社会劳动力生力军的大学校园中，高等教育不仅在思想上而且在时间上、空间上给他们提供了批判社会传统文化和当代社会文化问题的土壤。

在大学中接受教育的学生很难避免大学自由人文主义批判思想的影响。他们与大学教师、同辈伙伴交流讨论，对文化传统、社会秩序、社会现实问题积极思考批判，并做出自己的解释和回应。尤其是人文学科的大学生对于哲学、文学、艺术的学习和思考比理工科大学生更容易对社会与文化问题产生回应和批判。资本主义经济的高度发达与对人性的抑制，美国国内贫困的现状和种族歧视的触目惊心，越南战争的愈演愈烈都触动着大学生们敏感的内心。

远离父母独自生活，也让中产阶级大学生成为相对独立的群体。一方面，他们与父母的联系暂时中断，必须像一个成年人一样独自解决衣食住行的问题，体验一种全新的生活方式；另一方面，他们在经济上仍然全部或者部分地依靠父母，因此对父母仍然有一定的依赖。

中产阶级大学生们对工作和消费具有与上一代人不同的观念。在丰裕社会成长的大学生虽然没有工作，没有收入，但是生活上得到中产阶级父母大力的财政资助，不用担心大学生活的各种花销，同时由于远离父母独自生活，又必须自己选择住所，购买生活所需，如购买食物、衣服、生活用品，这就使他们拥有了成年人在工作后拥有固定收入的消费经历，他们独特的消费经验，进一步使他们背离了传统的消费观念。对于大学生来说，工作不再是消费的基础，消费不再受到工作的制约，也不再具有新教伦理观念下的道德意义，独特的消费经历改变了他们工作和消费的观念。

另外，至少 4 年与劳动力市场的隔离也使本就精力充沛、富有激情的大学生比其他阶层有更多的时间和精力投入文化批判与改革的运动中。在这些学生中，一部分学生投入学生政治运动中，各种关注社会问题的学生组织应运而生，例如有名的组织"学生争取民主"（Students for Democratic Society，缩写为 SDS）1960 年的成员只有 250 人，到 1968 年成员就有 10 万之众，成为美国学生运动的标志。1962 年，SDS 发表《休伦港宣言》，提出了"参与式民主"的概念，吹响了美国学生运动的号角。他们对美国社会的种种弊端进行了批判，反对种族隔离和种族歧视，反对越南战争，要求真正的"个人主义"，与其他社会阶层的反抗力量结合在一起，造成了巨大声势，成为美国社会的进步力量。另一部分学生则对消费社会背景下的社会文化变迁做出了文化的抵抗。他们通过吸毒、摇滚、性革命等另类方式希冀重建"伊甸园"，表达对爱、自由、正义与和平的追求，这些人就是嬉皮士文化的主体成员。

嬉皮士在日常生活的各方面都追求与主流文化相背离的生活方式，是青年亚文化历史上对主流文化抵制和反叛最彻底的群体。在外表上，他们以异于世人的波西米亚风格著称，灵感来自印第安人、东方神秘主义和美国西部牛仔。嬉皮士外表趋向中性化，无论男女一般都蓄长发，嬉皮士女青年喜欢戴印第安的头饰和饰品，如贝壳珠串、羽毛项链，穿带有神秘色彩的东方服饰，如扎染、蜡染面料，印有手绘花朵的或者绣着花朵的土耳其长袍，也有嬉皮士穿着自然破旧的牛仔服装，通常在袖口、裤脚、口袋处都呈现褴褛的条须状或者在胸口处装饰流苏，脚穿夹脚凉鞋或者光脚。这些不同于日常服饰，也不同于主流时尚的奇装异服从外表上就建构起嬉皮士不修边幅的文化反叛者的形象。

在休闲方式上，嬉皮士也和主流文化大相径庭，甚至可以说惊世骇俗。大多数嬉皮士都有使用毒品的经验，这样大范围地使用毒品在历史上是空前的。在旧金山的海特–埃斯伯里、纽约的东村、洛杉矶的菲尔法克斯和范库弗峰的第四大道，吸食毒品的场面随处可见，嬉皮士吸大麻，用海洛因，还使用 LSD（致幻剂），即使不使用毒品，嬉皮士对毒品的使用也持支持的态度。嬉皮士们普遍认同可以从毒品中寻找他们理想中的精神解放。他们企图从吸毒中打开"感觉之门"，逃避社会去追寻自己的"精神家园"，有的嬉皮士甚至宣称他们的社会终极目标之一就是让全社会都了解毒品的益处，毒品能够开创人类自由、和平和友爱的新时代。

毒品在嬉皮士中的泛滥离不开有"嬉皮士毒品教父"之称的心理学家蒂莫西·利里（Timothy Leary）的倡导。蒂莫西·利里原本是哈佛大学的讲师，最初主持哈佛大学研究 LSD 的实验项目，包括移民美国的英国作家奥尔德斯·郝克斯利、美国诗人艾伦·金斯伯格在内的大约 400 人参与了试验，消耗了大约 3 500 份制剂。此后因为 LSD 试验演化为 LSD 派对，1963 年 5 月，蒂莫西被哈佛大学除名。1966 年他成立"灵性发现同盟"（缩写亦为 LSD），大力提倡吸食毒品。同盟的宗旨是"激发、调入、脱离"，意思是在经过了 LSD 的"激发"之后，吸食者将完全"调入"和沉浸于内在世界，最后将"脱离"既定的社会范式，逃离以工作和消费为中心的资产阶级生活方式，乃至放弃职业或学业。在 1967 年 1 月 14 日旧金山金门公园 3 万名嬉皮士聚会上，利里公开发出了上述口号，成为嬉皮士文化运动最著名的标语❶。

在蒂莫西的倡导下，毒品的使用空前活跃，成为嬉皮士文化最有名也最

---

❶ 高春常：《LSD 滥用与富裕社会的精神困惑》，《鲁东大学学报》（哲学社会科学版），2012 年第 5 期，第 1—8 页。

富争议的标志，但是嬉皮士们对使用毒品也怀有不同的目的。美国学者研究发现❶，在海特–埃斯伯里的嬉皮士中，不同人群对毒品的使用目的也不尽相同。早期居住于此的嬉皮士（heads）来自于中产阶级，他们 20 多岁，有一定职业经历，包括艺术家、技工、研究生、嬉皮士地下出版物的作者等，这些嬉皮士使用 LSD，其目的是为了开阔头脑，实现自我的改变，改变人们的价值观，虽然长期吸食，但是用量不大，毒品只是他们实现人生目标的手段；而在 1967 年后涌入海特–埃斯伯里十几岁的青年则主要使用麻黄碱，他们大量吸食毒品，其目的是为了追求猎奇式的身体感官刺激，但是往往对身体造成伤害。

除了吸食毒品，嬉皮士也爱好摇滚乐。摇滚乐发源于黑人布鲁斯音乐，其演奏形式和表演风格与美国过去的正统音乐截然不同，崇尚激烈的节奏以及尽情挥洒体力，蕴含着美国黑人文化中的感官快乐原则，这种回归人性的音乐模式在 20 世纪 50 年代开始从黑人那里进入白人青少年的视线，代替了"旧的文化形式"，给美国白人青少年带来了全新的音乐体验。莫里斯·迪克斯坦在《伊甸国之门》中曾经说道："摇滚乐以一种与众不同的独特方式代表了 60 年代的文化……。摇滚乐是 60 年代的集体宗教——不仅是音乐和语言，而且也是舞蹈、性和毒品的枢纽，所有这一切集合而成一个单独的自我表现和精神旅行的仪式。"❷ 摇滚乐里性暗示和藐视社会正统观念的歌词，使得摇滚乐一开始就具有抗议性，与嬉皮士文化的理念不谋而合，成为嬉皮士背离和抵抗主流社会重要的政治武器。同时由于在摇滚乐演奏现场观众的参与性，观众不只是来欣赏或者仅仅听听演奏的音乐，而是为了参加到一个事件中去，并与其中的角色建立起某种联系。这就是摇滚乐听众在现场跟着唱、叫喊、吹口哨、跺脚和拍手的原因，他们认为和摇滚歌手一样，他们也有权发出自己的声音，让别人听到自己的声音。

20 世纪 60 年代美国的摇滚乐风格各异，流派纷呈，呈现出百花齐放的繁荣景象。从鲍勃·迪伦（Bob Dylan）为代表的本土民间摇滚（folk rock），以

---

❶ Davis, Fred & Laura Munoz. Heads and Freaks: Patterns and Meanings of Drug Use among Hippies. Journal of Health and Social Behavior, 1968, 9 (2): 156–164.

❷ 莫里斯·迪克斯坦：《伊甸园之门——六十年代美国文化》，方晓光译，译林出版社，2007 年版，第 197 页。

"披头士"（The Beatles）和"滚石"（The Rolling Stone）为代表的英伦主流摇滚的入侵，到被人们称为"旧金山的声音"的迷幻摇滚（acid rock），再到后期的爵士摇滚（jazz rock）和艺术摇滚（art rock），60 年代摇滚乐盛极一时，是历史上前所未有的。

对嬉皮士们乃至美国青年影响最大的，当然非英国"甲壳虫"（或称披头士）乐队莫属。该乐队成立于 20 世纪 50 年代，成熟于 60 年代初，其核心成员为约翰·列侬、保罗·麦卡特尼、乔治·哈里森和理查德·斯塔基（后改名为林戈·斯塔尔）。"甲壳虫"乐队以其反上流社会和反正统艺术的风格一炮走红。"甲壳虫"乐队在舞台上勇于挑战世俗观念的疯狂举止，所表现出来的失望、低落和愤懑情绪，以及敢于对社会敏感问题提出尖锐质疑的歌词内容，迅速在英国青年一代引起强烈共鸣，并因此风靡全国。很快，"甲壳虫"乐队的影响跨越大西洋，辐射到美国青年一代，赢得了嬉皮士们的青睐。虽然"甲壳虫"乐队的音乐内容本身并未直接揭露和抨击美国的社会现状，但是"甲壳虫"乐队的歌曲也包含了对现代社会的愤怒和不满，同时"甲壳虫"乐队与正统音乐截然相反的表演方式，如演员的披发和演奏者在舞台上的大幅度肢体动作（故有"摇"和"滚"之说），吸引了大量对正统音乐的表演风格感到厌倦的嬉皮士们，为他们带来了振奋、鼓舞和安慰。在冷战时期的美国，"甲壳虫"乐队成为嬉皮士们的精神力量。"甲壳虫"乐队的灵魂人物约翰·列侬在回忆他们的美国巡回演出时说："……就好像我们被一群跛腿和目盲的残疾人包围着，当我们走过走廊，他们就会来触摸我们寻求安慰……"❶"甲壳虫"乐队让嬉皮士们看到了摇滚带来的力量。

民间摇滚的代表鲍勃·迪伦是美国民间摇滚乐坛上第一个也是最重要的一个创作型歌手。他素有"抗议歌手"（protest song singer）之称，对于整个20 世纪 60 年代来讲，鲍勃·迪伦创作的音乐对正处在彷徨和迷茫中的年轻人无疑有着深远的影响，就像"一面旗帜、一个图腾、一位先锋"。鲍勃·迪伦所创作的歌曲总是紧扣时代主题，与社会现实问题密切相关，他的歌曲如《滚石》《答案在风中飘扬》等反映了 60 年代年轻人的政治态度和文化理念，通过他自己创作的摇滚乐，表达了嬉皮士们对美国主流文化的愤怒、厌恶、

---

❶ John Lahr. The Beatles Considered. The New Republic, 1991, p. 22-23.

失望，以及嬉皮士文化向往和追求的乌托邦。自他之后，摇滚乐就成了嬉皮士文化运动不可或缺的组成部分："嬉皮士们既用它来对抗正统文化，又用它来确定自己的身份和特性。"❶

　　在 20 世纪 60 年代的摇滚乐发展黄金年代，嬉皮士们自行组织了许多摇滚乐队。至 20 世纪 60 年代中期，嬉皮士大本营旧金山就集聚了数百个摇滚乐队。这些摇滚乐队的表演为嬉皮士们的聚会制造了狂欢的气氛，借助毒品的致幻作用，制造出让嬉皮士们忘我的"仙境"。在这些乐队中，最有名的是"感恩而死"乐队（Grateful Dead）。"感恩而死"乐队率先在 1965 年开展迷幻摇滚的试验，主张在舞厅里表演摇滚，让吸食毒品的嬉皮士们在摇滚乐的伴奏下起舞拥抱甚至做爱，从而将"摇滚、性与毒品"结合起来，为嬉皮士离经叛道的文化趣味实践提供了如宗教祭祀一般存在的形式。在 1966 年"吸毒幻觉节"上，"感恩而死"乐队的表演让台下的嬉皮士们如痴如醉，从而一举成名。1967 年，在嬉皮士第一次举办的"人类自由活动集会"（human be in）上，"感恩而死"乐队又一次大出风头。在一次又一次嬉皮士集会上，"感恩而死"乐队的表演不仅为嬉皮士们提供了迷幻摇滚助兴，而且因为其独特怪异的表演吸引了大众媒体和主流社会对嬉皮士文化的关注。

　　摇滚乐就像嬉皮士文化的兴奋剂，摇滚音乐会现场往往最后演变成嬉皮士们的狂欢派对，提供了表达他们心声的集会现场。1969 年的伍德斯托克音乐节（Woodstock Rock Festival）就是这样一个例子。伍德斯托克音乐节于 1969 年 8 月 15 日开幕并持续 3 天，吸引了 45 万名嬉皮士。这届音乐节上的宣传海报上是"和平与音乐"，而摇滚乐将嬉皮士们的狂欢推向了一个巅峰，也成就了嬉皮士文化运动的巅峰。摇滚乐歌手和乐队如琼·贝兹、保罗·巴特菲尔德乐队、"感恩而死"、吉米·亨德利克斯、"杰斐逊飞机"、贾尼斯·乔普林、卡罗斯·桑塔纳、"十年后"和"谁"等在 3 天的音乐节演出中轮番登场演唱，而现场的嬉皮士们更是如痴如醉，他们在雨后的泥浆中歌唱跳舞，在河中集体裸身洗浴，在草地上实践"做爱不作战"。伍德斯托克音乐节如此成功不仅是因为摇滚乐歌手们的轮番上阵，还因为嬉皮士们用极端反主流文化的手段实践他们的政治文化理念：渴望自由、平等和爱。后来，人

---

　　❶　王恩铭：《美国反正统文化运动：嬉皮士文化研究》，北京大学出版社，2008 年版，第 127 页。

们在伍德斯托克音乐节的原址上为这次嬉皮士盛会竖立了音乐会纪念碑，伍德斯托克成为嬉皮士文化的圣地。

20 世纪 60 年代的摇滚乐伴随着嬉皮士们的成长而发展，显示出嬉皮士与主流文化背离的文化态度，同时也给予了嬉皮士背离主流文化的想象空间。但是，与其他亚文化群体不同的是，嬉皮士不仅在文化实践上与主流社会相背离，而且在现实世界中，嬉皮士建立起实验性的嬉皮士公社，试图寻找能够解决美国社会弊端的全新社会秩序，从生活方式上与美国主流文化决裂。嬉皮士"为了在不受任何外界因素的干扰下，过上一种与主流社会截然不同的生活，完全按照嬉皮士的价值标准生活，充分享受性自由、吸毒自由、恋爱自由和其他形形色色的自由，实现他们'黎明的建设者'之梦想"❶，他们以集体群居的公社形式展开活动，朝着他们的乌托邦前进。

举例来说，1970 年，美国嬉皮士公社共计 7000 多个，分布在加利福尼亚、科罗拉多、新墨西哥、纽约、田纳西等地，其中城市和农村分别为 5000 多个和 2000 多个，嬉皮士公社社员总人数在二三百万❷。公社的类型也多种多样，据奥托研究考察发现❸，仅 20 世纪 70 年代初，嬉皮士公社种类就达到 16 种之多，有神秘主义导向的，有宗教信仰导向的，有自然主义导向的，有政治意识导向的，有社会服务导向的，有艺术爱好导向的，有教学培训导向的，有群体婚姻导向的，有同性恋导向的，有素食者导向的，还有吉卜赛模式导向的，五花八门，应有尽有。在这些公社中，著名的公社包括"农场""草莓地"等。"农场"由旧金山州立大学的教师斯蒂芬·加斯林和他的妻子带头建立。斯蒂芬在一次带领 60 辆车队的全国演讲旅行中，考察了适合建立公社的地点，最后决定在田纳西州的萨莫顿建立嬉皮士公社。农场占地 688 平方千米，有自己的宗教信仰，并受到广泛尊重，至今仍然存在。而"草莓地"公社则由一个波士顿股票经纪人格瑞德里·怀特在加利福尼亚马里布的山林中建立，"草莓地"公社以甲壳虫乐队的歌曲"草莓地"命名，收留过蒂莫西·利里等与嬉皮士文化相关的有争议的人物。

---

❶ Miller, Timothy. The Hippies and American Values. Knoxville：The University of Tennessee Press，1991.

❷ Anderson, Terry. The Sixties. New York：Longman，1999.

❸ Otto, Herberta. . Communes：The Alternative Lifestyle. In Grants. MicClellan, American Youth in a Changing Culture. New York：The H. W. Wilson Company，1972.

尽管嬉皮士公社的类型不同，但其思想原则基本一致。第一，尊重公社成员的自主权（autonomy）❶。所谓"自主权"是指公社成员在选择加入哪一种类型的公社时享有充分的选择自由，没有人有权力规定或强迫某个人参加哪一个公社。嬉皮士公社的第二条思想原则是"在一起"（Be together）。"在一起"意味着大家怀有一个共同的目标，其凝聚力量既不是金钱财富，也不是社会地位，而是每个人的平等价值和平等地位。嬉皮士公社第三条原则是人与自然的和谐关系。强调互相平等、互相体谅、互相分享的价值。嬉皮士是第一个对技术统治社会进行反思和批判并采取行动的文化群体。为了消除技术社会对人的异化，抵制技术治理观念，嬉皮士认为人类有必要恢复与大自然共生共存的和谐关系。远离城市，自给自足，嬉皮士认为这样就能重新建立起人与自然的和谐关系。嬉皮士公社的第四条思想原则是强调宗教信仰和灵魂拯救，以抵制冰冷的技术世界。在嬉皮士文化发展后期，也就是组织公社的时期，嬉皮士对宗教的热情显得尤为突出，甚至有专门的以宗教为导向的嬉皮士公社。他们有的信奉基督教，有的信奉东方的佛教、印度教、道教，有的信奉伊斯兰教，以此对抗世俗的物质主义和拜金主义。在这样的四项原则之下，嬉皮士在自己建立的公社中过着出世的生活，成为现代意义上的香格里拉。

从我们对嬉皮士主体的分析中可以看出，嬉皮士主体脱胎于美国中产阶级青年，无论是在外表衣着、休闲方式甚至是生活方式上嬉皮士都试图用他们的方式对美国进行一场文化革命。

第二节　嬉皮士文化的话语策略

嬉皮士们在与主流文化的对抗与斗争中，建立起了具有嬉皮士文化特色的话语世界。嬉皮士话语可以从话语策略、话语实践和社会实践三个层面上进行考察。费尔克劳夫指出，在分析话语策略时有两个方面需要考虑："首先

---

❶ Reich, Charles A. The Greening of America. New York: Random House, 1970.

应该考虑对于命题的建构，其次应该考虑命题的组合和顺序。"❶ 对于命题的建构主要是通过对于个人和其他社会群体的表征，以及代表行为、过程和事件的句子的分析，而对于命题的组合则是通过将句子组合为连贯的语篇实现的。因此对话语策略的分析既包括对微观层面的词汇、句法分析，也包括在宏观层面上的语篇结构分析。词汇、句法和语篇结构同时实现了话语的概念功能、人际功能和语篇功能，呈现出我们的物质世界、人际世界和思维世界。在本节中，我们将从词汇层面、句法层面和语篇层面分析嬉皮士地下报刊的话语策略。

一、词汇层面：嬉皮士反语言和意识形态魔方

一个词语通常具有多重意义，而一种概念也可以有多重表达方式。话语的生产者总是面临着如何选择词语来表达自己的观念，不同的词语选择不仅反映了客观世界的事物、过程和事件，而且表明文本生产者与所选择的概念意义之间的关系，影响着文本生产者对客观世界的主观构造和价值判断。嬉皮士文化群体的话语策略首先反映在词汇层面。在词汇层面，嬉皮士地下报刊采用了带有反语言和意识形态魔方（ideological square）的话语策略，从而颠覆了主流文化话语的统治，建构起属于嬉皮士亚文化群体独有的话语系统。

嬉皮士地下报刊多采用具有反语言特点的嬉皮士俚语。所谓反语言是指"不仅是一种相对于主流语言具有不同词汇特征的语言形式，更本质的是反文化（counterculture）群体用来反抗、抵制、扰乱，从而远离占统治地位的主流文化的一种话语实践（discursive practice）。它是对主导性话语实践以及它所代表的文化与社会秩序的一种反制"❷ 亚文化群体在其群体内部的交际过程中，往往形成反语言。反语言的特点包括过度词汇化、重新词汇化、隐喻化。

所谓词汇化，即为意义寻找语言表达式的过程❸。过度词汇化是指使用大量的同义词、近义词或者短语来描述或表达对本群体而言具有重要意义的经

---

❶ Fairclough, N. Media Discourse. London：Arnold，1995，p. 104.

❷ 丁建新：《作为社会符号的反语言——边缘话语与社会系列研究之一》，《外语学刊》，2010 年第 2 期，第 76—83 页。

❸ Talmy，L. Towards a Cognitive Semantics（Vol. 1）：Concept Structuring System. MA.：The MIT Press，2000.

验。在话语分析中，过度词汇化可通过文本体现语言使用者或其所属的社会群体或阶层的意识形态特征和取向❶。嬉皮士的话语系统，过度词汇化的领域主要集中在称谓系统。称谓语是建构社会人际关系的主要载体，自然也是权势争夺的焦点，在嬉皮士地下报刊中，我们可以看到大量对于本群体成员、对于主流社会、对于嬉皮士文化内容的不同称谓。这些称谓语建构起了与主流社会对立的嬉皮士社群文化系统和社会秩序。

在对嬉皮士群体的称谓中，嬉皮士地下报刊既使用被大众所广为接受的 hippies，还使用 freak, acid freek, head, acid head, cube head, experienced, diggers, plastic hippie, flower power, flower children, flower people, young beautifuls, young beggars, young artists, youthful underground, dropouts, world revolutionary communities, emerging revolutionary generation, tribes, new bohemians, rainbow hippies。在这些称谓中，有的代表不同的嬉皮士如 head, diggers，前者指特别迷恋某种毒品的嬉皮士，后者源自英国 17 世纪革命的掘地派，他们反对私有制，信奉掘地派的土地、财产公有制，在嬉皮士文化中指旧金山地区崇尚自力更生的嬉皮士，plastic hippie 则是指有点嬉皮士的作风但不是真正意义上的嬉皮士。有的称谓与嬉皮士文化的标志事件有关，如 flower power, flower children, flower people 就是由于 1967 年旧金山海特地区"爱之夏"大聚会上，一首广为传唱的歌曲中唱道"如果到旧金山来，请一定在头发上别上鲜花"，鲜花对嬉皮士而言代表了他们的理想——爱与和平，因此后来许多嬉皮士在集会时都会带上花或者发给别人花，人们就用花来做修饰语称呼年轻的嬉皮士们。有的则从其他文化中吸收而来，如 tribes 就是因为嬉皮士从印第安人部落文化中借用了部落的概念形成自己的社区称谓，此外印第安人也称自己为彩虹民族，深受印第安思想影响的嬉皮士也就称自己为 rainbow hippies。而 new bohemians 则是来源于 20 世纪四五十年代在美国兴起"垮掉一代"，他们反对传统，崇尚自由的波西米亚生活方式，这同样深深影响着嬉皮士们，因此地下报刊也将嬉皮士称为 new bohemians。

对于主流社会的称谓包括 the man, the establishment, the system, outdated political mechanisms, straight, square，对于代表国家机器的警察则有 heat, the

❶　Fowler, R. et al. Language and Control. London, Boston & Henley: Routledge & KeganPaul, 1979.

man, pigs, bacon, pork, Sooo-eee, Blue Meanies 等包含贬义的称呼, FBI 则有 feds, freebies, suits 等称呼。

对于最富嬉皮士文化特色的标志——毒品, 嬉皮士群体则有各种俚语来指代, 如对常用的毒品致幻剂的称谓包括 LSD, 还有 acid, cap, tab, ticket, hits, liquid, sheets, blot acid, blotter, blots, 不同种类的 LSD 包括 blue cheer, Owsley blue dot, California sunshine, Christmas trees, pink swirl, purple dome, purple haze, white lightening。其他毒品如海洛因则用俚语 horse, junk, scag, smack, 兴奋剂的称谓则是 speed, 其他还包括 beans, forwards, leapers, thruster, ups, uppers, whites, 不同种类的兴奋剂则包括 benny, big Ben, crank, crystals, dexie, 可卡因则包括 coke, blow, nose, snow, tooted, 镇静剂包括 backwards, downers, rainbows, R-do's 或者 reds, speed ball, hash, mushrooms, shrooms, silly-cybon, amy snapper, popper, heavenly blues, 使用毒品则用 bust a cap, drop acid, drop a cap, turn on, 使用毒品时需要具备的环境和条件就是 set 和 setting, 使用毒品的经历则用 experience, trip, 感觉不好的使用经历就是 bad trip, bum trip, bummer, 指导使用毒品的嬉皮士就是 guide, groundman, travel agent, 表明受 LSD 的影响包括 flying, flashback。

对于嬉皮士们喜爱的摇滚音乐, 也发展出了具体描述乐队和表演的俚语, 如乐队成员的称谓就包括 crew, roadies, gofer, 对乐器的称谓包括 ax, amps, cans, guitar hero (主音吉他手), 表演的词汇包括 break, jam, cook, 摇滚乐现场被称为 set。

嬉皮士对精神世界的追求也体现在对于亚洲宗教文化的痴迷中。在嬉皮士话语中就有大量与东方宗教相关的词汇, 如佛教和印度教。例如, avarta (神的化身), dharma (正确的生活方式), god's eye (印度宗教仪式图案), guru (精神导师), hare Krishna (预言师), Kama sutra (印度性爱手册), karma (命运), mandala (印度宇宙图案), mantra (吠陀梵语), maya (法力), nirvana (涅槃), samsara (轮回), satori (禅悟), third eye (直觉), zen (禅)。

以上例子可以看出过度词汇化的领域集中在嬉皮士对本群体、主流社会的称谓, 与嬉皮士文化主要活动密切相关的领域或者与正常社会文化区别最大的领域。过度词汇化的嬉皮士话语显示出嬉皮士地下报刊对本群体的身份、本群体与主流社会和其他群体的关系的重构，对群体意识形态焦点和倾向的重新定义和分类，从而建构起以嬉皮士文化观念为基础和核心的话语体系。

其次，嬉皮士话语也有重新词汇化的特点。所谓重新词汇化就是赋予既有现象新的范畴，换句话说，就是利用新词来表达原有意义的过程。"重新词汇化"是作为现有词汇的替代物或对立物而存在的。嬉皮士的称谓系统词汇借助了主流文化已有的词汇，但是赋予了这些词汇新的意义。如在地下报刊中常见的嬉皮士的称谓 head 一词，head 原意是"头部"，20 世纪 30 年代就指长期吸食毒品的人，因此对吸毒成瘾的嬉皮士也就用 head 来称呼，原本简单的词语成为专门的称谓。另一个例子是对主流社会的称谓 the Establishment。原意是"建立"，曾指英国或苏格兰教会，20 世纪 50 年代就开始指代社会权威。10 年后，Establishment 漂洋过海，成为嬉皮士话语中指代主流社会的称谓，嬉皮士们赋予了这一词语新的言外之意（denotation）。重新词汇化打破了由主流社会控制的话语世界，赋予了话语新的文化含义，建构出了围绕嬉皮士文化理念的话语系统。

最后，在重新词汇化的过程中，嬉皮士话语也出现了隐喻化的特点。韩礼德认为，语言的本质属性是隐喻的，在语音、词形、词汇和语义的层次上，都存在隐喻的现象。但是，在嬉皮士话语系统中，语义层次上的隐喻比较突出在对迷幻剂的使用体验上，嬉皮士使用与旅行相关的隐喻。例如，将迷幻剂称为 ticket（车票），用 trip（旅行）一词比喻使用迷幻剂，如果体验好，就称为 good trip，如果体验不好就称为 bum trip，那些指导迷幻剂使用的嬉皮士则称为 travel agent（导游），而受毒品影响的感觉则使用 flying（飞翔）。旅行具有探险、追求自由、漂泊不定的含义，这一隐喻既能生动地说明迷幻剂所带来的新奇感受，也使嬉皮士话语具有隐秘性。此外对不同种类的毒品，嬉皮士使用了不同的隐喻。如对不同种类的 LSD 就有 blue cheer（蓝色欢呼）、blue dot（蓝色点点）、California sunshine（加州阳光）、Christmas trees（圣诞树）、pink swirl（粉红旋涡）、purple dome（紫色穹顶）、purple haze（紫色雾霭）、white lightening（白色闪电），绚丽多彩的隐喻间接说明了迷幻剂所带来的效力，使嬉皮士群体活动更具有了主流社会难以理解的隐蔽性，也成为嬉皮士内部成员与主流社会隔绝的共同暗语。

除了反语言词汇以外，在词汇层面上嬉皮士地下报刊还使用了"意识形态魔方"的话语策略。意识形态魔方是范戴克提出的话语策略理论，是一种观察和呈现世界，特别是"我们"和"他们"在世界上的行动、地位和作用的方法❶。范戴克通过一系列研究发现，意识形态魔方决定了群体如何选择指称系统。简单来说，意识形态魔方就是"积极的自我呈现"（positive self-presentation）和"消极的他者呈现"（negative self-presentation）。意识形态魔方预设了四个维度，这四个维度是：

一是表达或强调关于本群体的积极信息；

二是表达或强调关于他群体的消极信息；

三是压制或弱化关于本群体的消极信息；

四是压制或弱化关于他群体的积极信息。

意识形态魔方普遍存在于话语语言的各个维度。在嬉皮士地下报刊中，也普遍存在意识形态魔方。我们以嬉皮士代表刊物《旧金山神谕报》为例，当该刊在报道海特地区嬉皮士与当地警察的会面时，在对我们（嬉皮士）的词汇选择和他们（主流社会）的词汇选择上，意识形态魔方得到了充分体现。

表 4.1　话语词汇层面的意识形态策略

我们（we）的积极呈现	他们（they）的消极呈现
（会谈方）Haight-Ahsbury	（会谈方）police
（具体参与者外表）bearded, bare-footed, grey-haired	（具体参与者外表）plainclothes
（具体参与者职业）laides, professors, lawyers, other concerned citizens,	（具体参与者职业）officers
（人数）120 人	（人数）2 人
（会谈前的行动）invitation, discuss	（会谈前的行动）harassment, brutality illegal, unjust, brutal search and seizure
（会谈时的行动）questions, harangues, pleas	（会谈时的行动）counter, admit, parried

---

❶ Richardson, John E. Analysing Newspapers, NY: Palgnave MacMillan, 2007, p. 51.

续表

我们（we）的积极呈现	他们（they）的消极呈现
（会谈的态度）heated	（会谈的态度）coolness
（会谈的行动结果） complaints，advice，discuss	（会谈的行动结果） dismiss as unfounded

——摘自《海特遇上警察》,《旧金山神谕报》第 1 期

从表 4.1 可以看出，在词汇选择上，嬉皮士正是通过积极呈现本群体、消极呈现主流社会将嬉皮士群体的意识形态注入嬉皮士话语中。例如在描写外表和职业时，《旧金山神谕报》使用了三个并列词语 bearded（蓄胡子的）bare-footed（赤脚），grey-haired（灰色头发的）勾画出典型的嬉皮士形象，professors，lawyers 的工作说明嬉皮士主要还是中产阶级。在描述嬉皮士的行动时，使用词语 questions（质问），harangues（慷慨激昂地演讲），pleas（请愿）三个动词，将"我们"想象成主动进攻、具有正义感的一方，同时使用 heated（热烈），营造出积极参与的气氛。在描述行动结果时，使用 complaints（投诉）和 advice（建议），说明结果具有建设性：一方面，对嬉皮士的形象和行动给予了正面的评价；另一方面，对警察的外貌则寥寥数语，以 plain-clothes（便服）一语带过。在会谈前的行动中，《旧金山神谕报》较多使用了贬义形容词如 illegal（非法），unjust（不公正），brutal（暴力的）来形容引发嬉皮士和警察冲突的原因，暗示错在警察。在描述警察的行动时，将"他们"想象成守卫方，采用的词语 counter（反对），admit（承认），parried（躲避），显示出警察拒不承认错误的消极态度。而他们在会谈时的态度则是 coolness（冷淡），在描述行动结果时，使用 dismissed as unfounded "否认"嬉皮士的指控，从这些词语选择中我们看出，对警察在会谈时的言行《旧金山神谕报》采用了消极词汇，勾勒出警察不公正、不作为的态度。从这则新闻特写中，我们可以看出，嬉皮士地下报刊在选择词语时选择了褒贬意味不同的词，塑造了正面积极的嬉皮士形象和负面消极的警察形象，不仅将嬉皮士和主流社会差异化和范畴化，还建构起了强烈的意识形态倾向，也影响着受众对"我们"（嬉皮士）和"他们"（警察）的区别性认知。

积极的自我呈现和消极的他者呈现还被投射到符合嬉皮士价值观，与嬉

皮士具有相似社会地位的其他社会群体上，如印第安人群体。在《旧金山神谕报》第 8 期印第安人的专刊中，我们就发现了"意识形态魔方"被大量使用。在对印第安人和白人政权关系的描述上，该刊使用了积极正面的词语来描绘印第安群体 responsibility（责任感），sense of giving and being part of land（与土地融为一体），keeps（守护者），share（分享），united（团结），progress（进步）；而在历史上欺骗压迫印第安人的白人政权则用 bureaucracy（官僚），manipulation（操纵），dominance（控制），paternism（家长制作风），paranoia（偏执），guilt（罪恶），greed（贪婪），inept（无能），sinister（邪恶）等负面词语。在评述 1967 年美国政府通过的《印第安人资源与发展法》时，《旧金山神谕报》使用了 trap（陷阱），misconception（错误观念），absurd logic（荒唐的逻辑），rampant（猖狂），duibious（含糊不清），weaken（弱化）等词对该法案进行了批判，向读者暗示白人统治者对印第安人的欺骗。这些带有倾向的词语说明地下报刊塑造了正面积极的印第安人形象和负面消极的白人政权形象，从而表现出支持与同情与本群体同处于社会边缘的印第安人和反对白人不公统治的意识形态倾向。

具有过度词汇化、重新词汇化和隐喻性质的嬉皮士反语言建构起以嬉皮士和主流社会对峙的关系和以毒品和自我身份追寻为焦点的嬉皮士话语体系，而"意识形态魔方"的话语策略则颠覆了嬉皮士浪荡不羁、印第安人野蛮愚昧的负面形象，构建起嬉皮士群体和其他边缘群体积极争取自由与平等的反抗者形象，颠覆了美国主流社会的道德维护者和拯救者形象，揭露其压迫者和掠夺者的本质，表明了嬉皮士对社会权力关系的反抗。从词汇层面上，嬉皮士话语打破了主流社会建构的话语牢笼，重构起属于反抗主流文化意识形态、反抗主流权力结构关系的亚文化话语世界。

二、句法层面：及物性和名词化

除了在词汇层面建构起与主流社会背离的话语世界之外，在句法层面上嬉皮士话语也在及物性、情态系统上建构起嬉皮士群体的价值取向和他们的文化态度。

与传统语法对及物性的定义不同，及物性（transitivity）是韩礼德在系统功能语法中提出的概念，是指小句对概念功能的再现。韩礼德认为，语言具有三大功能：概念功能、人际功能和语篇功能❶。所谓概念功能是指语言用于表达说话者的内部经验世界及其各事物之间的逻辑关系的功能，具体体现为动词（短语）和名词（短语）的关系。小句是人们使用语言进行交流最重要的单位，通常由一个动词和一个动作的参与者组成。小句将人类的经验，既在主观世界和客观世界的所感所想、所见所为分为若干"过程"，并指明与各种主客观世界相关的参与者和环境因素。及物系统把语言表达分成六种不同的过程：物质过程（material process），心理过程（mental process），关系过程（relational process），行为过程（behavioral process），言语过程（verbal process）和存在过程（existential process）。

　　现实世界中的同一事件可以通过及物系统中不同类型的过程来再现和构造，或者使用同一过程但改变参与者的位置。因此，使用不同过程所表达的意义并非完全一致，对其选择包含着多种动机：是凸显还是弱化动作的实施者？是明确还是转移甚至是隐藏事件的责任归因？选择哪一种过程，怎样安排参与者的位置，在很大程度上由意识形态所决定。因此，将话语中的每一小句的过程进行分类，并研究过程与其参加者和环境成分的关系，可以揭示话语所隐含的意识形态意义和说话人的态度目的。正如费尔克劳夫所言："选择哪种过程来表达一个在现实世界中真正发生的过程，具有重要的文化、政治或意识形态意义。"❷

　　从及物性理论观察嬉皮士地下报刊话语，我们发现嬉皮士地下报刊的语言塑造了嬉皮士的正面形象，凸显了嬉皮士的意识形态和价值理念，间接性地批判了国家权力机器。以《旧金山神谕报》第 2 期的两篇有关警察骚扰嬉皮士活动的新闻特写和报道"Flex, Reflex""Alf Alf Alf Happening"为例，我们分析发现嬉皮士地下报刊的新闻报道与特写以物质过程为主，辅以存在过程小句。见表 4.2。

---

❶ Halliday, M. A. K. An Introduction to Functional Grammar. London：Edward Annold.

❷ Fairclough, Norman. Discourse and Social Change. Cambridge：Poliry Press, 1992, p. 180.

表 4.2 《旧金山神谕报》新闻特写和报道的过程类型分布

过程类型	新闻特写 "Flex，Reflex"	新闻报道 "Alf Alf Alf Happeing"
物质过程	27	11
比例	56%	69%
言语过程	3	0
比例	6%	0
关系过程	0	0
比例	0	0
存在过程	10	4
比例	20%	25%
心理过程	1	1
比例	3%	6%
行为过程	7	0
比例	14%	0

从表 4.2 中可以看出在两篇新闻报道和新闻特写中物质过程小句占所有小句的比例分别为 56% 和 69%，都远高于其他类型的小句，而存在过程小句则在 20%~30%。物质过程出现的频率最高，这是由物质世界的第一性决定的。胡壮麟认为，人在物质世界中生存，"做"或"干"是第一性的、基本的，有了这一点才有作为人的生理特征的其他过程❶。在物质过程后，比例较大的是存在过程。可以说就是那些有关"是"的过程，即事物存在期间的性质、特征和情形等，表达作者预设的观点。从两篇文章中我们可以看到《旧金山神谕报》的新闻特写和报道都是以事实说话，辅以作者的观点。

我们从这篇新闻特写 "Flex，Reflex" 中找出其主要的物质过程和存在过程小句，并加以分析。

---

❶ 彭宣维：《英汉语篇综合对比》，上海外语教育出版社，2000 年版，第 342 页。

表4.3 《旧金山神谕报》新闻特写 "Flex, Reflex" 的物质过程和存在过程小句

物质过程小句		
施动者	动词	动作目标
A slowly cruising squad car	did	an angry u-turn
Five gunbarrels	poked out	Its windows
Another voice from within and a mumbled "damn niggers"		"Get off this street, boy—Now"
Truck-loads of bayonet wielding troops & beef & bullet stuffed police cars	stalked	The street
"merry men"	wielding	picket signs: —cops go home, support love, & no more curfew
The crowed	Had swelled to	about 200 children, hippies & just bystanders
A fire engine	roared	
A wall of club wielding blue uniforms followed by olive drab riflemen with posed bayonets	coming	
The surprised people	were herded down the street	
The loudspeaker system	began to work	
An empty bus	pass	
The "great" Haight-Ashbury Police action	ended	
The panhandle	packed with	Beautiful people ecstatically costumed and handing out floweres to friends and FBI agents
The FBI agents	held	His flowers behind his back

物质过程小句		
施动者	动词	动作目标
Young beautifuls, young beggars and mummers, dancers and singers, laughing boys and girls	lay down	Their gentle message. Love
They	had	Their world
Fear and tension	subsided	
others	join in	
存在过程小句		
Ken Kosey's fabledbus	is	there
What sort of world	is	this
The truly insane	are	helpless
Those poor righteous citizens	were	absolutely helpless
The only answer	was	"no information" and "get off the phone"

物质过程小句在这篇特写中在数量上位居首位，施动者主要是对立的双方——当权者和嬉皮士群体。作者没有直接以政府为施动者，而是将与当权者的代表警察和与其相关的但是没有生命、代表武力和权势的相关物体如cruising squad car（警车），gunbarrel（枪筒），fire engine（消防车），loud-speaker system（高音喇叭）作为施动者，间接表明当局的冷漠和强权统治，暗示当局应当对这次骚扰冲突负主要责任。另一方面，对嬉皮士群体和其他群体的报道中，作者使用了存在过程小句。报道最后一句"They had their world their way"表明了作者对嬉皮士的赞赏，而"The truly insane are helpless, the poor righteous citizens were absolute helpless"显示出作者对中产阶级的软弱的蔑视。

除了及物性，情态系统也是在句法层面建构嬉皮士意识形态话语的另一种语言途径。辛普森认为："情态是指说话者对于一个句子中表达的命题的态度和看法。"❶ 通过情态系统，我们能够弄清说话人或者作者对话语命题真实性所承担的责任的程度和对未来行为做出的承诺或承担的义务，还可以了解说话人对听者和情景成分的态度，以及说话人与听者之间的社会距离和权力关系等，因此情态系统是我们从句法层面上一窥嬉皮士地下报刊话语中意识形态和权力关系的一条重要途径。情态系统中情态动词（如 may，can，should，will，must 等）、情态形容词（如 certain，probable，possible，obvious，definite 等）、情态副词（如 certainly，possibly，probably，possibly，obviously，definitely，likely 等）都可以表达情态意义，此外人称代词（we/us，our/ours）、人际语法隐语（I think，I believe，I hope）、模糊限制语（a bit of，sort of）、时态（一般现在时态等）和直接间接引语等也可表达情态意义。

语言学家们对情态有不同的分类，传统语法将情态分为直陈情态（propositional modality）和事件情态（event modality）❷，韩礼德则在系统功能语法的框架下将情态分为情态（modalization）和意态（modulation），Lyons 根据情态逻辑学将情态分为认知情态（epistemic）和责任情态（deontic），前者涉及知识的真值判断，后者是对相关责任和义务的执行。同时，Lyons 指出，认知型情态相关可能性，而责任型情态相关必要性。理查德森沿袭 Lyons 的分类，将情态分为真知型情态（truth modality）和责任型情态（responsibility modality），真知型情态和责任性情态都有高低之分。情态值越高，说话人的权威性、影响性、社会地位就越高。

以《旧金山神谕报》第 1 期社论为例，作者分别使用了情态动词、人称代词、时态、人际语法隐语为情态手段，建构起嬉皮士地下报刊在嬉皮士群体中的权威地位，挑战主流媒体的权威。我们摘取了情态手段使用较多的部分社论原文，进行分析。

"The Oracle" is an attempt to create an open voice for those involved in a "life of art" as Dr. Timothy Leary calls it, though there are many ways of expressing what coming changes may be, as the communication revolution grinds our new forms, media must adopt new concepts to survive. So, with the audio-visualization of news

---

❶ Simpson，P. Language，Ideology and Point of View. London & New York：Routledge，1993，p. 47.
❷ Palmer. F. R. Mood and Modality. Cambridge University Press，1986.

on TV, what is the role of the newspaper?

The East Village Other, an underground newspaper, characterizes the role of the underground press as "the rise of intellectural journals". Our environment demands instead that we must be a "Living journal", reflective of our involvement in our environment.

California is the center of radical change in every form, from the space race and automation to a whole new way of life. From political awareness, the FSM, to the sensual awareness in trip dances, and kinetic involvement of the surfer generation. Not to forget the reaction of the radical right to the awesome spectre of bureaurocracy, both stemming from fear and directed by paranoia. We hope they will discover that power seeking men always end up authoritarians.

We are in the most dynamic period of change in western history, the cybernetic/chemical revolution. We hope to create a desire to participate in the revolution now happening. The growing automation and increasing inexpensiveness of printing is one way for every community, individual, or group to have a voice.

…

On realm that the camera does not enter, that of interal perception, has been encountered in the East through discipline and mediation. Today, the West, in mass, is entering the same realm through a chemical environment. Whether it will destroy itself in getting there is not known, but to be aware and reflect the change we believe will be the job of the new media.

——摘自《旧金山神谕报》第 1 期社论

在社论中，作者阐明了《旧金山神谕报》的建刊原因和办刊目的。社论两次使用了高度责任型情态动词 must：

①As the communication revolution grinds our new forms, "old" media must adopt new concepts to survive.

②Our environment demands instead that we must be a "Living journal", reflective of our involvement in our environment.

这两句话中 must 明确表明旧媒体改革的迫切性和新媒体的目标，显示出在主流媒体前的自信，建立起嬉皮士群体在时代变革中权威性声音。除了传统的情态动词以外，在社论中，作者还使用了属于绝对情态的一般现在时态和进行时态：

①California is the center of radical change in every form, from the space race and automation to a whole new way of life.

②We are in the most dynamic period of change in western history, the cybernetic/chemical revolution.

③Today, the West, in mass, is entering the same realm through a chemical environment.

在社论中，作者强调了当前社会所经历的巨大变化在广度和深度上都史无前例，使用一般现在时态和一般进行时态说明这一巨变不容置疑，并且正在发生，表明了作者对社会变革的高度信心。

在社论中，作者对嬉皮士地下报刊的作用也表达了憧憬和信心。社论中采用了了人际语法隐语：

①We hope they will discover that power seeking men always end up authoritarians.

②We hope to create a desire to participate in the revolution now happening.

③Whether it will destroy itself in getting there is not known, but to be aware and reflect the change we believe will be the job of the new media.

在这三句话中，作者还使用了明确主观的人际语法隐语 We hope, we believe，一方面表达了对嬉皮士报刊揭露主流社会强权统治的强烈愿望，另一方面也表达了对嬉皮士群体内部发挥激励作用的强烈愿望和信心。

这篇社论除了使用情态动词、时态、人际语法隐语建构起全新的青年文化群体形象，还使用了另一种表达情态意义的手段人称代词。人称代词在语言中可以起到表达人际关系远近亲疏的作用，例如英语第一人称复数代词"we/us, our/ours"，按是否包括听话者分为外排（exclusive-we）和内包（inclusive-we）两种用法。外排法产生疏远的效果，内包法通常旨在缩小与听话者的距离，给人一种平等参与、休戚与共的感觉。在这篇社论中，代词 we, our 比比皆是。例如 "Our environment demands instead that we must be a 'Living journal', reflective of our involvement in our environment" 在这一句话中，作者连续使用了三个 our，一个 we，这里的第一人称代词是排他的用法，划清了嬉皮士与主流社会的界限。而在另一句话"We are in the most dynamic period of change in western history, the cybernetic/chemical revolution"中，作者就将整个嬉皮士群体包括在内，缩短了与读者之间的距离，营造出一种平等参与的气氛。

从句法层面看，嬉皮士地下报刊使用及物性手段和各种情态策略，凸显了积极正面的嬉皮士群体形象，树立嬉皮士地下报刊的权威，并创造休戚与共的群体氛围，建构起与主流社会对立的文化话语世界，而对于属于主流文化的权力机构，则颠覆了传统的国家权力机构话语形象，反映了嬉皮士与主流文化背离的意识形态和话语权的争夺。

三、结构层面：互文性

除了在词汇和句子层面上，嬉皮士话语在结构层面上也使用了具有特色的话语策略抗争主流社会话语霸权，改变话语秩序，争夺话语权。其中比较典型的就是互文性（intertexuality）。

"互文性"的概念最早由法国当代文艺理论家克里丝蒂娃（Kristeva）提出。克里丝蒂娃在巴赫金对话理论的基础上提出："任何文本的构成都仿佛是一些引文的拼接，任何文本都是对另一个文本的吸收和转换。"❶ 互文性的概念提出以后，发展成为现代西方文学和文化批评的重要概念和研究方法。近年来，互文性在语篇分析，特别是在批评话语分析中受到重视。费尔克劳夫指出，互文性可以使作者致力于某种价值观，操控读者认同作者所建构的意识形态和社会身份。因此，互文性分析可以为语篇的生成和理解提供一个意义关系视角，并进一步揭示文本怎样在特定情形下有选择地使用话语秩序、建构社会身份❷。费尔克劳夫将互文性分为为显性互文性（manifest intertextuality）和构成互文性（constitutive intertextuality）两类现象。显性互文性指特定的其他文本被公开地利用到另一个文本之中，如引号中明确标示或暗示的引用内容等，主要从引语来源、引语形式和转述动词三方面考察；后者则指

---

❶ 克里丝蒂娃：《巴赫金，词语，对话和小说》，转引自秦海鹰：《互文性理论的缘起与流变》，《外国文学评论》，2004 年第 3 期，第 19 页。

❷ Fairclough, N. L. Analyzing Discourse: Textual Analysis for Social Research. New York: Routledge, 2003.

参照其他体裁或语篇类型来建构一个新的文本，例如戏仿。

在嬉皮士地下报刊中，我们发现嬉皮士语篇中大量使用了第一种类型的互文——显性互文，如引语。但是与主流媒体多用间接引语相反，嬉皮士地下报刊则以直接引语为主，甚至扩大为完整的谈话记录。以《旧金山神谕报》为例，在该刊出版的 12 期中，共刊登了 8 篇名人谈话（interview）和 1 篇名人峰会讨论记录。从引语来源来看，被访谈一方都是嬉皮士文化的风云人物或者与嬉皮士文化有千丝万缕的联系的热点人物，例如 LSD 教父蒂莫西·利里、发起迷幻巴士之旅的肯·凯西、"爱之夏"的组织者之一切特·赫尔姆斯（Chet Helms）、天文学家和性学家盖文·阿瑟（Gavin Arthur）、嬉皮士心理学家拉尔夫·梅慈娜（Ralph Metzner）、"穹顶"建筑师巴克敏斯特·弗雷（Buckminster Fuller），他们的声音代表了嬉皮士知识分子，在嬉皮士文化中享有很高的声誉和威望，有利于读者接受嬉皮士话语所传递的文化思想，反映嬉皮士文化的最新动向。

从引语的形式看，这 9 篇谈话中有 8 篇完全以直接引语的形式出现，也就是在报道这些名人谈话时，《旧金山神谕报》以谈话记录的形式将说话人的谈话完整地刊登到刊物上。费尔克劳夫❶认为在下面四种情况下报道者会用直接引语：①转述语篇内容重要，引人注目，语言机智，简短有力；②转述语篇源自权威之口；③报道者想同报道语篇联系起来或保持距离；④报道有足够的篇幅。从这些谈话来看，其篇幅都相当长，例如第 6 期的名人峰会记录，长达 22 页。在这些谈话中，嬉皮士代表们对嬉皮士文化中的热点问题发表了或精辟或尖锐的观点，多方面表现了嬉皮士们的思想价值观。因此，这些谈话记录符合第一项和第二项条件，显示出《旧金山神谕报》对访谈的重视和对访谈者的推崇。

从转述动词看，由于较多地采用了直接引语，因此转述动词使用较少，只有在对肯·凯西的简短采访报道中使用了间接引语和转述动词：When I asked him what his plan for the future were, he <u>told</u> me that after the Graduation Party, he had thrown the I Ching, which had given him hexagram No. 24. –The

---

❶ Fairclough, Norman. Critical Discourse Analysis: The Critical Study of Language. London: Longman, 1995.

turning point. 在这句话中，作者使用了转述动词 told。told 一词属于中性动词，表达了作者客观的态度，作者通过使用中性的转述动词一方面表明客观的立场，另一方面减少了对转述引语的干扰，有利于读者理解接受肯·凯西的解释。

对嬉皮士文化名人的谈话记录比较准确完整地反映了嬉皮士的思想价值观和精神领域，使报道者完全隐藏在这些嬉皮士话语背后，能够使读者更直接地感受嬉皮士文化思想，成为嬉皮士地下报刊互文性中最引人注目，也具有历史意义的话语特点。

在结构层面上，除了使用大量的直接引语建构嬉皮士文化思想，嬉皮士地下报刊也使用构成性互文挑战传统话语秩序，重构嬉皮士与主流社会的权力关系。在构成性互文中，比较典型的是使用了戏仿。所谓戏仿就是对一部著名的作品或者风格的幽默模仿。在西方后现代文化浪潮中，戏仿已经超越纯粹的文学艺术领域而泛化为一系列通过模仿其他文化形式来产生不同程度的讽刺和幽默效果的文化实践，是具有典型的后现代文化风格的一种创作形式和文化事件。巴赫金以中世纪狂欢节中的大量戏仿实践为例，指出戏仿是一种颠覆官方（教会）的正统语言和文化规范的实践形式，它在一体化的"独白"世界和政治空间中代表了一种离心（centrifugal）的、解构规范（de-normatizing）的力量。

费斯克把戏仿看作当代大众文化、青年亚文化等弱势文化群体对抗资产阶级主流意识形态，进行"符号抵制"或象征性抵抗的有效策略。在《旧金山神谕报》中，我们既可以看到对经典的内容戏仿，也可以看到对某些经典的风格戏仿。例如，《旧金山神谕报》在第 1 期就刊登了一篇《戏仿独立宣言》，批判主流社会，提纲挈领地阐明了嬉皮士文化的精神要素，表明与主流社会决裂的决心：

> When in the flow of human events it becomes necessary for the people to cease to recognize the obsolete social patterns which have isolated man from his consciousness and to create with the youthful energies of the world revolutionary communities of harmounious relations to which two billion year old life process entitles them, a decent repsect to the opinions of mankind should dcelare the

causes which impell them to this creation … We hold these expierences to be self evident, that all is equal, that the creation endows us with certain inalielable rights, that among them are: the freedom of body, the pursuit of joy, and the expansion of counsciousness … and that to secure these rights, we the citizens of the earth declare our love and compassion for all conflilcting hate carrying men and women of the world We declare then identity of flesh and counsicousness … All reason must respect and prtect this holy identity.

这篇文章以美国家喻户晓的《独立宣言》为模仿对象，在重复继承原语篇的篇章结构和句式的情况下，在关键的词语上用青年亚文化和主流文化的文化理念之争替代了新兴的美利坚合众国和殖民霸国大不列颠帝国的主权之争。如第一句话中，用"to recognize obsolete social pattern"（认识陈旧的社会模式）替代了"to dissolve the political bonds which have connected them with another"（消解他们之间的政治纽带），而《独立宣言》中提出了人民的三大权利"life，liberty and pursuit of happiness"（生命权、自由权和对幸福的追求）被改写为"the freedom of body，the pursuit of joy and expansion of consciousness"（身体的自由，对快乐的追求和意识的扩展），并说明嬉皮士将通过爱和同情去追求这些基本权利。《戏仿独立宣言》模拟了美国历史上最重要的法律文件，旗帜鲜明地提出嬉皮士文化的理想追求，颠覆了嬉皮士在主流媒体中的边缘文化形象，构筑出与美国的建国宣言同样重要的嬉皮士文化宣言，树立了不仅是旧体制的反抗者，而且是新文化建设者的正面形象和价值观。

除了对经典文本的戏仿，《旧金山神谕报》还采用了对某些写作风格的戏仿。例如，拉尔夫·马兹那所写的 A Dialogue between A Western Astronomer and Eastern Philosopher，就是对谈话录的一种戏仿。通常谈话录是记录两人之间的对话，是常见的一种文体。这篇戏仿的谈话录通过模拟一位西方的天文学家和东方哲学家的对话，借着西方科学的宇宙观和东方哲学的宇宙观的对比，介绍了东方哲学中的人类意识观念，而我们知道，嬉皮士文化十分推崇东方哲学。这样的戏仿将抽象的东方哲学通过活泼幽默的方式展现出来，支持建构起了与嬉皮士文化相关的人类意识观念。

《旧金山神谕报》中不乏这样的戏仿的例子，对经典文本和经典风格的戏仿，成为嬉皮士地下报刊的有力武器，在话语层面上挑战了正统社会的权威经典，在文字游戏间给嬉皮士读者带来了颠覆性的阅读乐趣，获得了强烈的审美效果，同时也容易获得读者的心理认同。

四、小　结

本节在话语策略层面上分析了嬉皮士话语。以典型的地下刊物《旧金山神谕报》为例，我们可以看出嬉皮士话语策略具有比较明显的反主流文化特征：在词汇层面上使用具有反文化性质的嬉皮士反语言和颠覆主流文化结构中的社会角色的"意识形态魔方"；在句法层面上使用及物性和各种情态策略，颠覆传统的国家权力机构话语形象；在结构层面上使用具有后现代解构特征的直接引语和戏仿。嬉皮士话语打破了主流社会建构的话语牢笼，重构主流文化和亚文化的话语形象和社会关系，从话语层面上建构了反抗主流意识形态的嬉皮士话语世界。

第三节　嬉皮士文化的话语实践

嬉皮士话语是如何生产并被消费的呢？我们应该将目光投向批评话语分析的第二个维度——话语实践。根据费尔克劳夫的社会文化分析法，话语实践注重文本的生产过程和消费过程。在话语实践的维度里，对一个文本进行分析包括两个基本过程：一是文本生产者和文本之间的互动辩证过程。即一方面，文本生产者根据专业惯例和规约以及话语类型去编码文本，另一方面，生成的文本也反映了这些惯例、规约及话语类型；二是文本和接受者之间的互动辩证过程，它体现在文本可以影响和塑造接受者的观念，反过来，接受者对同一文本的传播也可能存在不同的反应。

在本节中，我们将从话语实践的角度对嬉皮士文化话语的生产、传播和消费进行分析，通过对嬉皮士地下报刊的生产过程、价值观、身份观、政治观进行分析，探讨嬉皮士话语在生产过程中如何受到报刊生产和嬉皮士报刊的办刊理念的影响。同时通过对具有代表性的嬉皮士地下刊物《旧金山神谕报》的分析，从这家地下刊物话语的生成和消费过程来透视嬉皮士文化的话语实践。

一、嬉皮士话语的生产

20 世纪 60 年代，随着嬉皮士文化的发展，美国的嬉皮士地下报刊如雨后春笋般涌现，成为嬉皮士话语的生产平台。以地下报刊联合体（Under-ground Press Syndicate）为例，这是由一些地下报刊于 20 世纪 60 年代中期发起成立的非营利性组织，旨在整合成员报刊的力量，解决发行广告的问题。UPS 的成员从 1965 年的 5 家发展到 1969 年的 98 家，其成员迅速增多，发展壮大成为地下报刊最大的组织。到 1969 年，全美至少有 400 家嬉皮士地下报刊❶，美国每一个大中城市基本上都至少有一家地下报刊，著名的地下报刊包括美国西海岸旧金山的 *San Francisco Oracle*，洛杉矶的 *Los Angeles Free Press*，美国东岸纽约的 *East Village Other*，波士顿的 *Avatar*，美国中部华盛顿的 *Washintong Free Press*，费城的 *Distant Drttrnrner*。虽然大部分嬉皮士地下报刊的生命期不长，随着嬉皮士文化在 20 世纪 70 年代的衰落而销声匿迹，但是嬉皮士地下报刊与主流报刊截然不同的独特的文化特征成为嬉皮士文化不可分割的一部分，也成为嬉皮士文化历史的见证。

嬉皮士地下报刊不以营利为目的，基本都是嬉皮士的反文化文件。1967 年，UPS 成员《旧金山神谕报》组织了 UPS 第一次会议，在会议上他们达成了地下报刊联合体的使命宣言❷：

· 与主流社会以外的"觉悟群体"（aware community）交流，吸引大众媒体的注意力，从而敲响"文明世界"崩溃的警钟；

· 记录评价导致文明世界崩溃的时间；

· 提出明智的建议，防止快速崩溃，顺利完成过渡；

· 为美国民众解惑；

· 与奄奄一息的城市负隅反抗力量斗争。

---

❶　Voice from the Underground：Radical Protest and the Underground Press in the Sixties. Achieves & Special Collection at the Thomas J. Dodd Research Center, University of Conneticut, http：//doddcenter. uconn. edu/asc/exhibits/voices/introduction. htm.

❷　Allen Cohen, The San Franciso Oracle：a brief History. In The San Francisco Oracle Facsimile Edition, Regent Press. Berkeley, CA. 1991 pxl.

从地下报刊联合使命宣言看，地下报刊在当时具有强烈的时代预言者的使命感，以宣传、报道、引导并参与嬉皮士文化运动为己任，正如一名嬉皮士地下报刊的总编罗恩·塞林（Ron Thelin）所说："（地下报刊）是嬉皮士群体的喉舌，反映了嬉皮士传播观念……和集体观念的演变。"❶ 米勒也认为，嬉皮士地下报纸中蕴含着嬉皮士文化分子对他们的理想和价值观最清楚的表述❷。

在生产嬉皮士话语的过程中，地下报刊受到嬉皮士编辑和作者们的思想影响，具有浓厚的嬉皮士意识，这包括嬉皮士的价值观、身份认同和政治理念——这与美国主流媒体大相径庭。

美国主流媒体一向标榜其公正、透明，新闻具有"自由性"和"独立性"，即不受政府、司法等权力的干涉。嬉皮士地下报刊却完全颠覆了主流媒体的标准。他们批判主流媒体客观报道的虚伪性，公开声明其报道的主观性。嬉皮士地下报刊编辑宣称："似乎主流媒体没有空间也没有欲望发表与嬉皮士文化活动相关的作者们从主观角度写的时论文章和新闻故事。我们就来填补这个空白。"❸ 由此可见，嬉皮士地下报刊颠覆了主流媒体所设立的新闻价值标准，主动按照亚文化媒体的标准生产属于具有明显亚文化属性的嬉皮士话语，反抗主流媒体的意识形态。

嬉皮士地下报刊以嬉皮士的价值观为基础，与当时美国中产阶级价值观具有很大的不同。杰克·李文和詹姆士·斯佩特（Jack Levin and James L. Spates）曾选取 1967—1968 年美国东部和西部主要城市的嬉皮士地下报刊与美国同期的社会主流刊物 *Reader's Digest* 相比较，发现嬉皮士地下报刊体现了与美国主流报刊完全不同，甚至背离的价值观。嬉皮士地下报刊秉持的是表现主义的价值观，而美国主流报刊则体现了工具主义的价值观❹。表现主义同资本主义宗旨背道而驰，强调合作、表现、集体、存在、艺术创造和自治，

---

❶ Levin, Jack & James. L. Spates. Hippie Values: An Analysis of Underground Press. Youth and Society, 1970, 2: 89.

❷ Timothy Miller, The Hippies and American Values. The University of Tennessee Press: Knoxville, 1968.

❸ Walter Foster, The Workshop, in Free Press of Springfiled, No. 1, 1969, (2).

❹ Levin, Jack & James. L. Spates. Hippie Values: An Analysis of Underground Press. Youth and Society, 1970, 2: 89.

反对竞争、功利、个人主义、行动、金钱至上和服从。嬉皮士价值观与美国中产阶级社会文化的价值观相背离，是嬉皮士地下报刊与美国主流社会话语形成对抗的意识形态根源。

对嬉皮士文化价值观的理解离不开嬉皮士诞生的母体，但又与其形成对立的美国中产阶级价值观。在美国中产阶级的价值观中，工具主义是核心。工具主义又称实用主义，是美国哲学家杜威在 20 世纪集前人的思想提出的哲学思想。工具主义主张人的认识与其他工具一样，其价值不在于自身，而在于它所造成的结果，所带来的效果。所谓"有用即是真理"。在美国中产阶级从弱小群体发展为社会主流阶层的过程中，工具主义形成了强大的社会思潮，成为美国中产阶级安身立命的思想基础。"努力工作，取得成功，不断进步"成为中产阶级的生活信条。美国中产阶级的工具主义价值观概括起来包括三个方面：在自我价值观上的功利主义、在道德价值观上的理性主义和社会价值观上的社会本位倾向。

在自我价值实现上，中产阶级认为个人价值体现在通过个人努力获得成功，这既表现在个人物质利益上，即经济收入提高和职位的晋升，也表现在社会效益上，即促进社会进步和发展。为了达到这个目标，个人必须努力工作，不断与他人竞争，在与他人的竞争中获取个人成就。在行动层面上，为了取得中产阶级所定义的成功，理性主义成为中产阶级行动的指南。理性主义是西方文化的核心，与属于自然的本能、直觉、冲动、感觉、奇想相对应，是人类认识自然的能力。在美国后工业社会，理性主义备受推崇，被认为是中产阶级获取知识的主要手段，是中产阶级获得生存、追求成功最重要的方式。在社会价值观上，由于现代工业社会的各项机能日益复杂，个人日益成为大公司大企业的附庸，个人的主体性被削减，正如美国著名社会学家威廉·怀特在《组织的人》一书中指出，随着生产组织的社会化，大多数美国人都在为大型的公司、企业和组织工作，为了确保生活的稳定，他们把组织的利益放在个人或家庭利益之上，不仅为自己的组织忠心耿耿，而且时刻按组织的要求审视自己的行为，个人不再是自身的岛屿，社会经济组织成为个人的栖息之所❶。在新的形势下，中产阶级为了保障自己的中间阶级的地位，

---

❶ Whyte, William, Organization Man. Revised ed. University of Pennsylvania Press, 2002.

推崇对社会权威的服从和对大企业、大公司的忠诚，因此社会组织的利益高于一切。

第二次世界大战后，以工具主义为导向的中产阶级文化价值观成为美国主流的价值观，同时也成为以中产阶级为读者群的美国主流报刊的指南。然而，嬉皮士地下报刊对这一套价值观嗤之以鼻，他们认为工具主义的价值观压抑人性，宣扬物欲，以嬉皮士为读者群的地下报刊奉行着与工具主义完全背离的价值观——自我表现主义（expressivism）的价值观，无论是在自我价值观、道德价值观还是社会价值观上都反映了嬉皮士群体的价值观，与中产阶级价值观背道而驰。

在个人价值观层面上，嬉皮士强调自我满足、心灵的平静是生活中最重要的。与中产阶级主流价值观不同，嬉皮士认为事业成功、经济有保障并不是定义个人成功的标准，应当摒弃对个人物质的追求，摒弃拜金的物质主义和消费主义。正如肯尼斯·肯尼斯顿（Kenneth Keniston）评价，嬉皮士追求"新的生活价值，这将填补由于物质丰富所造成的精神空虚"[1]。自我满足、心灵的自由才是最重要的。他们主张以东方宗教如禅宗的冥想作为通向自我的桥梁，以期达到"天人合一"、完全自我、完全自由的精神状态。为了探索自我，达到心灵的自由状态，嬉皮士们借助麻醉剂将自己引向冥想的状态。这种对当下情境的体验而非对未来目标的追求，甚至演变为享乐主义。

在道德价值观层面上，嬉皮士蔑视清教的理性主义，反对传统的家庭婚姻制度，反对传统的性道德观，提倡性解放，宣扬感官享受。嬉皮士认为性是人性的一种表现，快乐与沟通是嬉皮士性观念的核心，有人甚至认为一夫一妻的婚姻制度是对性自由的限制，是西方性观念错误的体现。在传统的美国文化中，禁止乱交、手淫，严格限制婚外性行为。但嬉皮士们反其道而行之，为了快乐与交流，他们不反对性交和乱交，声称性是可以分享的。嬉皮士不仅支持异性之间的性解放，同时也支持同性之间的性爱自由，认为同性恋是自然和美好的，人人有权享受性的自由，而不应该掩饰自己的性倾向。对性活动的容忍鼓励了同性恋革命的爆发。鼓吹裸体也是嬉皮士文化性观念

---

❶ Kenneth Keniston, Young Radicals: Notes on Committed Youth (New York: Harcourt, Brace and World, 1968); quoted in Braden William, Age of Aquarius, 1971, p. 59.

的重要体现。他们将裸体看作是快乐的象征，认为裸体在本质上是快乐的，不穿衣服是自然的，裸体充满情趣。裸体还被嬉皮士视为是自由的象征，以及一个自由社会的基础。

在社会价值观上，嬉皮士也反对服从国家机器和大公司、大学等一切权威。例如，他们反对包括大学和家庭在内的社会组织机构对青年学生的管制、束缚和控制，痛恨公司唯利是图的功利主义行为和压抑个性的技术管理文化，他们认为这些权力机构对人的全面控制是对个人自由的威胁和个人尊严的破坏，扼杀了人性，泯灭了人的创造力和行动力，是对人性的异化。相反，他们强调个人的自由、平等、独立，呼唤人性的回归。同时，嬉皮士也反对节俭、勤奋、竞争的清教工作伦理，认为工作是对人类社会的破坏，工作破坏人际关系，破坏自然环境，因此应该彻底放弃工作，取而代之的是娱乐。嬉皮士认为娱乐高于工作，嬉皮士理论家曾评论说："让青年抗议运动的政治和文化价值焕发生机的就是娱乐，娱乐为青年运动提供了最重要的创新，与未来的联系最为紧密，是抗议运动中最有趣、最疯狂也最有效的一部分。"●

因此，嬉皮士的自我价值观、道德价值观和社会价值观上都体现出与中产阶级的工具主义价值观完全对立的表现主义价值观，这是嬉皮士抵抗正统文化的思想基础。嬉皮士地下报刊以嬉皮士的价值观为基础，建构的话语世界体现了与主流媒体不同的价值取向。

嬉皮士地下报刊也反映了嬉皮士的身份认同。虽然大部分嬉皮士出身于中产阶级，然而他们否定中产阶级的价值观，也并不认同其在正统文化中间阶层的地位。嬉皮士的认同危机使得他们将目光投向了主流文化之外，而受到文化帝国主义压迫的少数族裔——印第安人引起了他们的共鸣。作为美国社会上的弱势和边缘群体，印第安人既是美国资本主义扩张的牺牲者，也是美国主流文化——欧洲盎格鲁萨克逊文化的局外人。而嬉皮士从印第安人身上获得了文化身份的认证，同样以后工业文明受害者的形象与正统文化对抗，以社会边缘人身份抵制社会权威。嬉皮士地下报刊力图表明嬉皮士作为中产阶级"叛逆子"和主流文化的边缘人的身份。

美国学者迪拉瑞指出，美洲原住民印第安人是嬉皮士打造自己的"部落"

● Max Scheer in Laurence Learner, The Paper Revolutionaries, New York：Simon and Shuster, 1972, p. 32.

身份的主要灵感源泉❶。作为美洲大陆的原住民，印第安人世代居住在北美大陆，在欧洲殖民者侵入前有大约 500 万人口。16 世纪开始，欧洲殖民者来到美洲大陆，在领土扩张和"西进运动"的过程中，疯狂掠夺土地，无情地屠杀印第安人，强制迁移印第安部落，在与白人的种族冲突中，印第安人的经济关系、传统文化、生活方式受到毁灭性的破坏，到 19 世纪末，印第安人几近灭绝，人口降到 25 万，最后被美国政府圈养在狭小贫瘠的保留地，成为美国资本主义扩张的牺牲者。印第安人的创伤记忆和悲剧命运在美国历史上留下了文化受害者的形象，引起了嬉皮士的共鸣。他们认为，在官僚科层制度和技术社会的桎梏下压抑挣扎的青年，同样是美国后期资本主义发展扩张的受害者。嬉皮士同情在文化帝国主义涂炭下的印第安人，从外表上模仿印第安人，他们披长发，头戴印第安羽毛头饰，胸戴串珠，以现代印第安人自居。

同时，在 20 世纪 60 年代出现的"生态印第安人"的新形象也引起了嬉皮士的共鸣，让希望在主流社会之外寻找精神信仰和生活方式的嬉皮士找到了答案。约翰·内哈特写于 20 世纪 30 年代的传记小说《黑麋鹿如是说》（*Black Elk Speaks: Being the Life Story of a Holy Man of the Oglala Sioux*）讲述了一位印第安领袖 Black Elk 带领族人抵抗白人入侵的历史，展现出印第安人不同于美国白人文化的自然环境观，在 20 世纪 60 年代再版时引起了国内外关注，对嬉皮士们影响深远。而好莱坞演员科迪的"哭泣的印第安人"的形象也使印第安人"生态战士"的形象深入人心。在电视中，身着印第安传统服饰的科迪划着独木舟在漂着垃圾的河流中航行，当从一辆飞驰而过的汽车上扔下的垃圾滚到科迪脚下的时候，两行热泪从他的脸颊上淌下，画面的解说音随之传出："有的人对曾经的美丽怀有深厚而持续的尊敬，有的人却没有。人是污染的始作俑者，人也能够终结它。"不同于白人视自然为人类的对立面，通过征服自然而获取财富的传统观念，印第安人在朴素的万物有灵论基础上发展出了万物平等的观念，在他们看来，大地是神圣的，自然界的万物都是有生命的，人与世间万物都有联系，他们对大地及其上面的万物怀着深深的崇敬和感激。印第安人的自然观与嬉皮士不谋而合。嬉皮士厌恶工业文

---

❶ Deloria, Philp, Counterculture Indians and the New Age. Braunstein, P. & Michael William Doyle (eds.). Imagine Nation: The American counterculture of the 1960s and '70s. NY: Routledge, 2012.

明带来的拜金主义和对人性的压抑，向往自然，认为印第安人代表了人类没有被现代社会所污染的纯真、善良的本性。

印第安人的部落群居的生活方式也吸引着年轻的嬉皮士。印第安人的基本社会组织是印第安部落，这种原始社会的较为简单的社会组织单位与后工业社会复杂而庞大的社会组织机构形成了鲜明的对比。米勒就指出："此处传统美国印第安人的形象再次被唤起……，他们的部落（被嬉皮士视为）联系紧密，令人受益匪浅，是值得大家模仿的社会组织单位。"❶ 在美国高度组织化的社会，大公司、大机构操纵社会的运作，人性被压抑。嬉皮士希望远离社会极权，远离被大公司和大机构所操纵的命运，他们希望通过简单的生活方式获得心灵的平静和精神的富足。因此，"部落人"作为印第安人的身份也让嬉皮士们与印第安人建立起了精神联系。

印第安人的精神信仰、生活方式、在美国历史上的悲惨命运，使其成为美国主流文化的"他者"，而这正是嬉皮士们希望获得的身份。印第安人就像一面文化的镜子，在历史与现实交织的记忆中，嬉皮士看到了自己的文化边缘人影像。

嬉皮士将自己视为中产阶级的叛逆子，积极探索与现行价值观背离的另类生活方式，他们试图通过吸毒、自由性爱、摇滚乐、群居公社找到解决现代美国社会面临的各种问题。这与嬉皮士群体的政治立场和态度是息息相关的。在政治上，尽管他们与新左派不同，对政治比较淡漠，然而他们也对现行的意识形态与国家政治感到失望和不满，对国家政治主要采取消极对抗或者象征性对抗的态度。嬉皮士地下报刊作为嬉皮士文化的喉舌，基本采取了温和的无政府主义立场。

嬉皮士的政治理念是建立在他们的文化哲学"友爱"之上的。米勒曾对嬉皮士的友爱哲学进行了分析，他认为嬉皮士的友爱哲学首先是一种精神状态，一种洋溢着乐观主义的道德力量。其次也意味着嬉皮士文化是"非暴力"的，嬉皮士认为暴力只会带来新的暴力和流血冲突，爱是解决现代社会矛盾的唯一办法，可以解决人类的一切分歧。最后，爱的最高形式是有组织的，

---

❶ Timothy Miller, The Hippies and American Values. The University of Tennessee Press: Knoxville, 1968, p. 155.

例如美国各地的嬉皮士也自发组织起来，形成了各种组织派别，如海特的掘地派、伯克利的 Provos 派等。

在这样的思想影响下，在嬉皮士文化刚刚兴起的时期，嬉皮士们都远离政治，提倡非暴力和无政府主义，认为文化革命不应该牵涉政治活动。嬉皮士中的代表声称："政治不能解救任何人。希望来自于生活，每个人的生活、希望来自于自由本身。"❶ 在这一点上，嬉皮士不同于政治上激进的青年大学生。20 世纪 60 年代，美国的国内外政策引起了美国人民的不满，一些青年学生投身于各种政治活动，支持言论自由，反对越南战争，反对种族歧视，这些青年学生组成了多个校园学生组织，他们静坐抗议，示威游行，有些还转变为大规模的暴力冲突，这场校园政治觉醒运动被称为"新左派运动"，而这些政治激进学生也被称为"新左派"。新左派希望通过暴力政治挑战现行制度，建立参与式民主政治，认为只有进行政治制度改革才能解决美国社会的各种问题。嬉皮士虽然也对美国社会中的不平等现象感到不满，同情弱势群体，反对美国在越南的军事行动，但他们认为，示威游行对于社会变革没有作用，如果每个人都有一颗爱心，一切就会变得美好。

20 世纪 60 年代中后期，当反战运动愈演愈烈时，一些嬉皮士虽然对政治没有好感，但是仍然与新左派一样反对政府的战争行动，支持逃避兵役，也参与了反战游行。但是这些嬉皮士在反战游行中，仍然强调了他们的非暴力立场和友爱哲学，对警察他们不扔臭鸡蛋，不丢汽水瓶，而是往警察的枪杆里插鲜花，故有人称他们为"花儿少年"或"花颠派"。而另一些人则用音乐与性爱作为反抗的形式，例如 1969 年伍德斯托克音乐节就是这样一场反战的嬉皮士音乐节，他们提出"Make love，No war"的反战口号，用这种纯真而狂野的方式表示对美国政府战争政策的不满与愤怒。

面对令人失望的美国政治现状，嬉皮士向往着在僵化的资本主义制度之外、主流社会的政治结构之外一个理想化的社会，追求逃避政治现实的避风港。但是与激进的左派学生相比，他们是温和的无政府主义者，并不否定一切组织。公社成为他们推崇的新型社会的范例。公社松散的组织结构、人人

❶ Timothy Miller，The Hippies and American Values. The University of Tennessee Press：Knoxville，1968，p. 108.

平等的关系、与传统家庭形式不同的自由的性爱关系，为嬉皮士提供了现实的乌托邦范本，具有切实的可行性。嬉皮士们希望过公社创建一种真正健康、纯洁的政治；在这种政治中，人们可以真诚相待，平等地分享权力和各种社会权益。这样充满理想主义色彩的政治理念反映了人类的终极理想，是美好的，但也注定难以成功。由于权力斗争作为政治斗争的手段被忽视了，嬉皮士文化注定只能游离于社会权力结构之外的命运。

在价值观上与主流文化大唱反调，在身份上认同被压迫、被边缘化的土著印第安民族，在政治态度上表现出温和的无政府主义者姿态，嬉皮士们形成了一个背离和反抗主流社会权力与结构的文化系统。在这样的文化系统影响下，嬉皮士地下报刊支持和宣传了与主流媒体完全不同的文化观念和文化实践，建构了鲜明的嬉皮士反话语系统，成为嬉皮士们反抗主流文化和权力控制的喉舌和有力武器。

此外，地下报刊的许多文章由嬉皮士们自己撰写、编辑、拼贴、出版，这些记者就是嬉皮士，他们生活在嬉皮士社区中，并且是社区中的活跃分子，选取报道的都是社会成员最关心的话题和社区的活动，因此这些报刊中的文章都十分贴近嬉皮士群体的生活，反映他们当下最关心的问题。

二、嬉皮士话语的消费

在嬉皮士话语生产的过程中，嬉皮士话语的消费群——地下报刊的读者群对嬉皮士话语的生产起到了重大的作用。嬉皮士报刊与读者群的关系和传统主流媒体与读者群的关系不同。传统主流媒体，如《纽约时报》《时代周刊》《华盛顿邮报》等与读者群就是生产者和消费者的等级关系。消费者依赖于生产者获取信息，而生产者主要关心精英机构的需求，与消费者之间并无什么联系。这就造成了主流媒体高高在上的姿态。

然而对于嬉皮士地下报刊而言，它们与读者群的关系更为紧密和平等。正如嬉皮士地下报纸《伯克利锋芒》 （Berkley Barb）创办人兼编辑马克斯·希尔所说，嬉皮士地下报刊与其受众的关系是共生共存的关系。马克斯·希尔说："我们向社区传播消息，社区成员看到自己在报纸上的形象、自己干的有意义的事情，就会受到鼓舞，采取相应的行动。这就是报刊的职责，给人们一个机会看到自己的行为，看到别人对自己行为的感受，这样我们就能采用折中的方式成为有效的报纸。实际上有人告诉我们，我们报纸是一家革命性的报纸，它开阔了人们的眼界，推动革命的发生。"❶ 准确地说，嬉皮士地下报刊高度依赖于自己的读者群。当时的 59 家地下报刊社论中都谈到了与读者的关系，而其中 37 家承认了报刊对读者群的依赖性❷。有地下报刊就坦诚地向读者表示： "我们的存在几乎完全依赖于你们这些买我们报纸的人。"❸ 同时，嬉皮士地下报刊也常常称其读者为 "你"，显示出他们之间紧密的关系。

嬉皮士报刊对自己读者群的依赖主要有资金和信息因素。在经济上，由于地下报刊通常发行量较小，广告少，因此高度依赖于自己的读者群。有地下报刊就曾在自己的刊物上坦承： "兄弟姐妹们，在我刊存在期间有一个和其他问题一样困扰我们的问题——我们需要资金。"❹ 1968 年，UPS（Under Ground Press Syndicate，地下出版物联合体）调查显示，79 家地下报刊中，只有 21 家盈利，其他均为亏损或者保本经营，这从侧面反映了地下报刊在资金上对其读者群的依赖性。而 1969 年以后，在尼克松政府的要求下，唱片公司不再在地下报刊刊登广告，这更使地下报刊的经营雪上加霜。因此，嬉皮士社区成员成为地下报刊的主要资金来源。

另外，嬉皮士地下报刊在刊物的运行、文稿的来源上也高度依赖于嬉皮士社区成员。首先，嬉皮士地下报刊的创办人和经营者一般都是嬉皮士社区成员，他们创办嬉皮士地下报刊的目的就是为嬉皮士社区服务，传达本地嬉皮士社区成员的意见和主张。嬉皮士地下报刊中，不少都宣称："这是你们的报纸！""你们希望报纸是什么样，它们就会是什么样！"其次，这些报刊的文稿主要也是来自于嬉皮士社区成员，他们不仅表达嬉皮士社区成员的观点，而且将嬉皮士成员与社区联系起来。例如底特律的《第五地产》就宣称："我们的目的就是报道嬉皮士、新左派、和平和激进的先锋派以及其他社会活动分子的新闻，并参与底特律将各派融合为一个社区的过程。"❺

---

❶ Max Scheer in Laurence Learner, The Paper Revolutionaries, New York: Simon and Shuster, 1972, p. 32.

❷ Lewes, James. The Underground Press in America（1964—1968）: Outlining an Alternative, the Envisioning of an Underground. Journal of Communication Enquiry, 2000, 24（4）: 379-400.

❸ Society's Child, Finger, Being an Introduction. In Finger, 1968, 1（1）.

❹ Author unknown, Dear Everyone, High School Independent Press Service, 1968, 3（2）.

❺ Author unknown, The Fifth Estate, Joe Corpsak ed. Underground Press Guide, 1967, p. 23.

　　由此可以看出，嬉皮士地下报刊与读者群的关系同样也不同于主流媒体与其读者群的关系。地下报刊与嬉皮士群体的关系更为紧密，地下报刊作为嬉皮士群体的重要组成部分而存在，与嬉皮士文化的兴衰休戚与共。

三、《旧金山神谕报》：嬉皮士地下报刊的话语实践范例

　　在众多的嬉皮士地下报刊中，《旧金山神谕报》是其中最有特色的报纸代表。这家地下报刊诞生于 1966 年嬉皮士文化中心——旧金山的海特–埃斯伯里区，当时嬉皮士运动在旧金山正如火如荼地开展，嬉皮士们开始讨论创办自己的报纸。对于怎样办报，嬉皮士们意见不一。有人希望创办一份政治上激进但是形式上传统的报纸，有人希望创办政治上激进但是带有麦克卢汉式风格的报纸，而另一些人则认为报纸的传统形式正是过去压迫美国青年的工具，他们希望摒弃所谓报道的"客观性"和千篇一律的工业化报纸形式，创办出具有嬉皮士文化特色的创新刊物。最后，艾伦·科恩、迈克尔·宝恩、丹·艾略特和迪克·萨松等共同创办了 P. O. Frisco，这就是《旧金山神谕报》的前身。1966 年 9 月 P. O. Frisco 更名为《旧金山神谕报》，开始正式出版。

　　《旧金山神谕报》集合了一大批嬉皮士作家和艺术家，如艾伦·金斯伯格、加里·西德尼、迈克尔·马克克鲁、布鲁斯·克勒、李可·格里芬，以对嬉皮士文化焦点的深入探讨和丰富多彩的艺术设计而成为嬉皮士地下报纸中的佼佼者，在这份刊物上，刊登了与嬉皮士社区文化相关的新闻报道、访谈、诗歌、散文、读者来信等。《旧金山神谕报》一开始依赖于嬉皮士社区和乐队的捐款，甚至向当地银行贷款，常常入不敷出。然而随着发行量的扩大，从第 8 期开始《旧金山神谕报》实现了收支平衡。发行量也逐期攀升，从一开始的3000份到高峰时的 12.5 万份，根据《旧金山神谕报》编辑的估计，阅读《旧金山神谕报》的读者人数达到了 50 万人，其读者遍及美国、欧洲、亚洲和澳大利亚，成为美国西海岸嬉皮士文化的旗手。

　　《旧金山神谕报》体现了嬉皮士地下报刊与嬉皮士文化运动的紧密关系。在《旧金山神谕报》第 1 期的社论中，该报的编辑就明确表明其定位和宗旨——《旧金山神谕报》是嬉皮士文化的传播者、嬉皮士运动的报道者和嬉皮士群体的引导者：

　　"尽管有不同的方式来表现当下的变化，《旧金山神谕报》将为投身于蒂

莫西博士所说的'艺术生活'运动的人创立公开的喉舌……，我们的环境要求我们必须是一家'鲜活'的报纸，反映我们在所处环境中的参与活动……我们正处于西方历史上的巨变时期——网络/化学革命，我们希望点燃人们参与这场正在进行的革命的激情……，还没有被镜头记录的一个领域，就是内心世界，东方人已经通过律己和冥思接触到了。今天，西方人也正通过麻醉剂进入同样的领域。究竟内心世界是否会因在我们到达时毁灭还未可知，但是我们认为新媒体的职责就是认识和反映这一变化。"❶

《旧金山神谕报》与嬉皮士社区的关系十分紧密。例如在第 4 期《旧金山神谕报》上，就刊登了《旧金山神谕报》向嬉皮士社区的呼吁书，呼吁书的开头阐明了两者的紧密关系——"神谕报就是你们，你们就是神谕报"。在呼吁书中，编辑们向嬉皮士读者们征集稿件、艺术作品甚至办公物品，招聘编辑、全国各地的发行员，由此可见，《旧金山神谕报》高度依赖于嬉皮士社区群体。此外《旧金山神谕报》每一期都有一个读者来信互动专栏，刊登来自于本地和海外的嬉皮士的来信，有对嬉皮士哲学的讨论，也有嬉皮士对个人经历的描述，还有对嬉皮士文化动向和态势的观察，这些来信五花八门，无话不谈，展现出了嬉皮士社区对于《旧金山神谕报》的高度关注并将《旧金山神谕报》作为话语空间。

在其诞生、发展的过程中，《旧金山神谕报》不断强调和倡导嬉皮士群体应当高举嬉皮士价值观，探索与主流社会截然不同的新的生活方式。在话语实践层面上，《旧金山神谕报》集中体现了嬉皮士文化的意识形态，包括价值观、身份观和政治态度。

在个人价值观、道德价值观和社会价值观中，《旧金山神谕报》最重视对个人价值观的阐述和宣传。《旧金山神谕报》刊登了大量文章阐述自我意识的重要性和如何获得和扩大自我意识，如第 9 期的《进化与宇宙意识》（Evolution and Cosmic consciousness），第 3 期加里·辛德的《佛教与即将到来的革命》（Buddhism & the coming revolution），第 4 期鲍勃·西蒙斯的《瑜伽与思想》（Yoga & Psychedelic Mind），第 9 期的《佛教思想》（Budda Mind），

---

❶ Brownson, John Editorial, Allen Cohen （ed）. The San Francisco Oracle, The Psychedelic Newspaper of the Haight-Ashbury, 1966-1968. Regent Press. Berkeley, CA. 1991.

这些文章阐明了东方宗教如佛教中的冥想对嬉皮士获得自我意识的启迪。《旧金山神谕报》甚至在第 6 期直接摘录了《摩诃般若波罗蜜多心经》供读者品味。此外，《旧金山神谕报》还大力宣传 LSD 的作用，普及毒品的使用知识以及嬉皮士代表人物对毒品的看法。如在第 4 期刊登 LSD 教父蒂莫西·利里的新闻发布会声明全文，还两次刊登了他对如何使用 LSD 的看法和建议，在第 4 期刊登了医学博士对旧金山地区毒品使用情况的介绍，第 7 期采访了鲍尔·克拉斯诺对 LSD 实现嬉皮士价值的看法。这些文章通过嬉皮士精英们的声音，使嬉皮士的个人价值观得到大力宣传，也将东方宗教和 LSD 置于嬉皮士个人价值观的中心。

在社会价值观上，《旧金山神谕报》有多篇反映嬉皮士反对技术社会，反对国家机器和大公司、大机构等社会权威的文章。例如，第 10 期刊登的《庆祝的召唤》（A Call to Celebration）批判了现代社会，"we must recognize that our thrust toward self-realization is profoundly hampered by outmoded, industrial-age structures…"❶除了对现代社会的批判，在前三期里，《旧金山神谕报》集中报道了海特区的警察对嬉皮士文化的破坏，刊登了嬉皮士代表人物如金斯伯格抗议警察的公开信，表现出了对国家机器的反抗态度。在第 4 期里，该报的主编 Allen Cohen 叙述了自己因为出版禁诗《爱之书》在法庭受审的经过，揭露了美国法庭的虚伪和冷酷。他写道：Court calendars crowded; the jails overflowing with poor bailless revolutionary youth. Hysteria anguish and fear in the courts of law. Justice a euphemism for fear and oppression. ❷《旧金山神谕报》上还刊登了迷幻剂商店给海特商会的公开信，抗议他们拒绝其会员申请的决议，反对对嬉皮士商店的歧视和不公正待遇。在道德价值观上，《旧金山神谕报》关注较少，但是《旧金山神谕报》同样刊登了支持性解放的文章，如第 4 期的《由于爱》就解读了嬉皮士的性爱自由观，抗议对 Lenore Kandel 的诗歌《爱之书》的审查。

除了大力宣传嬉皮士的价值观，《旧金山神谕报》也关注嬉皮士的身份认同。嬉皮士常常自比为现代的印第安人，《旧金山神谕报》尤其关注印第安文

---

❶ Author Unknown, A Call to Celebration, San Francisco Oracle, No. 10：p. 2.
❷ Allen Cohen, Notes of a Dirty Bookseller. San Francisco Oracle, No. 4：p. 5.

化，曾出版专刊介绍印第安历史、哲学、宗教、社会文化。如第 8 期，有多篇文章和诗歌歌颂印第安人的和谐自然观，翻译印第安人的诗歌，介绍印第安人的艺术，鞭挞白人统治者对印第安人的压迫和掠夺。在文章 "The Sunbear speaks" 开头，作者就以印第安人的口吻解释了印第安人的自然观：

The American India had a sense of living and belonging with the land and blending with nature. Because of this he referred to the animals as his Little Brothers. His sense of responsibility to the land was such that he never killed anything he didn't eat, and when going out to gather a plant for medicine or food, he didn't take from the first plant he saw, but offering a prayer, he would go to the next one of the species and harvest from it. ❶

从该文中可以看出印第安人与自然融合，对动物和植物都怀有平等的观念。在 John Collier Jr. 的诗歌 "Who is an Indian" 中，作者同样赞颂了印第安人与自然的和谐关系：

The earth is our church

Each dawn is our renewal

Each season a new dance prayer

　　The winter is the quiet time

　　The spring the fertile time

　　The summer is wealthy in rain and growth,

The fall the rejoicing time❷

从诗歌中可以看出，印第安人对于自然有天然的归属感，将印第安人的感情融入了四季的轮回之中。

而在《图瓦卡奇——第四世界》（Tuwaqachi-the fourth world）一文中，理查德·格罗辛格控诉了白人统治者的贪婪和对印第安人的冷酷和狡诈：

Do you not see that in mythic time a broken bargain with Hopi priets can be repaid by Vietcong Warriors?... Myth kicks you in the ass, man; knocks you down from those high towers and missile sights. You think you can bury a tribe, reduce it

---

❶　Sunbear, Sunbear Speaks. Allen Cohen (ed.) San Francisco Oracle, No. 8：p. 212.

❷　John Collier Jr. Who Is an Indian? San Francisco Oracle, No. 8：p. 18–19.

to a rare language, quaint religiou, a few dancing dolls, remove it thus from the earth?❶

此外，《旧金山神谕报》还将印第安人社会的传统习俗与嬉皮士文化中的因素相联系。如文章 "Indian, Herbs, & Religion" 中，介绍了印第安人如何使用各种植物制剂，如烟草等来拓展人的意识，催发或者抑制某种感情，从而将嬉皮士对 LSD 的使用与古老的印第安文化传统相联系❷。

《旧金山神谕报》在关注嬉皮士文化价值观和身份认同的同时，也展现了他们的政治态度。在对待现有体制的问题上，《旧金山神谕报》支持脱离体制（drop out）的倡议，例如第 1 期 Affirming Humanness 的文章中，《旧金山神谕报》就指出最快、最健康和最有效的改造社会的方式就是 turn in, tune on, drop out（激发感觉，协调自然能量，脱离体制），号召年轻人逃离主流社会。在第 7 期中，《旧金山神谕报》还以完整的篇幅刊登了嬉皮士四大文人金斯伯格、艾伦·沃茨、蒂莫西·利里、加里·辛德在游船会议上的谈话记录。在谈话记录中，我们可以看到嬉皮士精英们对蒂莫西·利里所提出的通过麻醉剂脱离社会（drop out）、走向自我的问题各抒己见，观点涵盖了嬉皮士文化价值观中的种种重大问题。此外，他们对当时正在进行的如火如荼的反战运动也十分关心，尽管认为抗议并不能改变社会，《旧金山神谕报》仍然刊发了多篇作品，尤其是表达反战思想的诗歌。例如《旧金山神谕报》曾刊登了两首 Michael McClure 的反战诗歌《中毒的麦子》（Poisoned Wheat）和《上帝，我厌倦精神战争》（Jesus, I am sick of the Spiritual Warefare），矛头直指越南战争。在前一首诗歌中，诗人控诉道：

There is death in Vietnam!

There is death in Vietnam!

There is death in Vietnam!

And our body are mad with the forgotten

memory that we are creature!❸

---

❶　Grossinger, Richard. Tuwaqachi, the Fourth World. Allen Cohen (ed.) San Francisco Oracle, No. 8: p. 4.

❷　Teonanacatl. Indians, Herbs& Religion. San Fracisco Oracle, No. 8: p. 4.

❸　McClure, Michael. Poisoned Wheat. San Fracisco Oracle, No. 9: p. 16.

诗歌中最后一句揭示了美国因为战争已经失去了灵魂，而在《上帝，我厌倦精神战争》中，诗人写道：

Jesus, I am sick of the spiritual warfare.

Yes, here we are in the death of hell.

O. K., Black rose of thunder!

O. K., Black rose of thunder!

O. K., Black rose of thunder!

Your Bodies and kisses are my eternity

Fleck! Boot! Mercury! Vapor! ❶

在这首诗歌中，诗人将美国比喻为死亡的地狱，直接控诉了战争对人类社会的破坏和对人性的践踏。但是，《旧金山神谕报》反对激进的新左派以暴力形式对抗政府，而是支持用温和的方式去警醒和改变社会。如《旧金山神谕报》在第 10 期的封底海报上宣传了将于 1967 年 10 月举行的五角大楼和平反战游行的活动，称五角大楼带来的是"单边交流，对秘密信息的神父一般的操纵，秘密警察的成倍增加，对公开讨论的压制，通过一党对外政策隐藏对公众揭发和批评的错误……隔绝了模仿甚至超过了俄国的克里姆林宫和其后继者" ❷，刊登了 Richard J. Honigman 的文章《举起五角大楼》（Pentagon Rising)，详细解释了在反战游行中举行包围五角大楼、举起五角大楼的活动，在第 10 期的封底还刊登了宣传五角大楼反战活动的蒙太奇摄影图片《五角大楼》。

《旧金山神谕报》在其存在的两年间，刊登了一系列具有鲜明的嬉皮士文化烙印的文章、访谈和诗歌，向世人充分展现了嬉皮士群体的价值观、身份认同和政治态度，构筑起嬉皮士文化话语的文化意识和政治观念世界，成为20 世纪 60 年代嬉皮士地下出版物的标杆和研究嬉皮士文化的历史文件。

四、小 结

本节从批评话语的生产实践和消费维度对嬉皮士话语的实践过程进行了

---

❶ ibid, Jesus, I am sick of the Spiritual Warefare. San Fracisco Oracle, No. 12：p. 31.

❷ Mumford, Lewis quoted in Legeria Peter's Pentagon Poster San Francisco Oracle, No. 10.

分析，以嬉皮士地下报刊为例回顾了嬉皮士话语产生和发展的历史，对比了嬉皮士地下报刊和主流刊物在生产过程、消费过程、地下报刊理念和文化价值观上的不同，特别是以嬉皮士代表性的地下刊物《旧金山神谕报》为例，说明嬉皮士在价值理念、身份认同和政治态度上在亚文化媒体上的反映，从而探索出嬉皮士在意识形态上对主流社会权力结构的反抗和叛离的路径。但是批评话语分析的第三个维度社会实践，作为嬉皮士话语存在的外部环境也时时刻刻在影响着嬉皮士话语的生产、加工、传播，因此在下一节中，我们将从社会实践的维度来分析社会经济的巨大变化和意识形态的变迁是如何影响着嬉皮士话语的产生和发展的。

第四节　嬉皮士文化的社会实践

　　青年亚文化的三个维度中，最后一个维度是社会实践。一方面，青年亚文化话语产生于一定的社会背景和意识形态之下，另一方面青年亚文化话语实践也同时影响和重新塑造着社会和意识形态。嬉皮士文化诞生于美国的20世纪60年代。嬉皮士文化的出现并非偶然，而是与当时美国动荡的经济、社会、政治形势息息相关。60年代的美国正处于经济结构转型、新旧意识形态交替、国内外社会矛盾激化的阵痛之中，中产阶级青年正是面对转型中的社会结构——技术社会经济秩序和新旧意识形态——即清教的禁欲思想和消费社会的消费主义从而发展出具有反抗性的青年亚文化——嬉皮士文化。

　　第二次世界大战后，美国成为一个技术治国的社会。在战后和平稳定的国际国内环境中，美国的经济经历了迅速的发展和繁荣，尤其是20世纪60年代，美国经济进入鼎盛时期，国民生产总值从1945年的3552亿美元上升到1960年的4877亿美元，1946—1985年美国国民生产总值平均增长率约为3.4%，而1961—1970年则达3.9%，1945—1960年美国全年可支配收入增加了15%，美国一跃成为世界头号经济大国，步入了"丰裕社会"。经济的繁荣发展促使美国的经济结构、社会结构发生了巨大变化。在经济结构上，作为传统经济部门的第一、第二产业萎缩，而作为第三产业的服务业在国民经济中的占比则日益攀升，成为国民经济中的主导产业，美国率先迈入了后工业社会。经济结构的变化造成了美国社会结构的变化。1957 年，美国的白领阶层首次超过蓝领工人，1965 年，美国的白领阶层人数比蓝领工人的人数多出了 800 万❶，到 1970 年起比例超过了 5∶4。白领阶层也即中产阶级成为美国社会的主体，美国的社会结构从原来"由极少数富人、人数略多的中间阶层以及大多数穷人构成的金字塔社会结构变成两头小、中间大、中产阶级作为社会主体的菱形结构"❷。在美国的中产阶级中，由战后技术革命所造就的大批科技和管理人员、由高等教育普及所产生的大批具有高学历的白领雇员成为新中产阶级的主体。

美国著名社会学家丹尼尔·贝尔注意到了这种转变。在其预言式的《后工业社会的来临》一书中，贝尔指出，美国已经进入后工业社会，科技发挥着至关重要的作用。后工业社会的特征是以知识技术为特征，知识理论成为社会革新和制定政策的源泉。知识技术背后，理性化成为后工业社会的根本原则。后工业社会的理性化体现在组织管理的理性化，无论是经济部门还是政府机构，均使用理性化的组织管理方式，提高效率，节约成本。后工业社会的理性化还体现在工具的理性化，工具理性化就是指技术化。后工业社会工具理性化从生产领域逐步渗透到了生活领域，人们的生活方式也变得固定和单一，"小家庭，工厂式学校以及大公司，把这三者加在一起，成为所有第二次浪潮社会确定的社会结构"❸。科学技术在为现代生活提供便捷的同时，也造就了对现代人类的桎梏。在前工业社会工作是人与自然的互动，在工业社会工作，是人与人造自然的互动，而在后工业社会工作则是人与人的互动。人与自然失去了互动，在理性至上的社会，人的自然性受到了压制，虽然生活富足了，但是失去的却是宝贵的想象力、创造力以及对现实问题的反思、批判、超越的能力，在科学技术合理性的伪装下，人们心甘情愿地成为工业文明的奴隶，人被异化于工具理性之中，成为马尔库塞所说的"单向度"的人，在欣欣向荣的经济背后，许多美国人普遍感到失落和压抑。反抗压抑的

❶ 吕庆广：《当代资本主义内部的反叛与修复机制》，《南京大学学报》，2003 年 40 卷第 3 期，第 55－63 页。

❷ 席佳蓓：《论美国的社会结构对美国工人阶级的影响》，《内蒙古民族大学学报》（社会科学版），2003 年 29 卷第 1 期，第 79 页。

❸ 阿尔温·托夫勒：《第三次浪潮》，三联书店，1984 年版。

技术-经济秩序，成为中产阶级青年纷纷转向嬉皮士文化的一个主要原因。

在思想方面，清教伦理思想长期支撑着美国社会的信仰和价值体系，在美国政治、经济、文化各方面都有深远的影响，同时也不断受到冲击，到了20世纪60年代开始遭受在富裕社会中出生的青年一代的质疑。马克斯·韦伯在其著作《清教伦理和资本主义精神》中指出，清教伦理的核心教义"天职"和禁欲主义，造就了美国社会崇尚勤勉工作的工作伦理观、诚实节俭的生活价值观念、对婚姻忠贞的家庭伦理观和循规蹈矩、谨小慎微的行为规范，以清教伦理为基础的社会伦理观是美国主流社会的伦理价值观。在美国早期资本主义发展的过程中，由农场主、小业主、商人和自由职业者组成的资产阶级靠个人奋斗致富发家，坚持美国的清教伦理思想，使清教伦理思想成为推动资本主义发展的精神动力，也成为美国社会的主流价值体系。

但是，当资本主义在美国的发展获得了巨大的成功，清教伦理对世俗生活的全面控制开始遭到质疑和批判。韦伯认为，清教对于美国的公共生活和个人生活的全面控制是难以忍受的。首先，清教认为对于个人而言，人只不过是上帝的附属，必须为上帝辛苦劳动，而不应当考虑个人的欲望和利益，这实际上是否认了人性中个人利益的合法性；其次，清教还认为生育活动以及与之相关的性交活动都不过是为上帝增添荣誉而已，人们应当弃绝性欲。禁欲主义成为清教的一个主要特点，也是清教被批判压抑人性的主要原因。此外清教还反对文学，反对艺术活动，不允许激进观点的存在。在清教伦理的控制之下，人性受到压抑，个性遭到钳制，这也是清教出现危机的症结所在。因此，代表美国价值体系权威的清教所提出的个人自律和禁欲主义被嬉皮士青年视为精神的桎梏，成为他们寻求人性解放和追求生活自由的过程中被唾弃的陈旧价值观念。

此外，日益流行的消费主义也是嬉皮士们与主流文化在意识形态领域分道扬镳的另一个原因。由于美国经济的持续发展和繁荣，美国社会率先进入了现代消费社会。美国的消费社会在20世纪20年代已经初步成型。得益于当时的技术革命和三项社会发明——"一、采用装配线流水作业进行大批量生产，这使得汽车的廉价出售成为可能；二、市场的发展，促进了鉴别购买集团和刺激消费欲望的科学化手段；三、比以上发明更为有效的分期付款购物法的传播，彻底打破了新教徒害怕负债的传统顾虑"❶。技术革命使商品极大地丰富，消费成为推动美国资本主义发展的驱动力，美国开始由生产驱动型社会转变为消费驱动社会。虽然 20 世纪 30 年代的经济大萧条使美国的经济一度受阻，但是第二次世界大战后，美国经济再度强劲发展，全面追求舒适、安逸、闲散的美好生活再次成为走出萧条阴霾的美国人的主要生活目标。现代消费社会在美国的地位进一步巩固并更加成熟，而且一直占据着主流地位。在消费社会中，占社会主体地位的中产阶级成为消费社会的主体，炫耀性消费发生了转向，即从 20 世纪 20 年代的炫耀金钱到 50—60 年代的炫耀品位。凯塞尔谈到这一时期美国大众消费社会的特征时指出，第二次世界大战之后的美国尤其在"生活标准和技术力量"上反映了繁荣，代表了正在来临的现代"消费社会"。这种消费社会同时意味着一种比过去更为成熟的"生活方式"，其特征主要体现在"新的消费模式、更高的工资水平以及更大范围内的社会流动"上，是围绕着消费者的"购买行为和物质至上的哲学"所确定一种"生活"。所谓的消费社会"注重生产力和技术，伴随着从好莱坞电影和连环漫画到家用设备和快餐等新大众文化产品"❷。

在消费社会，消费行为受到鼓励，消费文化开始兴起，消费主义成为人们的价值观念和生活方式，以享乐主义为中心的消费观念取代传统清教价值观成为消费社会的伦理。人们不再将劳动与积累当作生活的目的，而将其视为获得消费的手段。人们也不再将享乐当作精神堕落的象征，而将其视为正当的生活方式。在享乐的世界中，满足感官享受和物欲的满足成为第一要务，个人满足和快乐的第一要求是占有和消耗物质产品。

作为生于第二次世界大战后的年轻人，嬉皮士难免受到消费社会的影响，也会追求感官享受和物质享受，然而他们对消费意识形态主要持批判的态度，抵制美国社会对金钱的崇拜和拜物教的趋势。在嬉皮士公社中，嬉皮士们大多自力更生，他们宁愿过着极简朴的生活。大多数人靠帮小工、卖报纸维生。他们对生活的要求十分简单，倾向于过着和平相处的公社式的群居生活，分享得来的哪怕一点点食物。

---

❶ 丹尼尔·贝尔：《资本主义文化矛盾》，赵一凡等译，三联书店，1989 年版，第 113—114 页。

❷ Richard F. Kuisel. Seducing the French：The Dilemma of Americanization. Berkeley：University of California Press，1993，p. 3.

在 20 世纪 60 年代充满矛盾的转型时期，嬉皮士文化对社会经济结构和意识形态的抵抗使得美国文化的变革成为历史的必然。以 1965 年为分界线，在此之前中产阶级青年主要是参与校园内外的改革时期，他们通过各种政治运动，如社区行动、静坐示威、游行等手段向美国社会体制和观念发出挑战，然而，他们对主流文化意识形态和权力结构的改革呼声和信心逐渐消磨于越战的波涛之中，他们意识到只有进行"大拒绝"，即抛弃现代社会的一切准则和生活方式，才能解决后工业社会的一切弊端。1965 年后，中产阶级青年的政治反叛逐渐让位于文化反叛，具有文化反叛精神的嬉皮士文化走到了历史的前台，改变了美国社会的诸多观念和思想。

首先，嬉皮士文化改变了人们对于自然的态度，唤醒了公众的环境保护意识。在资本主义快速发展的年代，自然被认为是人类取之不竭的财富，人们对自然予取予求，大肆掠夺和破坏。嬉皮士批判了资本主义社会对自然的掠夺和索取，认为极度膨胀的物质欲望是造成自然环境恶化的根本原因。同时嬉皮士还认为人类盲目相信科技，一味追求工业的发展，从而扭曲了人性，使人类失去其最宝贵的自然本性。嬉皮士号召亲近大自然，回归大自然，与大自然融为一体，重拾人类的天性，建立人与自然和谐平等相处的关系。嬉皮士的思想被环保主义者吸收，成为环保主义者的理论养料，他们也在这一时期发起了大规模的环保运动，从而唤醒了公众的环境保护意识，大量民间环保团体应运而生，如 1967 年成立的环境保护基金会和动物保护基金会、1969 年成立的地球之友、1971 成立的绿色和平组织。

其次，美国的宗教更加多元化。美国社会学家威尔·赫伯格在 1955 年提出了著名的新教、天主教、犹太教"三元宗教熔炉"模式。新教、天主教、犹太教历来是美国主流社会的三大强势宗教，长期占据绝对主导地位，深刻地影响着美国人的衣食住行❶。然而嬉皮士对清教伦理思想的批判，对东方宗教的探索，让人们发现了世界上人们多元的宗教信仰。加上 20 世纪 60-70 年代各国移民的涌入，使得人们的宗教信仰发生了变化，据美国统计局的数字，1980—2002 年间，基督教教徒的比例下降了 9%，而其他宗教上升了 7%。同

---

❶　Herberg, Will. Protestant, Catholic, Jew: an Essay in American Religious Sociology. New York: Double Day, 1955.

时信奉佛教、印度教、伊斯兰教的人数也同样增多。

最后，美国的家庭结构更加多元。在 20 世纪 60 年代之前，核心家庭一直是美国家庭的主要结构模式。然而，嬉皮士对婚姻和性的开放态度，支持性解放、性自由，也影响着美国当代家庭结构变化。在日益开放的性观念影响下，核心家庭不再是一统天下的格局，越来越多的人选择推迟结婚，一些人同居生子却不结婚，单亲家庭也同样增多。在 20 世纪 60 年代之前，美国男女初婚的平均年龄分别为 23 岁和 20 岁，60 年代以后美国男女结婚的年龄平均延迟到了 26.7 岁和 25 岁。在各类家庭模式中，核心家庭所占比例虽然一直第一，但是比值却持续下降，从 20 世纪 70 年代的 39% 下降到 2000 年的 24%。

嬉皮士文化话语否定了现代后工业社会意识形态和由此建立的社会结构关系，他们选择了和主流社会割裂背离的道路，虽然由于"回归自然，回归田园"的嬉皮士理想带有诸多不切实际的乌托邦成分，然而他们颠覆了现代话语世界中资本主义社会的话语统治，是青年亚文化中反抗最为激烈的群体。

第五章 嘻哈文化批评话语研究

2015 年，一部小成本的音乐传记影片《冲出康普顿》在美国影坛大放异彩，连续多周蝉联美国票房榜冠军，让不少人追忆起 20 世纪 70 年代异军突起，影响力席卷全球的黑人青年文化——嘻哈文化。嘻哈文化（hip hop culture）源于美国，不仅对西方国家，也对各国青年包括我国青年造成了巨大影响，成为青年文化在全球化进程中的一道亮丽风景。在本章中，我们将对嘻哈文化话语进行批评话语分析，选取嘻哈文化的典型话语——说唱歌曲，从嘻哈文化的话语策略、话语实践和社会实践中探讨青年文化与种族的关系。

第一节 嘻哈文化概况

嘻哈文化中的"嘻哈"二字（hip hop）源于在嘻哈派对中 MC（Master of Ceremonies，司仪，说唱歌手的前身）常用的念白 "A hip hop, a hippy a hippy a hip hip hop"。hop 是一种非正式的舞蹈，hip 则与嬉皮士文化一样源于爵士乐俚语，意思是现代的、时髦的、了解的。嘻哈文化起源于 20 世纪 70 年代的美国大都市纽约，是美国底层黑人青年面对社会现实，用音乐、舞蹈等艺术形式表现自我生存状态、解决自我困境的一次文化运动。与嬉皮士文化不同，嘻哈文化虽然同样源于美国的城市青年，但却不是源自中产阶级白人青年，而是起源于底层黑人青年。

1973 年夏天一个炎热的晚上，18 岁的牙买加移民克里夫·坎普贝尔和他的妹妹辛迪在纽约布朗克斯区的家里举办了一场"重返校园家庭派对"，女士入场费为 25 美分，男士为 50 美分。坎普贝尔在这场派对上创造性地用两个唱机同时播放两张一样的唱片和持续播放歌曲的碎拍，他的朋友则随着节拍饶舌说唱。坎普贝尔的舞会大受欢迎，这场舞会被称作"第一场嘻哈舞会"，而组织者克里夫·坎普贝尔就是后来著名的 DJ 库尔·赫克（Kool Herc），后来他也因此被称为"嘻哈文化之父"。

坎普贝尔派对的音乐和舞蹈在布朗克斯区大受欢迎。20 世纪 70 年代，布朗克斯区属于贫困的非洲裔和拉美裔移民聚居区，该地区失业严重、犯罪率高，帮派林立，移民青年们经常为争夺地盘打架斗殴，流血事件不断。一名出生于布朗克斯区的黑人青年、黑桃帮的首领班巴塔（Afrika Bambaataa）为了结束当时布朗克斯区街头的黑人帮派暴力冲突，成立了 DJ 团体祖鲁国（Zulu Nation）并和库里克共同组织了多次大型的街区派对，利用音乐和舞蹈帮助黑人青年疏解压力、表达自我，他们的努力使得更多的黑人青年参与到这一底层青年自发的文化活动中来。这一时期，嘻哈音乐迅速从纽约传播到美国东北部，涌现出许多著名的 DJ 和 DJ 团体，嘻哈音乐也不断完善。1979年，第一个嘻哈说唱团体糖山帮（Sugarhill）所唱的《说唱歌手的快乐》成为第一首嘻哈歌曲，在商业上获得了空前的成功。1982 年，班巴塔出版了第一张嘻哈专辑《星球摇滚》（*Planet Rock*），随后又出现了反映嘻哈文化的电影《狂野风格》，这部电影全面介绍了嘻哈文化的元素，包括说唱、街舞、涂鸦，甚至是嘻哈服装，嘻哈文化迅速成为 20 世纪 80 年代初最具活力的青年亚文化，因此 20 世纪 70 年代后期到 80 年代被称为嘻哈音乐文化发展的"黄金年代"，这一时期的嘻哈音乐被称为"老派嘻哈音乐"。老派嘻哈音乐集中在美国东岸，当时的节拍比较直接，重点在于自娱自乐，调侃社会不公，制造黑色幽默，因此比较轻松幽默。

20 世纪 80 年代中后期，嘻哈音乐开始在全美流行，被其他种族和阶层的青年所接受，成为评论社会和政治现象的公共论坛。嘻哈音乐出现了更多的风格，其中主要是以洛杉矶为中心的美国西岸嘻哈音乐开始崛起，被称为"新派嘻哈音乐"。西岸的新派嘻哈音乐与东岸的老派嘻哈音乐分庭抗礼，创造了新的说唱乐类型——帮派说唱（gangsta rap），代表歌手包括 Ice Cube，Eazy E，Dr Dre.，Snoop Dogg，Tupac Shakur；同时中产阶级的黑人和白人青年中也涌现了一批嘻哈歌手，其中包括 Run D. M. C，Public Enemy 等，一些女性嘻哈歌手如 Queen Latifah，Salt-n-Pepa 也开始出现在这个男性统治的青年亚文化中。嘻哈音乐受到了青年的广泛喜爱。由于嘻哈音乐的流行，唱片公司看到了其中巨大的商业价值，于是对其进行包装，嘻哈音乐开始逐渐商业化。伴舞团队整齐划一的舞蹈取代了黑人街区草根青年的本色出演，黑人青年自创的搓碟技术、采样技巧被高科技的采样机器取代，嘻哈歌手只需要录几段 MV，灌制几张唱片就可以一夜成名。许多电影，如 *She's Gotta Have it and Do the Right Thing*，*Colors*，*Boyz in the Hood*，*New Jack City*，也加入了嘻哈文化的元素。20 世纪 80 年代诞生的 MTV 也对嘻哈音乐的流行功不可没。MTV 一开始以播放白人音乐为主，随着嘻哈音乐的流行，打造了专门播放嘻哈音乐的栏目"Yo！MTV Rap"，后来开始连续播放嘻哈音乐。此外嘻哈歌手们的服饰也开始成为时尚：嘻哈歌手们头戴渔夫帽，身穿阿迪达斯的运动夹克和运动鞋，佩戴着粗大的金链和墨镜，引得青少年纷纷仿效。嘻哈文化从表现城市黑人生存状况的街头文化活动逐渐走向商业化。

　　20 世纪 90 年代后期，美国南部嘻哈音乐崛起，出现了带有南方黑人音乐和语言特色的嘻哈音乐，亚特兰大、新奥尔良成为嘻哈音乐的中心。而在美国之外，由于全球化和后工业化浪潮席卷世界，许多国家失业率居高不下，尤其是低收入阶层的城市青年更是深受影响，嘻哈文化作为草根青年对主流社会的抗议，成为世界各地的青年表达个人思想、与世界对话的途径，逐步发展成为全球性的文化。在亚洲、南美洲、非洲的大城市里，活跃着当地的说唱歌手。在欧洲，移民青年广泛借用嘻哈音乐和街舞表现他们所感受到的"疏离感、种族主义和被压抑的政治意识"[1]，在南非，嘻哈歌手使用混杂英语的当地语言诉说着南非黑人在种族隔离制度下面临的问题，成为南非反种族隔离制度运动中的一股青年力量。在日本，白领一族在遍布东京的夜总会里用街舞挥洒着自己的青春活力，排解大都市生活和工作的压力。而在古巴，一年一度的国际嘻哈节更是吸引了大量本地嘻哈乐队和包括美国在内的各国嘻哈团体，战争、贫富差距、环境保护成为说唱的主题。在中国，嘻哈文化从舶来品发展为本土青年文化历时 30 年，在更加宽容的社会氛围和跨国文化产业的推动下，嘻哈文化渗透到青年文化娱乐生活的各方面。在各大城市，

---

　　[1] Mandaville，P．The Rise of Islamic Rap http：//yaleglobal. yale. edu/content/rise-islamic-rap，2010.

街舞、街头篮球、极限运动比赛如火如荼，国内涌现了一大批嘻哈团体组合，如黑棒、功夫、龙门阵等；同时，本土嘻哈音乐开始出现，成为中国流行音乐的一个分支，而嘻哈文化也成为中国青年亚文化的一个重要组成部分。

进入 21 世纪，随着嘻哈音乐的全球化，嘻哈音乐也影响着美国的政治。这段时期出现了许多嘻哈巨星，如 Jay Z，Kayne West，前者曾于 2008 年大力支持奥巴马当选美国总统，帮助奥巴马成功竞选总统。但是同时，嘻哈音乐和嘻哈文化的商业化也更为严重，嘻哈音乐中对暴力、性和性别歧视的渲染使得大众媒体将火力对准了嘻哈文化，早期一些具有反抗性的歌手如 Mos Def，Doom 被迫转入了地下。2006 年，纳什甚至发行了一张名为《嘻哈已死》的专辑，表达了对嘻哈音乐现状的失望和不满。而研究嘻哈音乐的美国学者 Tricia Rose 也指出，虽然嘻哈音乐没有死亡，但是却重疾缠身❶。

40 年来，嘻哈文化从代表美国城市底层黑人青年呼声的小众边缘文化逐渐演变为一种全球性的青年文化，展现出了巨大的活力，而嘻哈文化中的嘻哈音乐代替摇滚成为最受青年欢迎的音乐❷。尽管嘻哈文化存在众多争议，但毋庸置疑的是嘻哈文化给各国青年文化带来了不可忽视的影响。

在嘻哈文化中，有四大元素：MC（随节奏说唱）、街舞（break dancing）、DJ（转动唱片及混音）和涂鸦艺术。MC（Master of Ceremonies），直译为司仪，是说唱歌手的前身。早期的 MC 在派对一开始介绍 DJ，用插科打诨、耍贫嘴的方式来介绍唱片中乐曲的内容与风格，渲染气氛，调动听众的情绪，当然这中间也少不了 MC 们彼此之间如滑稽戏一般的开玩笑甚至是人身攻击，在音乐播放期间用人声制造节奏并模仿机器所发出的声音如鼓声或刮擦声。MC 在表演中的作用越来越重要，后来他们的表演演化为说唱乐（rap）。与传统流行歌曲不同，说唱乐没有或只有很少歌唱部分，主要以念白和节奏为主，比较随意。从内容划分，比较重要的包括政治说唱（political rap）、帮派说唱、喜剧说唱和基督说唱。在政治说唱中，嘻哈歌手们以强硬的姿态揭露、谩骂美国社会对黑人的各种不公现象。人民公敌（Public Enemy）是政治说唱

---

❶　Rose，Tricia. The Hip Hop Wars：What We Talk About When We Talk About Hip Hop. Basic Citivas Books，2008.

❷　Eduardo Bonilla-Silva，White Supremacy and Racism in the Post-Civil Rights Era. Boulder：Lynne Rienner Pub，2001.

的代表乐队组合。1988 年，人民公敌组合的专辑"It Takes A Nation of Millions to Hold Us Back"开启了"硬核"说唱的先河，政治说唱的代表还包括 Dead Prez，Paris，Common，Mos Def，Talib Kweli，Jedi Mind Tricks，Immortal Technique，Kendrick Lamar，帮派说唱乐则集中在美国西岸，内容上则充斥了对黑帮争斗、犯罪、金钱的描写，N. W. A 在 1989 年的成名专辑《冲出康普顿》首次开创了这种 Hip-Hop 中最具争议的说唱，在"帮派"说唱领军人物——2Pac（图帕克）的著名单曲《加州之爱》中，帮派说唱表现得淋漓尽致。帮派说唱代表人物包括 Ice-T，Dr Dre，N. W. A.，Snoop Doggy Dogg 等。喜剧说唱在现代城市音乐的低音和敲击中加入了风趣和幽默的独特感觉，把良知说唱和帮派说唱中的愤怒尽皆收起，代之以幽默、滑稽、风趣、可笑的生活情趣。说唱乐还可以从历史划分，有老派说唱、新派说唱，老派说唱乐从 20 世纪 70 年代到 90 年代，和嘻哈文化一样是其诞生和发展时期；新派说唱从 20 世纪 90 年代至今，在这一时期说唱乐开始商业化和全球化，并与其他音乐类型如流行音乐、重金属音乐、电子音乐融合。从地域划分，说唱乐有东岸说唱、西岸说唱、南部说唱；而现代说唱乐类别更加丰富，包括流行说唱、另类说唱以及其他国家富有本国特色的说唱。说唱乐种类丰富，深受青年喜爱，是嘻哈文化中影响最大的文化元素。

嘻哈文化中另一个重要的元素就是街舞（break dancing）。街舞最初是城市黑人青年在嘻哈派对中随着 DJ 的节拍模拟帮派打斗自创的战斗舞，后来发展出包括摇摆步、冻姿、地板舞的舞蹈。通常街舞场地都是水泥地的走廊，练习场地则在街头，这是因为对于底层黑人青年来说，露天的场地不用付费，而且也不会受到警察盘问。早期比较有名的舞者包括 Nigger Twins，Sasa，James Bond，Clark Kent，Timmy Tim 等。20 世纪 70 年代末，街舞出现了更多的风格，形成了美国东岸的霹雳舞和美国西岸的庞克舞两大流派，到 80 年代，出现了混合两种流派的新派街舞。新派街舞继承了黑人传统的摇摆舞步，并以身体的左右摆动和上下起伏为特点，更加适应各种音乐。随着美国一系列表现街舞的电影，如《狂野风格》（1983）、《闪电舞》（1983）和 MTV 的热映，街舞开始为美国主流社会关注和接受，街舞也逐渐商业化。自 20 世纪 90 年代开始，街舞逐渐发展成为全球性的青年流行文化活动。1990 年德国举办了第一届"Battle of the Year"世界街舞比赛，这一赛事已经成为全世界最重要的街舞赛事。目前，世界上许多国家成立了街舞组织，并举办各种街舞表演和比赛。街舞在亚洲也十分流行。在日本，白领一族在遍布东京的夜总会里用街舞挥洒着自己的青春活力，排解大都市生活和工作的压力；在韩国，舞蹈偶像团体通过"韩流"将街舞在亚洲传播开来，成为青少年最为喜爱的舞蹈活动之一。

除了说唱和街舞，DJ（Disk Jackey）是嘻哈文化中另一个元素。作为播放唱机的操作员，DJ 在派对中选择并播放音乐，和说唱歌手配合制造派对气氛。Kool Herc，Grand Wizard Theodore，Afrika Bambaataa，Grandmaster Flash 都是早期有名的 DJ。Kool Herc 用两个唱机同时播放两张唱片，他被认为是"嘻哈音乐之父"。1975 年，Grand Wizard Theodore 偶然创造了刮碟的技巧，班巴塔（Arika Bammbaata）组织了 DJ 团体，帮助布朗克斯区的黑人和拉美族裔的青年摆脱帮派生活，重建不同族裔青年之间的团结友情，其口号是"和平、友爱、团结和乐趣"。另一位 DJ 大师是 Grandmaster Flash，他创造了快速混音的技术和回放（backspining）的技术，是嘻哈音乐史上一位重要的革新者。20 世纪 90 年代，由于电子技术的发展，DJ 在派对中的地位被 MC 所取代，DJ 文化开始衰落了。

涂鸦是嘻哈文化中的视觉元素，由于其强烈的视觉冲击，也是嘻哈文化中最先被公众认知的元素。20 世纪 50 年代，美国费城的街头帮派开始通过在墙上涂上自己的昵称来确认各自的地盘，标识身份。因此涂鸦一开始是与帮派活动联系在一起的。1971 年，一名希腊移民少年德米特斯在纽约地铁里喷涂上"Taki 183"的字样（这是他的名字和所住街道的名称），一时名声大噪，《纽约时报》甚至专门刊登了一篇文章介绍德米特斯和这种青年时尚。后来，纽约年轻人模仿他，在城市公寓的墙上，地铁、汽车等城市交通工具上喷涂出一些个性签名，或者漫画、电视上的角色绘画。后来涂鸦者逐渐发展为使用色彩鲜艳、个性鲜明的字符、标志、图形表达自我的主张和个性，涂鸦不再是帮派的一种划分地盘的活动，而是年轻人标榜个性、找寻群体归属感的亚文化。这时出现了一些涂鸦者的俱乐部，如 Tragic Magic（TM），Latin Action（LA），Out to Bomb（OTB），他们聚集在地铁站，相互比较字体、风格，交流躲避交警的方法。这一时期也出现了各种涂鸦比赛，比赛和斗舞一样有各种规则。涂鸦在 1976 年达到鼎盛时期，出现了涂鸦俱乐部 Fabulous

Five（TF5），这个俱乐部由曾是帮派成员的黑人和拉丁裔青年组成。1980 年，这个涂鸦俱乐部的成员李和另一名来自纽约布鲁克林区的涂鸦艺术家弗雷德参加了一场时代广场艺术展，引起了媒体的关注，大众媒体给予了许多正面的评价并将涂鸦与正在兴起的嘻哈音乐联系在一起。《格林尼治村之声》的记者古德斯坦指出，涂鸦与嘻哈音乐诞生的社会文化环境是一样的，他写道："涂鸦并非报纸上描述的那样搞破坏，涂鸦团队达到了种族融合，使得涂鸦者们获得了与摇滚一样的跨文化力量。实际上，涂鸦的敏感度在音乐中可以找到同样的形态——那就是说唱乐。"❶ 20 世纪 80 年代初期，涂鸦开始作为一种艺术形式为主流接受，有些涂鸦作家的作品被艺术馆收藏，涂鸦逐渐商业化。然而在画布而不是在建筑物或者地铁上展现的涂鸦失去了最初的活力，而政府也动用了大量的人力、物力来对付这些令人头疼的"非法"涂鸦者，因此街头涂鸦在 20 世纪 80 年代后期开始衰落。

嘻哈文化这四种元素涉及了音乐语言、肢体语言、视觉语言，是嘻哈文化最初的表现形式。在嘻哈文化发展初期，这些文化形式相互影响重叠，例如，一些说唱歌手就是涂鸦者和街舞者，如 DJ 库尔·赫克在玩唱片前就会涂鸦也会跳街舞，而涂鸦艺术家如 Fab Five Freddy 也制作嘻哈唱片，许多说唱歌手、DJ、街舞舞者也会穿上涂鸦爱好者自己制作的 T 恤和夹克。因此在与嘻哈文化相关的活动中，说唱歌手、街舞舞者和 DJ 们都会现身。在嘻哈文化后来的发展中还出现了极限运动、街头篮球、街头足球、时尚服饰等。在嘻哈文化各种表现形式中，DJ、街舞、涂鸦影响力逐渐减弱，而说唱乐流传最广，影响最大，成为嘻哈文化最重要的元素，嘻哈文化在说唱乐中也得到了最充分的表现。因此，我们将以说唱歌曲为研究对象，分析嘻哈文化话语中的青年亚文化。

第二节　嘻哈文化的话语策略

嘻哈文化的表现形式多种多样，而说唱乐是其中最为重要的。由于说唱

---

❶ Goldstein, Richard. In Praise of Graffiti. Village Voice, December 24, 1980, p. 58.

乐根植在黑人青年日常生活的语言表演中，有着深厚的社会、政治、文化根基，因此也最为充分地展现了嘻哈一族的话语世界。嘻哈文化研究者厄尼斯特·艾伦（Ernest Allen）曾指出与嘻哈文化其他元素相比，说唱乐是塑造和改变嘻哈文化最为基本的力量，说唱乐是表达黑人青年世界观的基本媒介❶。

在这一节中，我们将以说唱乐中具有代表性的政治说唱和帮派说唱为例，探讨在词汇、句法、语篇层面，嘻哈文化的意识形态与主流社会权力、与社会结构、与亚文化青年族群的关系。我们选取了 5 首具有代表性的政治说唱和 5 首帮派说唱。请见表 5.1。

5.1 政治说唱和帮派说唱

歌曲	歌名	歌手
政治说唱	Chain Remains	Naught By Nature
	Fight the Power	Public Enemy
	Message	Grandmaster Flash
	Illegal Search	L. L. COOL J
	Who Protects Us From You	KRS-One
帮派说唱	Ready to Die	Notorious B. I. G
	Gangsta Gangsta	N. W. A
	Rhyme Pays	Ice-T
	Straight Outta Compton	Ice Cube
	Steady Mobbing	Ice Cube

一、词汇层面：黑人英语和嘻哈语言

说唱乐诞生于美国底层黑人聚居区，在其发展过程中黑人一直占据主角的位置，因此说唱乐歌词中使用的语言并不是标准的美国英语，而是黑人英语（African American Vernacular English）。

---

❶ Allen, Ernest, Jr. Making the Strong Survive: The Contours and Contradictions of Message Rap. Dropping Science: Critical Essays on Rap Music and Hip Hop Culture. Ed. W. E. Perkins. Philadelphia: Temple UP, 1996, p. 159-191.

　　黑人英语是英语中一种特殊的方言，有其特殊的历史起源。16—19 世纪，非洲的黑人在奴隶贸易中被贩卖到美洲，他们使用的是西非各个部落的语言，为了与种植园的奴隶主交流，并能够相互之间交流，他们形成了一种彼此能够理解的洋泾浜英语，这种语言里既有英语的成分，又有非洲语言的成分，是黑人奴隶的共同语言。这些黑人奴隶的后代绝大多数仍然讲他们祖辈的洋泾浜英语，并随着这种语言群体内部的不断变换和对外交流的扩大，这种洋泾浜英语的词汇不断扩大，可以涉及谈话的所有题目。与早期的洋泾浜英语相比已有了明显的变化，这就是语言学家们所称的"克里奥耳语"（Creole）或"克里奥耳语化的洋泾浜英语"（Creolized Pidgin）❶。

　　作为标准英语的一种变体，黑人英语具有反语言的特征，在整个语言系统上与白人的标准英语存在差异，比嬉皮士话语具有更大的破坏性和颠覆性。首先在语音上黑人英语就与标准英语存在很多差异。例如，th 的发音就与标准英语不同，在标准英语中 th 通常发/θ/或/ð/，可是在黑人英语中就发/d/或者/v/，例如标准英语中的 think，thing，thread 在黑人英语中分别是 tink，tin，tred，而标准英语中的 they，then，this，that，those 在黑人英语中分别是 day，den，dis，dat，dose。除了字母发音不同，在发音上黑人英语还弱化或简化了标准英语的发音。例如，r、l 在黑人英语单词中往往不发音，如 sore、ever、remember、door 在黑人英语中分别是 soh，evah，remembah，doo；help，tool，toll 在黑人英语中分别是 hep，too，toe。一些辅音在词尾也被弱读，例如标准英语中的 sometimes 在黑人英语中听起来类似 sometime，而 big，cub，seat，meant，start 等分别为 bik，cup，see，men，star。

　　在词汇上，黑人英语更是具有颠覆性。从历史角度看，黑人英语天生是一种受压迫者的语言，同时也是反抗者的语言，黑人英语词汇就体现出隐蔽性和逆向性。所谓隐蔽性是指由于对白人不信任，黑人在交流时产生了隐秘的需要，词汇的含义往往与标准英语不同，也难以理解。例如黑人英语中knowledgebox 在标准英语中意思是 head（头部），crutch 在标准英语中是 car（汽车），corn 在标准英语中是 money（钱）。黑人英语词汇的另一个特点是逆反性，也就是黑人英语词汇体现出与标准英语词汇含义相反的特点。在黑人

---

❶　张雅如：《谈美国黑人英语》，《汕头大学学报》，1996 年第 12 期，第 78－85 页。

语汇中，标准英语中的负面词汇反而在黑人词汇中表达正面意义，如 bad 的意思却是 beautiful（美）和 wonderful（妙），fangs（毒牙）指的则是歌星灵巧的嘴巴或音乐家的手。give a shit（拉屎）意思却是 care（关心）。而标准英语中的正面词汇在黑人英语中却表达负面意义，如 love letter（情书）指的是 bullet（子弹），engagement ring（订婚戒指）指的是 handcuffs（手铐），fascinate（着迷）指的是 kill（杀人）。在标准英语中，关于 Nigga 对于黑人英语词汇的隐蔽性和逆反性，《牛津英语字典》主编、著名的词典学家罗伯特·伯奇菲尔德（Robert Burchfield）评价道，黑人英语"隐含政治动机，表现出对标准英语结构的仇视；它富于色彩、活力、想象力和颠覆性。……如果有哪一种英语变体会威胁白人从 17 世纪继承下来的英语的话，那必定是黑人英语"。

在语法上，黑人英语在名词形式、名词所有格、动词和代词的用法上都不同于标准英语，体现出极大的简化性。标准英语的可数名词在变为复数形式时都应加 s 或者 es，而黑人英语中可数名词在变为复数时则没有变化，例如 two brother（two brothers），three sister（three sisters）。黑人英语表示所属时，名词后没有所有格"'s"的标志。例如，John book（John's book），the cat paw（the cat's paws）。在动词时态中，动词一般现在时没有词尾单复数的变化，例如 he run, she ask；而在过去式里面，规则动词的词尾也不加 ed，在句子 I'm wonderin'where he learn everyfin 中，learn 是表示过去还是现在发生的动作只能靠上下文推断。在现在完成时里，用 been 替代助动词 have 或者 has+动词原形，He been go（he has gone），I been know your name（I have known your name）。表示将来时用 be+done+过去分词，He been workin'（He has been working）。而 be 动词则常常省略或者保持原型，例如在现在时和进行时句子中，动词 is 就被省略了：He wild（He is wild），He gon'try to get up（He is going to try to get up）。而在动词变化为动名词和现在分词时，后缀 ing 在黑人英语中统统简化为 in。在代词上，阳性代词可以代替阴性代词，例如 He a nice little girl（She is a nice little girl），人称代词宾格可以代替主格，例如 Me try（I try）。

黑人英语与标准英语有着明显的不同，对黑人语言社区以外的人来说有一定的难度，因此以黑人俚语为主的说唱乐语言比较隐晦，构筑起主流社会难以理解的说唱话语世界。在说唱乐中，很多歌词使用了黑人日常生活的俚语，例如：

①But the breaks on the bricks get worse，so it's jail first

　And that's all they offer us

（Naughty by Nature，"Chain Remains"）

②Judges look at our seeds，these brothers，like enemies

　saying 'We don't need G's'，giving out years like free cheese

（Naughty by Nature，"Chain Remains"）

③As I grab the Glock，put it to your headpiece

　One in the chamber，the safety is off release

　Straight at your dome，homes，I wanna see cabbage

（Notorious B. I. G，"Ready to Die"）

④He got scared，and hit the gas

　Right then，I knew I has to smoke his ass

　He kept rollin'，I jumped in the bucket

（N. W. A，"Gangsta，Gangsta"）

⑤ But a nigga like Ren is on a gangsta tip

　Straight outta Compton

（Ice Cube，"Straight Outta Compton"）

　　在这 5 个例句中，我们看到在黑人英语中常用的俚语。在第一个例句中，bricks（砖）是黑人俚语，意思是房屋；在第二个例句中，seeds（种子）意思是孩子；在第三个例句中，cabbage（卷心菜）在黑人俚语中是头脑；第四个例句中的 bucket（桶）意思是汽车；第五个例句中的 tip（建议），在黑人俚语中是风格的意思。

　　除了黑人英语以外，说唱乐还借用字母和数字，代表不同的含义。同时，在这首说唱歌英语中，谈到重罪被称作 F，730 意味着疯狂。我们还能在黑人英语中见到其他一些具有特殊意义的字母和数字，如 A 表示最好的，B 则为差的；C 表示 see，G 指帮派分子 gangster，N 代表 and，R 则代表 are；U 为 you 的缩写，2 表示 to，4 表示 for，9 表示 night；而 straight 之 aight 部分常用 "8"

代表，写成 "str8"，187 代表杀人。在黑人语言中，还有的词是我们常见词的缩写形式，如美国黑人青年常用 defjam 来称赞流行音乐，其中 def 来自 definitive，意为 "极好的"，hood 源于 neighborhood，是 "邻里" 的简称，wannabelife style（追星族的生活方式），其中 wannabe 就是 want to be 的缩写形式。可以想见，如果没有与黑人英语接触的经历，说唱乐歌词是很难被嘻哈文化之外的人所理解的。

作为一种反语言，说唱话语词汇同样也有过度词汇化的特点。说唱话语词汇中过度词汇化的领域主要集中在说唱音乐、底层黑人青年的街头生活和与主流社会的人际关系。在这些说唱歌曲中，我们整理了一些相关的词汇。

说唱的词汇是嘻哈话语中最重要的部分，表达 "说唱" 的词汇就有过度化的倾向，包括 break, bust, bust out, bust rhymes, chat, comp, cut, drop, flip, flow, freak, freak the beats, freestyle, give it up, hook, jam, kick, kick the ballistics, make noise, rhyme, rip, rock, scratch, shoot the gift, skip, throw out。

过度词汇化的领域还包括黑人青年的城市街头生活——他们往往没有正当工作，常常与犯罪相伴，向往上流社会的富裕生活。在与犯罪相关的词汇中，表达帮派含义的有 crew, posse, tribe, troop；而帮派成员就有 gangbangers, gangstas, hardheads, headbangers, roughnecks；表示枪支的词汇有 bis, biscuit, burner, calico, chrome, chwop, click, clog, flamer, four pounder, gak, gat, gauge, glock, heat, heater, iron, jack, jammie, joint, niner, oowop, piece, pump, steel, strap, street sweeper, strill, tech, toast tootie；表示打架的词汇有 bang, beef, break on, bust up, crash, duke, flex, flip, funk up, gank, get busy, jap, jump, loc or loc on, muff, punk, rag up, reck, riff, roll, rush, set off, step to, style on, throw on, wreck；表示杀人的有 187, catch a body, check, do, drop, drop a body, dust, ice, off, pull the plug；表示开枪的词汇有 pop, buck Rat-a-tat-tatted, blast, buck, burn, bust a cap, cap, clip, dent, fade, fry, gat, ice, lead up, peel a cap, pop a cap, smoke, spray wet。

在街头的犯罪交易中，金钱往往是犯罪的动力，因此说唱乐中过度词汇化的另一个领域是表达 "金钱" 含义的俚语。如 balls, bank, cheese, cream, cabbage, pies, paper, dead president, stacks, grips, thou（thousand）, dime, dough, cash, money, dinero, buck, knot, green five, ends。说唱乐表达金钱的词汇甚至包括不同面值的钞票，表达 1 元面钞的词语包括 aces, beans, bingos, bones, dils；5 元面钞的有 bore；20 元面钞的有 Jacksons；百元面钞的有 bill, buck, Franklins, yard, year；千元面钞的有 ends, G's。

在描述街头生活的词汇中，人际交往也是嘻哈青年过度词汇的领域。打招呼、告别、男人、女人、白人和警察等在嘻哈青年际交流过程中成为过度词汇化的焦点。表达"你好"的词汇有：Ayo, Eh G, Give it up, Hayo, S'up, Wassup, money, Yo；表达"再见"的词汇有 5000, Check ya, Good Lookin'out, Gone, I'm outie, Later, Lay', Peace, Peace out, Sideways, I'm Swayze；男人被称为 ace, B, B-boy, blood, bro, brotha, brother, cat, cuz, dog, dude, G, homeboy, homepeep, home slice, homes, homey, hops, jack, loe, low, main man, money, money dog, money grip, mother, mutha, nigga, nigger, par, power, Slim and soldier；而对女性的称呼则有 B-girl, boo boo, girlfriend, home-girl, side kick, sista, squeeze, tender；称呼"警察"含义的俚语有 5-0（出自电视剧《夏威夷 5-0》），fifty, b&w, blue bunnies, blue jeans, boop boop, the boyz, green pockets, jake, the law, little boy blue, the Man, Mr. Charlie, one-time, pigs, Willy Bo Bills, yank。称呼白人的词汇也是过度词汇化的领域，包括 beast, chuck, hack, Charlie, dem（them 的变音词），face（陌生的白人），citizen（行为方正的白人）。

除了过度词汇化，隐喻也是说唱乐词汇的重要特征，在说唱乐中随处可见隐喻。这些隐喻有的与说唱音乐有关，有的与人际称谓有关，有的与金钱相关。与说唱音乐相关的活动往往与科学隐喻有关。嘻哈歌手将自己自比为科学家（scientist），在说到他们的表演时用"drop science"来表达，而录音室就是实验室（lab），嘻哈歌曲的创作就是科学研究（scientific enquiry），嘻哈歌曲就是嘻哈歌手的成果——论文（thesis）。与同伴词汇相关的隐喻与家庭相关，嘻哈族群对嘻哈青年来说就是他们的大家庭，因此对男性和女性同伴就有与家（home）和家庭成员相关的称谓，男性同伴被称为 bro, brother（兄弟）、home slice（家庭一分子）、homes, homey，而女性同伴则被称为 home-girl（家庭女孩）、sista（姐妹）。而对于控制黑人青年街头生活的警察则往往以动物称谓相贬，如 pig（猪），blue bunnies（蓝衣兔子）。与金钱相关的隐喻往往与饮食有关。"民以食为天"，对于失业的底层黑人青年来说，他们的生存经济来源就和食物一样重要。因此 cream（奶油），cheddar（切达奶酪），feta（羊乳酪），cabbage（卷心菜），pie（派）就是指金钱，而与食物相关的词汇如 eat（吃）是指对金钱的追求，starving，hungry（饥饿的）是指对金钱的渴望，fat（肥胖）是指在累积财富后变得富裕。各种隐喻为嘻哈青年构筑了一个与主流社会结构隔绝的话语社区。

二、句法层面：语法偏离和情态系统

说唱乐的词汇大量采用与标准英语不同的黑人英语，而在句法上说唱乐也表现出与标准英语偏离的特点。学者们对此有不同的看法。爱德华·沃尔特认为，说唱乐中并不存在真正的语法偏离现象，为了便于白人听众接受，说唱乐的语法接近标准英语的语法。另一些学者如萨米·阿里却认为说唱乐中的语法偏离现象十分显著，黑人英语的语法特点在说唱乐中十分普遍。我们认为，说唱乐歌词在句法层面的黑人英语特点较词汇层面不那么明显，但是黑人英语句法的基本特点都能在说唱乐歌曲中找到痕迹。

首先，说唱乐在句法上的偏离体现在 be 动词的使用上。在黑人英语中，表示现在时态和现在进行时，用动词 be 原形或者不同 be 动词。而在说唱乐中，也有这样的特点。

①Bust a move while I'm talkin´

Sucker rappers I be stalkin´

（Ice T，"Rhyme pays"）

②Because my jams be crazy, packed with all fly ladies

I'm talkin´ def girlies and I don't mean maybe

（Ice T，"Rhyme pays"）

上面这两个例子都使用了 be 动词原形，第一个例句中 be 动词在标准英语中应当是 am，第二个例句中 be 动词在标准英语中应当是 are，这也是黑人英语的一个特点。

在标准英语中，使用两个否定词来表示否定的意思被认为是语法错误，然而在黑人英语中这一语法现象却广泛存在，在说唱乐中这一现象也相当普遍。

①Jails ain't nothin but the slave day sequel

（Naughty by Nature, "Chain Remains"）

②Life ain't nothin´ but bitches and money

Cause I'm the type of nigga that's built to last

（N. W. A. "Gangsta Gangsta"）

在以上两个句子中，我们可以看到三句歌词中都使用了否定词 ain't，而且都使用了两个否定词表示否定，如第一个例句的意思是 jails are nothing but the slave day sequels，第二个例句的意思是 life is nothing but bitches and money。可以看到，双重否定表示否定在说唱乐中是常见的。

在标准英语中，表示所有关系时，名词后加 's，而代词有专门的所有格形式，代词 they 的所有格形式是 their。但是在黑人英语中，名词后没有所有格 's的标志，而 they 可以用来表示所有格 their。

①Don't you know that niggas get smoked/That take they life for a joke, get in nigga

（Ice Cube, " Steady Mobbing"）

② All the girls had they Turkish link/if it broke/ they made errings to it, like they meant to do it.

（Ahmad, "Back in the Day"）

在上面两个例句中，都出现了使用 they 来表示所有格，如第一句 that take they life for a joke，they life 就是 their life；在第二句中，all the girls had they Turkish link，they Turkish link 就是 their Turkish link。

除了在语法上接近黑人英语，偏离标准英语以外，在说唱歌曲的情态系统上，嘻哈歌手也构筑起嘻哈文化的反抗之声。赫基和克莱斯指出，情态词准确地记录了说话人对言语的一系列操作，因此对言语的情态部分的分析能使我们敏锐地捕捉到说话人对言语的态度❶。我们以这 5 首政治说唱和 5 首帮派说唱为例，考察说唱歌词中情态类型和情态赋值的情况。

表 5.2　说唱乐的情态系统类型

说唱类型	小句总数	情态表达总数	情态类型占比	情态助动词总数	情态助动词占比	情态附加语总数	情态附加语占比	情态隐喻总数	情态隐喻占比
政治说唱	395	70	17%	26	37%	39	58%	5	5%
帮派说唱	523	53	10%	15	28%	35	66%	2	16%

从表 5.2 可以看出，这两类说唱歌曲中，情态表达总数占小句总数的 10% 以上，政治说唱使用情态系统高于帮派说唱，占 17%。对两类说唱来说，情态附加语占情态表达的比例最高，政治说唱为 58%，帮派说唱为 66%，而情态助动词占比居于第二位，政治说唱为 37%，而帮派说唱为 28%，情态隐语的占比居于第三位，为 5% 和 15%。情态附加语是表达作者认知和态度的重要手段。情态附加语可以分为语气附加语和评论附加语。语气附加语可进一步分为三个次范畴，包括时间、情态和强度。这些次范畴可用于表达概率、频率、意愿、时间、强调等。例如 maybe，perhaps，surely 等词语可用于表达概率；often，usually，always 可用于表达频率；gladly，willingly，easily 可用于表达意愿；already，yet，still 可用于表达时间；simply，just，merely 可用于表达强调。与语气附加语不同，评论附加语的基本功用是表明说话者对整个命题或言语功能的态度。例如 unfortunately，honestly，strictly 等。话语中情态附加语可或明或暗地用于表达意识形态。从以上 10 首说唱乐歌词来看，语气附加语使用较多。例如，在政治说唱歌曲 "Chain Remains" 就大量使用了语气附加语：

①Nowadays *still* we're captured，still hear wicked laughter while shackled

②God knows the heart hurts to see no sky，*just* dirt

③I don't care if we *definitely* lock down the heat

---

❶ Hodge，R. & G. Kress. Language and Ideology. London and New York：Routledge，1990.

（Naughty by Nature，"Chain Remains"）

在这三个句子中，第一句使用了表达时间的情态附加语 still，表明了作者对被压迫、被奴役的现状的不满情绪；而在第二句中，作者使用了表达强调的 just 对黑人的痛苦表示了同情；最后一句使用评论附加语 definitely 表明作者对彻底斗争的信心。另一首帮派说唱"Rhyme Pays"同样使用了大量情态附加语：

①*Always* adventurous voice some say is sensuous
②*Sometimes* my lyrics go crazy and I just can't control em my friend
③Oh! I *better* chill out before I ill out

（Ice-T，"Rhyme Pays"）

第一个和第二个例句分别使用了频率附加词 always 和 sometimes，表明了说唱歌手对说唱乐感染力的坚定的信心，而第三个例句则用认知附加词 better 间接表达了说唱歌手难以平复的心情。

除了情态表达的类型以外，在衡量情态意义强弱时，情态值还可以分为高、中、低值。根据 Halliday 对情态助动词的赋值的划分，can，may，could，might 为低值，will，would，shall/should，is/was to 为中值，must，ought to，need，has/had to 为高值❶。而根据李桔元❷对情态附加语赋值的划分，usually，sometimes，always，never，ever，seldom，rarely 就可以分为高值（always，never）、中值（usually，sometimes，ever）和低值（seldom，rarely）。在言语交流中情态值的高低同发话人对命题所持的态度有密切的关系。如果情态值越高，说话人对于命题所持的态度就越是趋于肯定，对于所说的事实越加强调。相反，情态值越低，话语的语气就越委婉，说话人对于命题所持的态度和对事实的强调程度就越低。

---

❶ Halliday, M. A. K. An Introduction to Functional Grammar (2nd edition). London: Edward Arnold, 1994.

❷ 李桔元：《情态及其在广告语篇中的意识形态意义》，《外语学刊》，2009 年第 2 期，第 88—91 页。

表5.3　说唱乐的情态系统赋值

	情态高值	情态中值	情态低值
政治说唱	24	29	19
帮派说唱	23	15	11

对这两类各5首的说唱歌曲，从说唱乐的情态系统赋值看，政治说唱的高中低赋值为24：29：19，帮派说唱为23：15：11，两类说唱都以情态高值和中值为主，表现出说唱歌手对于所持的观念和所讲述的事实高度肯定的态度。例如以下三个例句分别使用了情态值较高的情态助动词和情态附加语：

①My son said, Daddy, I don't wanna go to school

　Cuz the teacher's a jerk, he must think I'm a fool

（Grandmaster Flesh，"Message"）

②Your authority's never questioned

　No-one questions you

　If I hit you I'll be killed

（KRS-One，"Who Protects Us From You"）

③Niggas definitely know what time it is

　The Notorious one in full effect

（Notorious B. I. G，"Ready to Die"）

第一个例句中，作者使用了情态赋值高的助动词 must 表达了对于白人教师对黑人学生的种族歧视的高度认知，而第二个例句作者使用了情态高值的频率附加语 never，同样痛斥了美国司法系统对于白人的偏袒，第三个例句中表示强调的 definitely，则显示了对于黑人的信心。

在句子层面上看，说唱乐在句法上继承了黑人英语的特点，偏离白人标准英语，形成了具有叛逆性的话语声音，而在情态系统上则以情态值为中值和高值的情态附加语、情态助动词为特点，对种族歧视和不公的司法系统显示出坚决抵抗和批判的态度，对遭受歧视和压迫的黑人族群表现出同情态度。

三、结构层面：黑人文化口述传统

说唱乐不仅在词汇和句法层面上受到黑人英语的影响，而且在结构上也继承了黑人文化的口语传统，展现出与主流传统不同的少数族裔文化的特点，从黑人文化中找到了建构嘻哈族群身份的力量。

黑人文化的口述传统悠久而丰富，具有明显的民族特征，例如呼唤—应答、口述故事、重复和多韵脚。呼唤—应答是最具特色的口语策略，研究者对其起源众说纷纭，美国学者劳拉认为呼唤—应答是美国非裔黑人宗教集会上常常使用的一种互动策略❶。当牧师布道时，教众们就会呼应以表示支持，例如：

牧师：Son of man you are a scholar.（人类之子，你就是学者）

教众：Yes！（是的）

　　　Ahah！（啊哈）

牧师：You are an educator.（你就是教育者）

教众：Yes Sir.（是的，先生）

　　　Yes Lord.（是的，我主）

牧师：Son of man, you are a scientist.（人类之子，你就是科学家）

教众：Ahah.（啊哈）

　　　Yeah-（hummed）.（是的，应和）

　　　My Lord.（我主）

通过这样的互动手段，黑人文化中的非洲因素得以传承，黑人宗教体验也成为黑人教众共同的独特体验和集体宣泄的工具。另一位学者芬尼根则认为呼唤—应答源于非洲的民间说唱❷。每逢节日庆典或劳作之余，祭司、巫师或者民间艺人就与观众们围坐成一圈，弹拉说唱。讲述或吟唱的内容、节奏随领唱情绪而变。领唱常在演出中编新词新调，即采用"即兴"的演奏方法，

---

❶ Laura Loeb, Call and Response：An Anatomy of Religious Response. Discourse Studies. 2014, 16（4）：514-533.

❷ Finnegan, Ruth. Oral Literature in Africa. Oxford：Cla rendon, 1970, p.374.

随唱不停地予以附和。观众的这种随唱附和不仅增添了喜庆气氛，而且有效地保证了演出的顺利进行。在整个演奏过程中，诵唱、应答、合唱拖长变换音节与模式，加上喊叫和情感的自然迸发，形成了非洲黑人独特的文化特征。不管呼唤—应答的交流方式是一种表演方式还是宗教体验策略，这种双向交流方式都能创造独特的大众参与方式，从而成为黑人社区口头艺术的传统之一。在美国民权运动领袖马丁·路德·金和美国首位黑人总统奥巴马的演讲中，我们常常能看到这种策略的使用。

在说唱话语中，呼唤—应答模式得到了广泛的运用，打破了歌者与观众之间的界限，创造了一种平等参与、主客合一的气氛，成为大众参与创造嘻哈文化和嘻哈集体身份的一种重要手段。说唱歌手有时仅仅用几个字，有时会用几句话伴随着节奏创造互动的气氛。在说唱歌曲 Who Protects Us From you 中，KRS-One 就大量使用了呼唤—应答模式。例如：

① Fire! Come down fast!

You were put here to protect us, but who protects us from you?

Every time you say, "that's illegal," does it mean that's true?

[Chorus:] Un hun.

②There was a time when a blackman couldn't be down with your crew

[chorus:] Can I have a job please?

Now you want all the help you can get. Scared? Well ain't that true

[chorus:] Goddamn right.

(KRS-One, "Who Protects Us From You")

在例①中，KRS-One 问道："每一次警察说：'那是非法的。'难道这就是真的吗？"和声就回答道："Un hun（是的）。"肯定了警察话语的真实性；在例②中，KRS-One 接着指出警察由于人员不足，恐惧自己的生活，因此招募少数族裔当警察，和声就回应道："Goddamn right（完全正确）。"暗示由于对黑人的不公待遇，他们的恐惧完全是咎由自取。通过这样的呼唤—应答，不仅加深了听众对警察对待黑人不公的印象，而且唤起了他们的愤怒，构建了与主流社会疏离和对立的身份。

除了使用呼唤—应答的策略，在嘻哈歌词中，讲述故事（narrativizing）的形式也是嘻哈歌词常常采用的话语策略。讲述故事源于被贩卖到美洲的非洲黑人奴隶，由于他们被剥夺了受教育的权利，不会读书识字，故事的作用尤为重要。它不仅是娱乐消遣的方式，更是启发教育的手段。第二次世界大战以后，居住在美国南方农村的黑人移居到美国西部海岸，将自己的日常生活或者某段生活经历编成故事，故事的编排往往按照时间的顺序，并含有即兴发挥的成分，这成为西海岸劳工阶层黑人的一种娱乐方式。美国社会语言学家史密瑟曼指出："在黑人英语中，讲故事的话语策略是一种普遍采用的话语实践。"❶ 在帮派说唱中，故事的形式尤为明显，我们所分析的 5 首帮派说唱全都是以故事的形式展开，I Am Ready to Die，Gangsta Gangsta，Straight Outta Compton，Rhyme Pays，Steady Mobbing 均是以第一人称叙述个人经历。例如，在 I'm Ready to Die 这首说唱乐中，歌者讲述了自己的个人经历：

> As I sit back and look when I used to be a crook
>
> Doing whatever it took from snatching chains to pocketbooks
>
> A big bad motherfucker on the wrong road
>
> I got some drugs, tried to get the avenue sold
>
> I want it all from the Rolexes to the Lexus
>
> Getting paid is all I expected
>
> My mother didn't give me what I want, what the fuck?
>
> Now I've got a Glock making motherfuckers duck
>
> Shit is real, and hungry's how I feel
>
> I rob and steal because that money got that whip appeal
>
> Kicking niggas down the steps just for rep
>
> Any repercussion lead to niggas getting wet
>
> The infrared's at your head real steady
>
> You better grab your guns cause I'm ready, ready

---

❶ Smitherman, Geneva. "The Chain Remain the Same": Communicative Practices in the Hip Hop Nation. Journal of Black Studies, 1997, 28 (1): 12.

I'm ready to die!

(Notorious B. I. G., "I'm Ready to Die")

从歌词中我们看到一个底层黑人青年的街头生活：生于贫困的单亲家庭，没有工作和收入，偷盗和抢劫是他获得金钱的唯一手段，生活的艰辛和对物质的渴望使得他铤而走险，成为帮派成员，随时面临死亡的威胁。时间顺序的叙述和坦诚的描绘使得听众仿佛看到了这个处于困境中的绝望青年，最后"I'm ready to die！"的呼号也更加振聋发聩。

同样，在 N. W. A 的帮派说唱"Gangsta, Gangsta"中，歌者在第一段就讲述了他的人生轨迹：

Here's a little somethin' bout a nigga like me

Never should have been let out the penitentiary

Ice Cube would like to say

That I'm a crazy mothafucka from around the way

Since I was a youth, I smoked weed out

Now I'm the muthafucka that ya read about

Takin' a life or two that's what the hell I do

You don't like how I'm livin' well fuck you！

This is a gang, and I'm in it

(N. W. A "Gangsta, Gangsta")

在开始的几句歌词中，歌者就向听众讲述了他的人生：一名冷酷的帮派成员，少年时就开始吸毒，从监狱中逃亡出来，过着在刀尖上卖命的生活。现实的描绘展现出底层黑人青年的街头生活。

说唱乐话语的另一个典型特征是押韵和重复的修辞手段。说唱歌曲被称为黑人"口头诗歌"，其韵律的使用既丰富又灵活。说唱歌词的韵律包括尾韵、头韵、对韵、多韵等。例如在"Illegal Search"中，歌者就大量使用了尾韵：

On the turnpike, and everything's **right**

In the background is flashin **lights**

Get out the car in the middle of the **night**

It's freezin cold, and you're doin it for **spite**

Slam me on the hood, yo, that ain't **right**

You pull out your gun if I'm puttin up a **fight**

My car, my clothes, and my girl is **hype**

But you wanna replace my silver **stripes**

You're a real man, your uniform is **tight**

Fingerprint me, take me name and **height**

Hopin it will, but I know it won't work

Illegal search

在这一段歌词中，我们可以看到每一句的最后一个字，right, lights, night, spite, right, fight, hype, stripes, tight, height 都押韵，歌者使用了密集的尾韵，刻画出警察如何对黑人青年进行突击搜查。

Grandmaster Flash 的 "Message" 中，歌者就使用了对韵的方式。例如：

Broken glass **everywhere**

People pissin' on the stairs, you know they just don't **care**

I can't take the smell, can't take the **noise**

Got no money to move out, I guess I got no **choice**

Rats in the front room, roaches in the **back**

Junkies in the alley with a baseball **bat**

I tried to get away but I couldn't get **far**

cuz a man with a tow truck repossessed my **car**

(Grandmaster Flash, "Message")

在上面一段的歌词中，歌者使用了尾韵和对韵，每两行的最后一个单词 everywhere 与 care, noise 和 choice, back 和 bat, far 和 car 都押韵，使得歌曲流畅而富有美感，刻画出贫民区恶劣的生活条件和黑人青年的心理挣扎。在"Message"中，歌者还使用了头韵：

> The place you play and where you **stay**
>
> Looks like one big **alleyway**
>
> You'll admire all the numberbook **takers**
>
> Thugs, pimps and pushers, and the big money-**makers**
>
> Drivin' big cars spending 20's and 10's
>
> And you wanna grow up to be just like them, huh
>
> Smugglers, scramblers, burglars, gamblers
>
> **Pickpocket, peddlers, even panhandlers**

在这一段中，除了使用对韵 stay 和 alleyway，takers 和 makers，歌者还在最后一行中使用了头韵 pickpocket，peddlers，panhandlers，整首说唱既活泼又流畅，反映出在黑人贫民区成长的青年不容乐观的就业前景。

在结构层面上，另一个常常使用的话语策略就是重复。说唱歌手在其表演中大量使用重复，可以重复词语，也可以重复句子，其目的不尽相同。有时是为了强调其观点，有时是为了添加幽默，有时是为了炫耀自己的技巧。例如，在说唱乐"Message"中，歌者从歌曲开始就反复吟唱：

> It's like a jungle sometimes
>
> It makes me wonder how I keep from goin' under
>
> It's like a jungle sometimes
>
> It makes me wonder how I keep from goin' under

这两句贯穿整首歌曲，反复出现，反映了嘻哈青年对城市生活的困惑和迷茫。

四、小　　结

从嘻哈话语的词汇、句法、结构层面，我们可以看出嘻哈族群的话语深深扎根于偏离标准英语的黑人语言和与主流文化不同的黑人文化，在词汇层面上大量使用黑人英语，特别是与底层黑人青年的街头生活相关的俚语，富有叛逆性和隐蔽性。在句法上，除了具有黑人英语的句法特征之外，使用中高值的情态系统，表现出对于种族歧视的反抗和对处于社会底层的黑人青年的同情。在结构上，继承了黑人口述传统，通过多种话语策略如呼唤—应答的模式、叙述性结构和丰富的押韵手法和重复建立起歌者与听众互动的模式，从而构建起具有浓郁的"黑人性"的、反对社会不公的嘻哈亚文化话语。

第三节　嘻哈文化的话语实践

在上一节中，我们从嘻哈歌曲文本中解读了嘻哈一族如何通过各种话语策略表达处于社会底层的黑人青年的思想和情感，建构起嘻哈亚文化话语。在本节中，我们将从嘻哈文化话语的生产、传播和消费角度，探讨嘻哈一族如何通过嘻哈文化的生产、传播和消费，建立嘻哈一族独特的文化认同和族群身份。

一、嘻哈文化话语的生产

嘻哈文化话语的生产是嘻哈歌手创作和表现嘻哈歌曲的过程，相比于嬉皮士地下报刊的生产，嘻哈话语的生产具有鲜明的特点。嘻哈歌手的歌曲创作大都继承非洲音乐文化传统，并且借助现代技术的帮助，将其广泛运用。在制作嘻哈歌曲的过程中，挪用是一种常见的手法。理查德·舒斯特曼认为："艺术挪用是嘻哈音乐的历史来源，现在仍然是嘻哈音乐的技术核心，是嘻哈音乐艺术形式和内容的重要特点。"❶艺术挪用是非洲音乐文化传统之一，其范围十分广泛，包括声音、文字、形象、环境的借用。在嘻哈音乐中，则主要表现为各种形式的采样。

采样就是将已有的音乐片段，包括曲调、节奏、人声用于音乐创作中。在嘻哈音乐诞生时采样就已经出现，例如在街头舞会中，DJ 会将迪斯科音乐

---

❶ Shusterman, Richard. The Fine Art of Rap. In Pragmatist Aesthetics: Living Beauty, Rethinking Art, 201-235. Oxford: Rowman and Littlefield, Inc., 2000.

与自己的音乐混合。在电子采样机出现以前，嘻哈音乐家将碎拍音乐罗列成册，以供采样。说唱歌手中最先正式使用采样的艺人是柯提思·布鲁（Kurtis Blow），他使用采样机从 Trouble Funk 的 "Pump It Up" 中采样，创造出了他的经典曲目 "If I Ruled the World"。而最早让说唱乐名声大噪的《说唱歌手的快乐》中就有一段背景音乐采用的 Chic（奇克）组合的一首 "Good Times"（好时光），几乎所有 DJ 都会在现场使用这首曲子。在电子时代，嘻哈音乐的采样变得更为方便，电子科技在很大程度上将嘻哈音乐的采样现代化，而其中最重要的设备就是电子采样机。电子采样机是能够电子复制现有的声音并能够将这些声音以任何曲调、音高、顺序或循环重新播放的计算机，电子采样机有一个预先存储的歌曲曲库，说唱乐创作者可以使用电子采样机从歌曲曲库中节选歌曲中的部分段落，将节奏化的歌词和重新录制的声音重新合成而创造出独特的声音。1981 年，世界上出现了第一台电子采样机。到了 20 世纪 80 年代中后期，说唱乐制作中开始广泛使用电子采样机，一些说唱乐中会有十几首甚至二十几首说唱乐的采样。例如，DJ Primier 在其 1989 年的 "Deep in Concentration" 中采用了以下音乐：

Summertime by Billy Stewart（1966）

The Awakening by Ahmad Jamal Trio（1970）

Handclapping Song by The Meters（1970）

Funky Stuff by Kool & the Gang（1973）

Summer Madness by Kool & the Gang（1974）

Stoop Rap by Double Trouble（Hip Hop Group）（1982）

Change the Beat（Female Version）*by Fab 5 Freddy feat. Beeside*（1982）

Marley Marl Scratch by Marley Marl feat. MC Shan（1985）

I Ain't No Joke by Eric B. & Rakim（1987）

Paid in Full by Eric B. & Rakim（1987）

It's My Thing by EPMD（1987）

Movin' On by Gang Star（1988）

这首说唱乐中融入了许多不为人知的好作品，使得音乐更加丰富。在采样技术的支持下，本来依赖于口述传统的黑人文化得以在现代技术的帮助之下得到传承，而过去在舞会现场制作嘻哈音乐的 DJ 也转变为可以在工作室中工作的说唱乐制作人。采样技术的发展为说唱乐的繁盛奠定了基础，成为嘻哈话语普及制作的标志。

研究者们对电子采样有不同的分类。阿曼达·塞维尔将电子采样分为三类：结构采样、表面采样和歌词采样。结构采样为说唱乐歌曲奠定节奏基础，表面采样覆盖结构采样，但不一定参与。而歌词采样则提供说唱乐歌词中个别的词语，甚至整个歌词内容❶。前两者是对说唱乐节奏的采样，而后者是话语的采样。歌词采样类型十分丰富，阿曼达进行了进一步划分，将歌词采样分为歌词替代，歌词拼贴，歌词框、歌词复现。

电子采样促进了嘻哈音乐的制造，为嘻哈音乐在大众中的普及奠定了基础。一方面由于大多数黑人 DJ 来自社会底层，家庭贫困，没有接受过专业的音乐训练，作曲和编曲对他们来说都是相当困难的，使用电子采样机打破了音乐创作的知识壁垒，使得这些说唱音乐人能够在前人创作的基础上进行再创作和加工，创作变得容易。另一方面，电子采样机的出现大大降低了音乐制作的成本。嘻哈音乐 DJ 往往来自街头，没有资金来源请乐队，而现在只需要一叠唱片、一个电子采样机、一个话筒和一个录音机就能创作出活力四射的嘻哈音乐。这样，音乐创作不再是少数中产阶级和上层专业人士的专利，不再只是音乐殿堂的文化活动，而转化为普通大众的娱乐休闲方式，从而为说唱乐的大众化制作和商业化传播铺平了道路。正如评论家约翰·乐兰德所说："电子采样机不仅改变了流行音乐的声音，而且创造了神话。电子采样机做到了庞克摇滚想要做的事情：让每个人都能成为潜在的音乐家——填平了表演者与观众之间的鸿沟。"❷

采样的来源多种多样。有的采样片段是一些社会名流的声音和话语，例如，民权运动领导人马尔科姆·艾克斯的话语和声音，灵魂乐教父詹姆士·布朗的早期歌曲就常常被嘻哈音乐制作人采样，以制造他们所处的 20 世纪 50 年代的气氛。人民公敌在 1991 年的一首政治说唱"Can't Trust It"中，

---

❶ Sewell, Amanda. A Typology of Sampling in Hip Hop Indiana University, 2013.

❷ Leland, John. Singles. Spin, August 1988, p. 88.

强调黑人应该理解和记住民族的历史。在这首歌曲中，人民公敌一开始就采用了著名黑人喜剧大师理查德·普莱尔的声音叙述：It started in slave ships，接着又采用了著名黑人作家亚历克斯.哈利的一段录音，叙述黑人被从非洲贩运到美国途中发生的种种骇人听闻的故事，然后出现了黑人民权运动家马尔科姆·艾克斯（Malcolm X）主张暴力反抗的声音。这些采样与歌者想要表达的对黑人奴役历史的愤怒融合在一起，将在社会各层面和各个阶段对种族歧视的反抗联系起来，表现出对反抗种族歧视的集体记忆。这些声音和话语唤起嘻哈黑人青年听众共同的记忆和经历——黑人对种族歧视的反抗历史，将嘻哈一族的个体经历和黑人群体历史相联系，从而在他们的心中引起共鸣。

　　除了社会名人的话语，有的采样甚至来源于嘻哈文化自身的声音和话语。嘻哈文化发展了 40 年，其中涌现了许多重要的文化人物和歌曲，因此对这些人物的声音和话语的采样本身就是对嘻哈文化的致敬，也是建立嘻哈族群身份的重要手段。如野兽男孩（Beasty Boys）在 Hey Ladies 中就使用了嘻哈文化早期的创立人 Fab Five Freddy 在 Change the Beat 中的一个词 Fresh（新鲜）：

> The gift of gab is the gift that I have
>
> And that girl ain't nothing but a crab.
>
> Educated, no, stupid, yes,
>
> nd when I say stupid, I mean stupid *fresh*.

（Beasty Boys，"Hey Ladies"，The Sounds of Science，1989）

　　Fab Five Freddy 在嘻哈文化中占有重要地位，他既是 20 世纪 70 年代纽约涂鸦团体 Fabulous Five 的一员，目睹了嘻哈文化的诞生，也参与制作了第一部嘻哈电影《狂野风格》，同时他还是 MTV 首个蜚声国际的嘻哈音乐节目 Yo！MTV RAP 的节目主持人。Fab Five Freddy 见证了嘻哈文化从诞生到走向辉煌的历程，因此引用他的声音和话语代表了对嘻哈文化的致敬和嘻哈身份的自豪感。除了嘻哈文化的先驱，嘻哈制作人也常常采用说唱史上的经典曲目。在瓦克斯·泰勒和马提科的说唱乐 "Where My Hear's At" 中，他们回忆起自己喜爱的嘻哈专辑和艺术家。在瓦克斯的歌词中就采用了 N. W. A 的著名说唱歌曲 "Fuck the Police"，作为熟悉说唱乐的嘻哈一族，对于 N. W. A 这句

"Fuck the Police"，应该是耳熟能详的，因此这句话的采样成为认证嘻哈圈身份的手段。此外阿曼达研究发现，人民公敌的说唱乐 "Bring the Noise" 是最常被采样的说唱乐。从 1987—2011 年有 84 张专辑对这首说唱乐进行了采样，共计采样 103 次，其中歌词采样为 101 次❶。这种对嘻哈音乐自身的话语的采样形成了嘻哈一族过去与现代的对话，在不断引述与修正间建立和肯定了嘻哈文化族群的身份。

在采样技术的支持下，说唱音乐不断发展，成为嘻哈文化中最为耀眼的元素，更加多元化。采样技术在 20 世纪 80 年代后期得到广泛采用，在 90 年代达到了其巅峰时代。然而，采样技术遭到以欧洲传统音乐为标准的主流社会音乐人的非议和指责，认为其损害了音乐的原创性。这一方面是源于非洲音乐文化与欧洲音乐文化之间的不同认知。非洲音乐文化并不强调个人的原创性，而更多地重视集体的传承与创新，因此以采样为代表的挪用是非洲文化传统中的重要组成部分。正如美国文学评论家亨利·路易斯·盖茨所言："黑人文学的传统是基于语言的共用模式……黑人文学的黑人性正是通过使用被分享、重复、批评和修改过的文学语言建立起来的。"❷ 在这里，修改并非简单的改正，而是一种创新。盖茨的话也同样适用于嘻哈文化。通过对前人歌曲的采样，对歌词、节奏的重复使用或是修改，嘻哈音乐制作人也不断地继承和创造其采样文化的传统，建立起嘻哈文化的身份。

此外，采样技术也与美国法律所定义的版权、技术创新和作者的所有权背离，因此为嘻哈音乐的制作人们带来了法律方面的困扰。美国版权法规定，如果使用了他人的音乐片段而没有获得别人的许可，就算触犯了版权法。因此，到了 20 世纪 90 年代早期，许多说唱歌手和组合都受到了起诉。虽然大多数的诉讼都在庭外和解，但是也有部分说唱歌手为此付出了巨大的代价。例如 1991 年，说唱歌手比任·马克（Biz Markie）的一首说唱乐 "Alone Again"（再次孤独），采样了吉尔博托·奥沙立文（Gilbert O' Sullivan）在 1972 年的热门同名单曲，被后者起诉。最后法院判决比任·马克的整张专辑禁止销售。这一诉讼案件的判决结果从此终结了说唱歌手免费采用前人音乐

---

❶ Sewell, Amanda. A Typology of Sampling in Hip Hop. PHD thesis. Indiana University, 2013.

❷ Gates, Henry Louis, Jr. The Signifying Monkey: A Theory of African-American Literary Criticism. New York: Oxford University Press, 1988, p. 121.

的历史，使得采样成本变得昂贵，因而到 20 世纪 90 年代中后期，采样开始在嘻哈工业中大幅减少。采样所引发的法律纠纷反映了嘻哈亚文化与美国主流文化权力结构之间的文化冲突，最终以采样技术受挫告终。然而，不可否认的是，采样技术奠定了嘻哈文化生产和与自身对话的基础，许多精彩但是不为人知的黑人老歌重新进入了人们的视线内，通过重新编写让它们焕发了生机，也富有了新意。从这个意义上说，采样技术是对主流社会所定义的文化生产的抵抗。

总之，嘻哈话语实践以采样为基础，为嘻哈一族创造了集体抵抗的记忆和与主流文化不同的集体身份。正如美国嘻哈文化研究学者特里希·罗丝所说，说唱歌词是说唱者个人身份的重要部分，而以采样为代表的嘻哈话语实践则"表明了集体身份和族群历史的重要性"❶。

嘻哈文化话语生产的另一个重要方面就是以说唱（rapping）表演的方式呈现。说唱是嘻哈音乐的表现形式，与传统西方的音乐表现形式大不相同。欧洲传统的音乐形式有比较严格的段落组织，有一定的目标，每个部分的高潮和结尾比较明确。说唱乐没有或很少有歌唱部分，主要以念白和节奏为主，比较随意。美国人类学和语言学家 Roger D Abramham 曾对说唱进行描述：

"说唱是在节奏伴奏之下说者（man of words）表演念白的一种娱乐形式，在这样的表演中技艺、现场反应和表演方式都很重要。动作在其中起到重要的作用，因为动作强调了词语的含义（舞蹈表现他的话语）。说唱的一种变化形式是两名或者多名说唱者之间的斗唱表演，他们力图在原创性、受大众的欢迎程度上胜过对方，最后就会出现胜方和败方。集体表演被称为群说（capping），而个人表演被称为说唱（rapping）。形容词'酷'有几个重要的意思。'酷'一方面描述了表演念白时的力量，另一方面表达了对胜利和占据上风的信心。"❷

说唱这样的表现形式源于非洲黑人的口头艺术。史密瑟曼对于黑人文化

❶　Rose, Tricia. Black Noise Rap Music And Black Culture in Contemporaryi America. Westleyan University Press, 1994, p. 95.

❷　Abrahams, Roger D. 1970 "Rapping And Capping? Black T alk As Art." In Black America. John Szewed, ed. New York: Basic Books, p. 132-142.

中的口语传统推崇备至，他曾道："口语传统保留了美国黑人的遗产，也反映了黑人种族的精神。"❶史密瑟曼将美国黑人的口语传统归根于非洲人对话语的信仰。在非洲，语言被称为 nommo，语言被认为是生命本身的力量，是人类主宰世上其他事物的法宝。说话就是创造事物❷。文化、历史、宗教、信仰不是通过书本记录，而是靠精通口头语言的祭司、巫师和民间艺人世世代代留存在人们的脑子里。当非洲黑人被贩卖到美洲成为奴隶时，由于法律的限制，他们被白人剥夺了受教育的权利，能使用书面语言的黑人很少。口语不仅成为黑人族群交流的手段，而且成为传承黑人族群历史、记忆、身份的重要工具。因此口语是美国黑人文化传承的纽带。在黑人族群中，黑人普遍看重口头语言的能力，莫里森 1981 年 3 月在《新共和》上撰文说："黑人酷爱对语词的言说，酷爱将语词放在舌尖上试验、品评和玩味。这是让人魂牵梦萦的挚爱。"❸ 具有出色口语能力的黑人就会被认为是"文化英雄"，赢得社会的认同和尊重。黑人对言语的热爱使得口语传统不仅是一种艺术手段，而且成为教化和社会化的力量。无论是在庄严的黑人教堂和还是世俗的黑人音乐中，我们都可以看到各种口语传统的策略，如讲故事、呼唤—应答、意指、声调语义在这些场合的运用。

　　说唱在音乐形式上有别于西方主流音乐，在主题上更是从一开始就聚焦黑人青年的城市生活状态，从 20 世纪 70 年代说唱乐开始兴起到 90 年代迅速流行，说唱主题中出现了大量对黑人生活聚居区的刻画、对种族主义的抗议和对嘻哈文化力量的赞美。

　　嘻哈青年在说唱乐中刻画了黑人聚居区的恶劣生存环境和面临的社会问题——贫困、犯罪等。无论是东岸的政治说唱歌手，还是西岸的帮派说唱歌手，他们从不同的角度，将黑人青年所面临的这些社会问题融入了说唱歌词中。贫困的生活、破败的街区，是黑人聚居区的青年每天都会接触到、感受

---

❶　Smitherman，G. Talking and Testifying：The Language of Black America. Detroit：Wayne State University Press，1985，p. 73.

❷　Smitherman，G. Word for the Hood：The lexicon of African-American vernacular English. ［C］In S. S. Mufwene，J. R. Rickford，G. Bailey，and J. Baugh（Eds.）. African-American English：Structure，history，and use（p. 203-225）. New York：Routiedge，1998，p. 208.

❸　Smitherman，G. Talking and Testifying：The Language of Black America. Detroit：Wayne State University Press，1985，p. 76.

到的，也直接冲击他们的内心。Grandmaster Flash 的 "Message" 对此进行了刻画：

It's like a jungle sometimes

It makes me wonder how I keep from goin' under

It's like a jungle sometimes

It makes me wonder how I keep from goin' under

Broken glass everywhere

People pissin' on the stairs, you know they just don't care

I can't take the smell, can't take the noise

Got no money to move out, I guess I got no choice

Rats in the front room, roaches in the back

Junkies in the alley with a baseball bat

I tried to get away but I couldn't get far

'cuz a man with a tow truck repossessed my car

Don't push me' cuz I'm close to the edge

I'm trying not to lose my head

Uh huh ha ha ha

It's like a jungle sometimes

It makes me wonder how I keep from goin' under

在黑人聚居区，贫困使得这里的生活环境十分恶劣：垃圾遍地，老鼠蟑螂横行，恶臭熏天，人们随地小便也毫不介意。虽然对此无法忍受，但是由于贫困黑人无法搬离这里，歌者不禁哀叹：It makes me wonder how I keep from goin' under（这一切让我疑惑怎么才不会堕落）。另一位帮派歌手 Shaku Tupak 在他的说唱歌曲 "Change" 中同样描述了贫困带来的问题：

I see no changes wake up in the morning and I ask myself

Is life worth living should I blast myself?

I'm tired of bein' poor and even worse I'm black

My stomach hurts so I'm looking for a purse to snatch

Cops give a damn about a negro

Pull the trigger, kill a nigga, he's a hero

"Give the crack to the kids: who the hell cares?

One less hungry mouth on the welfare!"

在这首说唱中，黑人青年对于日复一日的贫困生活感到厌倦，对自我的价值都产生了怀疑，贫困导致他走上了犯罪的道路，贫困不仅对黑人青年的环境，也对他们的价值观、前途产生了巨大影响。

黑人教育问题也是说唱音乐中关注的问题，黑人聚居区的教育质量差不仅已是公认的事实，而且黑人历史的教育更是被美国主流教育所忽视。KRS-One, Ishues, Nas, dead prez 对此进行了最为猛烈的抨击。绰号"教师"的 KRS-One 在说唱乐 "You must learn" 中抨击了美国教育中淡化了黑人文化历史：

It seems to me that in a school that's ebony

African history should be pumped up steadily, but it's not

And this has got to stop,

…

No one told you about Benjamin Banneker

A brilliant Black man that invented the almanac

Can't you see where KRS is coming at

With Eli Whitney, Haile Selassie

Granville Woods made the walkie-talkie

Lewis Latimer improved on Edison

Charles Drew did a lot for medicine

Garrett Morgan made the traffic lights

Harriet Tubman freed the slaves at night

Madame CJ Walker made a straightenin comb

But you won't know this is you weren't shown

The point I'm gettin' at it it might be harsh

'Cause we're just walkin' around brainwashed

(KRS One, "You Must Learn", 1989)

在歌曲中，KRS-One 批评了美国教育对黑人历史的无视，让黑人青年对本民族的历史一无所知，从而难以建立起民族自豪感。他列举了众多在历史上对人类做出过贡献的黑人，字里行间透露出对黑人历史的自豪感。

另一位说唱歌手 Ishues 同样批判了美国教育中对历史真相的遮掩。在其歌曲 "Game Time" 中，他唱道：

The only lesson teachers taught me in school

Was propaganda and pictures of Jesus on the cross...

So, I despise what you teach me,

I despise you completely.

(Ishues, "Game Time", *Reality Flow*, 2003)

Ishues 认为美国教育为黑人儿童提供的是欧洲版的历史，掩盖了历史的真相，这种教育不仅存在于学校教育中，而且存在于大众媒体中。作为"街头说唱歌手"，他的目标就是向大众传递真相，即使真相是残酷的。

除了贫困和扭曲的教育，暴力犯罪也是说唱音乐中关注的焦点。丹尼斯·赫德统计了 1979—1997 年发行的说唱歌曲，发现与暴力犯罪相关的歌曲从 27% 增加到了 60%，其中帮派说唱和政治说唱中的比例更高❶。在我们选择的 10 首帮派说唱和政治说唱中，暴力也是一个重要的主题。在帮派说唱中，歌者往往以第一人称的口吻讲述黑人青年犯罪的经历，以 N. W. A 的 "Straight Outta Compton" 为例，歌者讲述了一名黑人青年的犯罪经历：

When I'm called off, I got a sawed off

Squeeze the trigger, and bodies are hauled off

You too, boy, if ya fuck with me

---

❶ Denise Herd, Changing Images of Violence in Rap Music Lyrics: 1979-1997. Journal of Public Health Policy, 2009, 30 (4): p. 395-406.

The police are gonna hafta come and get me

Off yo'ass, that's how I'm goin' out

For the punk motherfuckers that's showin' out

Niggaz start to mumble, they wanna rumble

Mix 'em and cook'em in a pot like gumbo

Goin' off on a motherfucker like that

With a gat that's pointed at yo'ass

So give it up smooth

Ain't no tellin' when I'm down for a jack move

Here's a murder rap to keep yo' dancin

with a crime record like Charles Manson

AK-47 is the tool

Don't make me act the motherfuckin' fool

Me you can go toe to toe, no maybe

I'm knockin niggaz out tha box, daily

Yo weekly, monthly and yearly

Until them dumb motherfuckers see clearly

That I'm down with the capital C-P-T

Boy you can't fuck with me

So when I'm in your neighborhood, you better duck

Cuz Ice Cube is crazy as fuck

As I leave, believe I'm stompin

But when I come back, boy, I'm comin' straight outta Compton：

（N. W. A，"Straight Outta Compton"）

在歌词中歌者提到了杀人、枪支 AK-47、性侵犯、恫吓等，将黑人青年犯罪的残酷现实赤裸裸地呈现出来。而在另一首 Notorious B. I. G 的 "Ready to Die" 的说唱中，歌者也以一个帮派成员的口吻，诉说了黑人青年走上犯罪道路的绝望心情：

My mother didn't give me what I want, what the fuck?

Now I've got a Glock making motherfuckers duck

Shit is real, and hungry's how I feel

I rob and steal because that money got that whip appeal

Kicking niggas down the steps just for rep

Any repercussion lead to niggas getting wet

The infrared's at your head real steady

You better grab your guns cause I'm ready, ready

I'm ready to die!

（Notorious B. I. G，"Ready to Die"）

黑人聚居区的青年不仅面临着贫穷、犯罪的威胁，种族歧视更是他们日常生活中无法回避的现实。在说唱乐中，最能体现黑人青年对种族歧视抗议的就是政治说唱。在政治说唱中，说唱歌手们控诉警察对黑人的不公正待遇，抗议主流社会对黑人的歧视。KRS-One 在 "Who Protects Us From you" 中对司法系统的种族歧视提出了质疑：

You were put here to protect us

But who protects us from you?

Every time you say "That's illegal"

Doesn't mean that that's true（Uh-huh）

Your authority's never questioned

No-one questions you

If I hit you I'll be killed

But you hit me? I can sue（Order! Order!）

Lookin' through my history book

I've watched you as you grew

Killin' blacks and callin' it the law

（Bo! Bo! Bo!）And worshipping Jesus too

There was a time when a black man

Couldn't be down wit' your crew (Can I have a job please?)

Now you want all the help you can get

Scared? Well ain't that true (You goddamn right)

You were put here to protect us

But who protects us from you?

(KRS-One, "Who Protects Us From you")

在这首说唱乐中，歌者站在黑人社区居民的立场表达了对白人警察的怀疑、恐惧和讽刺，"Everytime you say 'That's illegal', does it mean that it's true"（每次你说这是非法的，那就是事实吗），质疑了白人警察所代表的权威，"Killing blacks, and calling it the law"（杀害黑人，并称之为法律）控诉了白人警察对黑人的暴力，"Now he's judged by if he's Spanish, Black, Italian or Jew"控诉了警察对黑人的种族歧视。而在 L. L. Cool J's 的 "Illegal Search"中，歌者讲述了被白人警察盘问、搜查和逮捕的经历：

What the hell are you lookin for?

Can't a young man make money anymore?

Wear my jewels and like freak it on the floor

Or is it my job to make sure I'm poor?

Can't my car look better than yours?

Keep a cigar in between my jaws

I drink champagne, to hell with Coors

Never sold coke in my life, I do tours

Get that flashlight out of my face

I'm not a dog, so damn it, put away the mace

I got cash and real attorneys on the case

You're just a joker perpetratin a ace

You got time, you wanna give me a taste

I don't smoke cigarettes, so why you're lookin for base?

You might plant a gun, and hope I run a race

Eatin in the messhall, sayin my grace

You tried to frame me, but it won't work

(L. L. Cool J's, "Illegal Search")

对于警察半夜的搜查，黑人通常只能逆来顺受，而在这首说唱中歌者大声说出了对黑人种种无理行径的愤怒和无奈：Can't a young man make money anymore, or is it my job to make sure I'm poor, Can't my car look better than yours（难道年轻人就不能挣钱吗，我的工作难道就是保证自己是个穷人吗，难道我的车不能比你的好吗），这些充满愤怒的质问在主流社会中是难以听到的。

在说唱乐，号召黑人团结起来反抗种族歧视，获得自由和解放是另一个主题。Public Enemy 在"Fight Power"中就发出了这样的召唤：

Now that you've realized the prides arrived

We got to pump the stuff to make us tough

From the heart

It's a start, a work of art

To revolutionize make a change nothin's strange

People, people we are the same

No we're not the same

Cause we don't know the game

What we need is awareness, we can't get careless

You say what is this?

My beloved lets get down to business

Mental self defensive fitness

(yo) bum rush the show

You gotta go for what you know

Make everybody see, in order to fight the powers that be

(Public Enemy, "Fight Power")

人民公敌在这首说唱乐中，试图唤醒受歧视受压迫的黑人民众"to revolutionalize make a change nothin's strange"（革命改变一切，这没什么奇怪），

"What we need is awareness, we can't get careless"（我们应当有这份觉悟，我们不能随随便便）。这样带有革命色彩的说唱表达了嘻哈青年比较激进的政治觉悟。Dead Prez 是人民公敌之后更为激进的倡导黑人解放的政治说唱团体。在其说唱乐 "We Want Freedom" 中，他们言辞激烈地表达了对黑人解放的追求：

> I don't wanna be no movie star, I don't wanna drive no fancy car
> I just wanna be free, to live my life, to live my own life
>
> If you don't think it could happen think again my son
> Be prepared for the worst that's yet to come
> We want freedom, prophecies and ancient wisdom
> Cataclysm, niggas be like fuck the system
>
> （Dead Prez, "We Want Freedom"）

在面对种族歧视时，嘻哈青年用说唱表达了愤怒与反抗。另外，他们也大力肯定和赞美嘻哈文化的力量。在许多说唱乐中，说唱歌手使用自夸（boasting）这一传统的黑人口语传统，赞美个人的嘻哈风格和技巧。如在 1979 年的说唱歌曲《说唱歌手的快乐》中，糖山帮（Sugarhill Gang）对自己的嘻哈技巧与超人相比：

> He may be able to fly all through the night
> But can he rock a party 'til th early light?
> He can't satisfy you with his little worm
> But I can bust you out with my super sperm!
>
> （Sugarhill Gang, "Rapper's Delight"）

在这几行歌词中，糖山帮戏称连超人也比不过自己让舞会嗨翻的能力。不仅是男性说唱乐手，女性说唱乐手也有相似的骄傲和自豪。西尔维娅·罗宾斯在《成为皇后感觉真好》中唱道：

> It started back, in seventy-nine

My whole darn future, was on the line

I created, a brand, new sensation

Through my mind and the whole darn nation

With the Big Bank Hank, the Wonder Mike

And this kid called aster G (That's me)

Well would you believe their "rapper's delight"

Went down in history, hahaha!

(Sylvia, Robinson, "It's Good to be Queen")

西尔维娅不仅对自己的创作充满自豪，而且还戏称《说唱歌手的快乐》也终于成为历史。而在另一些说唱歌曲里，歌者更展示出民族的自豪感和优越感。如说唱歌手布兰德·努比安在以自己名字命名的说唱歌曲中唱道：

We come to make people aware that black means first

400 years we've been

made to feel cursed

But now, it's our time to rule

… To be exact, dominant means black

But some have a hard time trying to swallow that

(Brand Nubian, "Brand Nubian")

在说唱乐中，说唱歌手们唱出了作为嘻哈青年的自豪，作为黑人青年文化一分子的骄傲，反映出黑人嘻哈青年对自我、对社会、对黑人文化的反思、批判和信心。

在嘻哈文化话语的生产中，采样和说唱是嘻哈音乐生产的重要特点，在这个过程中，嘻哈话语显示出与黑人传统文化的紧密联系，同时，说唱歌曲聚集黑人青年生活中的种种问题，反映了黑人日常生活的族群问题和政治抗争。

二、嘻哈话语的传播和消费

在嘻哈话语的实践中，连接嘻哈话语生产与消费的是嘻哈话语的传播渠道。嘻哈话语以嘻哈文化为中心，话语传播的渠道主要是现场表演、磁带和 MV。在嘻哈音乐不断发展的过程中，嘻哈音乐的消费也从群体面对面的交流体验演变为个人的音乐消费体验。

在 20 世纪 70 年代嘻哈文化早期，嘻哈文化的传播以现场表演的形式出现在纽约哈勒姆黑人生活区的街头巷尾、公园和专门的俱乐部。在嘻哈青年聚集的地方，说唱歌手、DJ、街舞表演者创造了一个完全依靠面对面交流和接触的社群空间。这时的嘻哈歌手只是起到制造现场气氛的作用，舞台上的焦点是控制音乐的 DJ 和街舞的舞者。嘻哈成员之间更多的是通过街舞来实现社区成员的交流和互动。因此嘻哈歌手更注重的是灵活的口头技巧和调动现场气氛的能力。他们的表演很多时候都有即兴的成分，这种即兴的表演蕴含着未知和不确定的因素，因此正如美国学者所说："通过创作能够包容多种解释和角度的文本，表演者就能在表演者和观众之间建立多个交叉点。"●

由于强调与现场嘻哈青年的互动性，因此在说唱乐的现场我们就能听到很多不固定的反复喊叫的话语，例如 shock the house（震动房子）、throw your hands in air（把手举起来），这些话语通常形式自由，针对目标是现场观众，句子短小没有实际的含义，主要是为了制造现场的欢乐气氛，并没有后来的说唱乐中那样明确的说唱主题。

因此，在嘻哈文化早期，嘻哈文化的体验更多的是一场黑人嘻哈青年社交活动，在响彻现场的音乐中，在嘻哈音乐不断变化的节奏中，在说唱歌手灵活的口头文字游戏中，嘻哈一族通过在现场感受说唱歌手所带来的群体气氛，完成了早期嘻哈文化族群的身份和互动建构。

20 世纪 70 年代末，音乐传播技术的发展和商业的介入，改变了嘻哈文化的传播方式。由于音乐技术的发展，说唱歌手开始使用各种音乐软件在录音室录制说唱乐，说唱乐不再是只能在现场制造的嘻哈话语。此外，随身听和便携式录放机的发明也使嘻哈青年可以随时欣赏说唱乐，因此磁带开始成为说唱乐的主要载体。其实，早在 1964 年菲利普就发明了磁带，但是因为磁带噪声大，一直不能占据音乐市场的主流。但是与其他音乐载体比较而言，磁

● Dimitriadis, Greg. Hip Hop: From Live Performance to Mediated Narrative. Popular Music, 1996, 15 (2): 179-194.

带有其独特的优势。首先磁带体积小，价格便宜，储存量大，其次磁带具有回放、前进和录制的功能，这些优点是唱片或者 CD 所无法比拟的。20 世纪 70 年代，由于杜比降噪技术的发明，而且日本公司开始生产高质量的空白带，如 TDK，磁带的质量已经可以与唱片媲美了。在新技术的带动下，嘻哈音乐迅速传播开来。《公告排行榜》杂志曾描述了当时嘻哈音乐的热潮："满大街都是戴着随身听的人……" 1985 年，磁带在美国的销量超过唱片，并在销量榜上占据榜首长达 10 年。

磁带不仅承载了嘻哈音乐，磁带的设计和录制本身也是嘻哈青年抵抗主流文化的方式。Anthony K. Harrison[1]对洛杉矶地区的嘻哈族群制作的磁带进行了研究，他发现地下说唱乐磁带与商业流行磁带有很大的区别：地下说唱乐磁带常常用 DIY 的方式制作，磁带的封套印刷质量都比较粗糙，有的是复印的，排版简单，有的用涂鸦艺术字书写，有的是匆忙赶制的手写体。为了传达具有自我风格的图画含义，他们会使用图表设计软件、手工制作艺术、拼贴和复印技巧。地下嘻哈音乐人还会设计专辑封面、磁带标签、贴画、宣传单和网站。围绕磁带的制作、发行，嘻哈族群建立起了具有嘻哈文化烙印的文化传播载体。在销售时，嘻哈迷能够很容易地分辨出商业说唱乐磁带和地下说唱乐磁带的不同，从而将嘻哈文化与商业收编的流行嘻哈区别开来。

由于磁带的流行，嘻哈族群对于嘻哈文化的关注从现场的音乐聚会和舞蹈转移到了说唱乐本身，嘻哈迷更加关注说唱的内容和主题，由此也催生了一大批具有创作才华的说唱人，例如 Eric B. & Rakim，Big Daddy Kane，Boogie Down Produc-tions（KRS-One），Kool G Rap & D. J. Polo，这些创作人带来了 20 世纪八九十年代说唱乐的黄金年代。

说唱乐的另一个传播载体就是 MV。MV 是音乐视频（music video）的简称，早在 20 世纪 70 年代，唱片公司为了推销自己的唱片和歌手，开始将 MV 作为一种推广手段。80 年代，有线电视开始出现。1981 年，华纳唱片和美国运通公司联合创办了 MTV（音乐电视台），MTV 针对 13~25 岁的年轻人，24 小时不间断播出流行音乐视频。MTV 一开始虽然亏损，但很快就扭转了局面，

---

[1] Harrison, Anthony K. Cheaper Than a CD. Plus We Really Mean It' Bay Area Underground Hip Hop Tapes as Subcultural Artefacts. Popular Music, 2006, 25（2）：283-301.

后来 MTV 收视率大幅度提高，成为音乐传播最有效的工具。当然 MTV 一开始并未太重视嘻哈音乐，还拒绝播放黑人歌手的 MV。直到 1989 年 MTV 节目 "Yo! MTV raps" 开始试播，黑人歌手的 MV 才经常出现在 MTV。除了 MTV，黑人娱乐电视台（BET）也是大力宣传黑人说唱乐的有线台。在这些有线电视台的推广下，MV 成为说唱乐传播的重要载体。

MV 对于说唱乐的创作和推广来说极其重要。一方面，说唱乐在电台没有生存的空间。由于说唱乐大多与黑人贫民窟的生活相关，而很多黑人电台面向的是白人中上层，为了保证广告的收入，电台一般都不播放说唱乐。另一方面，城市公共空间的减少使嘻哈聚会减少了。有线电视的音乐播放成为黑人嘻哈歌手增加观众辨识度熟悉度的重要手段。

MV 与磁带相比，其优越性主要在于视觉效果。说唱 MV 中的视频往往都是对说唱歌曲主题的一种视觉解读和补充。MV 从歌曲的背景创作入手，使用大量视频渲染、烘托、解读歌曲中的主题，或者补充歌词无法诠释的信息和内容，使听众的想象具象化。以 Public Enemy 那首著名的 "Fight the Power" 的音乐视频为例，在音乐视频中，来自美国各地的黑人青年高举各种标语横幅，走上纽约街头游行示威。队伍的横幅上出现了纽约地区和美国各地的黑人聚居区的名字，Public Enemy 组合不时在游行的队伍中出现，他们时而走在队伍前面，时而站立在队伍的中间，时而被欢呼的人群抛到空中，引领和鼓舞着游行的队伍。游行的队伍越来越壮大，道路两旁的楼房上人们不断对游行的队伍挥手致意，人们群情激奋，与 Public Enemy 一同载歌载舞，现场仿佛是斗争胜利后欢庆场面，这首 MV 用游行示威的壮大场面来表现黑人团结一致与白人统治斗争的决心，鼓舞人心，成功地将 "Fight the Power" 中想要表达的思想和立场宣泄出来，让电视机前的观众体验到了黑人团结的力量。

嘻哈音乐 MV 往往带有浓郁的黑人生活风格。由于说唱乐大量揭露黑人贫民窟的生活困境，因此在地点上，说唱 MV 的背景多选择在黑人贫民窟中，在巴士上、地铁中和废弃的楼房里，由此营造出生活在社会底层的嘻哈青年的生活环境。在实际拍摄时，说唱歌手也会要求拍摄自己在贫民窟中实际生活过的地方，例如自己常去的街角、公园、十字路口、运动场、学校操场、停车场等地方，从而表现出黑人社区的特色。这种典型性的场景——贫穷与暴力的环境也成为嘻哈成员共同的身份象征。以 Grandmaster Flash 的 "MV

Message" 为例，画面中闪现的是纽约黑人生活区的环境，楼房破败，瓦砾堆积，垃圾遍地，在马路边上，不时出现流浪汉、吸毒者和乞丐的画面，Grandmaster Flash 就在这些地方表演着说唱，这些画面共同营造出一种嘻哈音乐与贫民窟的紧密联系，最后在 Grandmaster Flash 表演完后，一辆警车呼啸而至，两名白人警察钻了出来，将几名说唱者不由分说地推进了警车。最后的结尾正是象征着一个黑人青年日常生活中遭受的种族歧视。当看完了这首 MV，观众们就会对嘻哈青年的日常生活有了一个直观的印象，对他们的生活遭遇感到同情和愤怒。

因此，MV 使嘻哈青年的音乐体验更为丰富，MV 可以补充他们的想象，也可以为他们提供对说唱乐的不同解读角度，不断强化他们的群体认同。MV 进一步发展了说唱乐的传播方式，使个人化的音乐体验而不是群体化的互动逐渐成为他们获取族群知识和身份的渠道。

三、小　结

本节分析了嘻哈文化的话语实践，从中我们看到了现代音乐技术的发展对嘻哈话语实践的深刻影响。在嘻哈话语的生产中，现代电子采样技术在嘻哈音乐制作中广泛运用，使以黑人文化和黑人视角为中心的嘻哈亚文化的话语生产一度呈现繁荣景象。而与非洲黑人口语传统一脉相承的说唱念白则成为嘻哈歌手的主要表演形式，完全颠覆了主流音乐的表现形式；在嘻哈话语的传播中，现场表演、磁带和 MV 相继在说唱发展的不同阶段发挥了重要的作用，但是这三种方式并非相互排斥，它们同时发挥着各自的作用，并使得嘻哈文化的消费逐渐从最初的面对面的群体互动转变为既有群体直接互动又有个人化的音乐想象体验的话语消费模式。

第四节　嘻哈文化的社会实践

嘻哈文化的诞生与发展并非偶然。在 20 世纪 70 年代的美国，城市底层黑人青年面临着经济、教育、政治的危机，嘻哈文化正是城市底层黑人青年的自我救赎运动，是面对社会困境的一次文化抗争。

美国底层黑人青年的经济困境与美国社会 20 世纪 70 年代的社会经济结构变迁调整息息相关。首先，美国经济在经过几十年的繁荣之后进入深度的结构调整，美国经济陷入滞涨。一方面劳动力密集型的传统第一、第二产业由于国际竞争力下降而加速衰败，另一方面其他产业和高新技术产业不断扩张和增长。新兴的产业领域虽然对劳动力的需求增加，但是大面积的传统产业的衰退却导致了 70 年代美国的高通胀和高失业率。70 年代，美国失业率和失业人数均高于五六十年代。50 年代，美国的平均失业率为 5.5%，60 年代年为 4.8%，而 70 年代则飙升到 6.6%，80 年代初更是上升到 8.3%[1]。失业问题成为美国 70 年代最严重的经济问题，而黑人又是就业市场的重灾区。由于黑人的就业范围主要集中在对技术要求不高的第一、第二产业，黑人的失业率一直是白人的两倍。1954 年，黑人失业率为 9.9%，70 年代不断攀升，到 1983 年，黑人的失业率则达到了 19.5% 的历史记录，同年白人的失业率为 8.4%。

另外，美国城市产业的郊区化也使大量的城市黑人失去了工作。美国城市的郊区化发展开始于 20 世纪 20 年代，由于城市中心地价昂贵，交通拥挤，白人中产阶级开始迁移到郊区。1950 年，中心城市人口占美国的 35.5%，郊区人口只占 27%，郊区尚远远低于中心城市的比例。到 1970 年，中心城市人口比例下降到 31.6%，而郊区人口的比例则上升到 37%，郊区人口比例不仅高于中心城市，而且也远远高于非都市区的人口比例 31.4%[2]。随着郊区人口的增多，制造业、零售业、办工业纷纷郊区化，从而带走了大量的就业机会。例如，1965—1971 年间，仅芝加哥就有 1000 多家公司从市中心地带搬迁到郊外，其中包括 5 万个就业机会[3]。到 80 年代，除了白人中产阶级，高级蓝领工人、黑人中产阶级也加速迁出中心城区，中心城区成为高失业率的地区。然而，由于历史原因，居住在中心城区的黑人人口却有增无减。到 1970 年，

---

[1] 孙刚：《七十年代以来美国就业结构的变化与结构性失业》，《世界经济》，1985 年第 10 期，第 45—53 页。

[2] U. S Departemnt of Commerce, Bureau of the Census, Statistical Abstracts of the United States：1976 97th Edition, Washington D C, 1976, p. 16.

[3] Sidney, M Willhelm, Powell, Edwin H. Who Needs the Negroes? Transaction, 1964, 1 (6)：3-6.

美国黑人人口中 81.3% 为城市居民❶，美国黑人居住区出现了低郊区化、高城市化、高隔离化的特征。大量黑人的失业人口集中在中心城区，1970—1982年，中心城区男性黑人的失业率从 16.2% 飙升到 36.2%。黑人青年的失业率也是白人青年失业率的 2 倍。1983 年，只有不到 45% 的可就业黑人青少年找到了工作，而他们的白人同伴则有 73% 就业❷。

失业问题长期困扰黑人社区，黑人社区的贫困率也居高不下。美国人口统计局将低于全国家庭平均收入 40% 的家庭定为贫困人口。1970—1980 年，美国贫困人口不断攀升。据统计，贫困家庭的贫困率从 1972 年的 12% 增长到20 世纪 90 年代的 15%，而黑人家庭则更高。在芝加哥的贫困家庭中，黑人家庭所占的比例从 20% 上升为 28.3%，而白人家庭的贫困率一直为 6%，没有变化。在这 10 年间，纽约的白人家庭贫困率一直保持在 1%，而黑人家庭的贫困率则从 21.4% 上升到 29.6%。生活在贫困中的青年中，占第一位的就是黑人青年。据估计，大约 60% 的贫困城市青年为黑人青年。

在失业与贫困的双重困扰之下，受到影响最大的是黑人的家庭。由于为数众多的黑人就业技能低下，因此工资微薄，难以维持家庭的正常开支，因此他们不愿意结婚，而无法找到就业机会的黑人男子则常年四处奔波，无法承担家庭的责任而离家出走，致使家庭破裂，因此黑人单亲家庭的比例很高。1966 年，白人有 8.9% 的家庭为单亲家庭，而黑人则为 23.7%。到 20 世纪末，黑人非婚生子女的比例达到了 70%。

黑人青少年除了要面对破裂的家庭以外，教育质量低下也是其需要面临的问题。由于中心城区贫困率高，社区教育投入较郊区少，教育经费不断减少，致使教育设施陈旧，难以找到素质高的老师。中心城区的教育质量不断下滑，黑人青年不得不接受质量低下的教育，在中学毕业率和大学入学率两项指标上，黑人均低于白人。因此，黑人青年的中学辍学率增高，在全美，黑人青年辍学率超过 50%。一项研究显示，在纽约一所六年制中学里，87%

❶ 胡锦山：《美国中心城市的"隔都化"与黑人社会问题》，《厦门大学学报》（哲学社会科学版），2007 年第 2 期，第 121－128 页。

❷ Richard B. Freeman and Harry J. Holzer, eds. The Black Youth Employment Crisis. Chicago: University of Chicago Press, 1986.

的少数族裔学生被留校察看或者开除，只有 20% 的学生最后获得毕业证书❶。同时，黑人学生的大学入学率却在降低。20 世纪 90 年代，美国黑人青年中就读于高校的比例明显下降。美国教育研究委员会指出，1990—1992 年黑人青年的大学入学率下滑了 5 个百分点，只有 30% 的黑人青年在高中毕业后进入高校。1995 年仅有 67.7 万的非裔人口拥有硕士或以上学位。

生活的困境也引发了一系列犯罪问题。由于长期失业，贩毒成为黑人青年少数可以选择的工作，贩毒、暴力在城市中心区十分猖獗。1995 年，美国青少年司法办全国青年黑帮中心报道称，在全部 50 个州中，农村、城市、郊区都有黑人青少年参与黑帮活动，而这些活动都与贩毒活动相关，到 1995 年，大约有 1/3 的 18~33 岁的黑人男子参与帮派活动。同时 18~24 岁的黑人青年中，持枪杀人案在 1980—1990 年增加了 79%，枪杀成为这一年龄段的黑人青年的头号杀手。黑人还与 30% 的凶杀案有关，黑人青少年的凶杀率高出白人 9 倍。数据显示，20~29 岁的黑人男性青年 1/3 处于监禁、缓刑或假释。暴力犯罪严重影响了黑人社区长大的青少年的生活。

在这种种社会问题的背后，都有一片无形的阴影笼罩着黑人青年——种族主义。黑人长期遭受种族主义的奴役，尽管民权运动为黑人争取了选举权等政治权利，但是种族主义阴魂不散，它渗透于黑人青年生活的方方面面，加剧了黑人青年的社会问题。对黑人青年的种族歧视首先体现在就业领域。黑人青年失业率高，除了由于教育程度低、处于竞争劣势以外，雇主在挑选雇员时还存在种族歧视。调查显示，雇主愿意雇佣来自郊区、毕业于私立学校的人，而认为生活在中心城市的黑人缺乏职业道德及工作技能❷。这样使黑人青年失去了许多就业机会。种族歧视也体现在美国司法机关对待黑人和白人犯罪的不同态度上。1990 年，由于枪支和毒品犯罪被捕的白人比黑人高 30%，但是判刑的比值相同，而且黑人比白人平均判刑时间长 49%。在白人警察执法过程中，被打死的嫌疑犯中 50% 为黑人。司法机关的种族歧视激起了黑人青年，尤其是底层黑人青年对警察的愤怒，20 世纪 90 年代，种族冲突不

---

❶ Kozol, J.. Savage inequalities: Children in American schools. New York: First Harper Perennial, 1993.

❷ 姬虹：《种族主义阴影下的美国黑人现状》，《国际观察》，2002 年第 2 期，第 57−59 页。

断，而且往往是由于警察对底层黑人青年的不公引起的。1992 年洛杉矶种族大骚乱正是由于白人警察野蛮对待黑人的行径造成的，暴露了美国在后民权运动时代依然紧张的种族关系。

对于在社会政治经济结构中处于困境的底层黑人青年来说，20 世纪 70 年代嘻哈文化的诞生无疑是一次文化的突围。这场源于街头舞会的文化将黑人青年日常的生活真实展现于世人的面前，给予了嘻哈青年们彰显自我价值的机会，为他们获得了文化资本和在社会结构中向上的流动性。嘻哈文化从一个边缘的底层黑人青年亚文化走向了美国主流文化的舞台，这是一场文化的表演，也是一场政治的运动。从这个意义上说，嘻哈文化话语也是政治语言。

嘻哈青年受到日益觉醒的民族意识影响，嘻哈话语表现出了他们日益强烈的黑人文化认同。作为美国社会的少数民族，美国黑人一直孜孜不倦地追求和探索本民族在美国社会中的文化身份，不断做出努力，不断进行反思。作为美国的少数民族，黑人不可避免成为主流文化的边缘人、白人文化的他者，努力融入主流社会是黑人族群的主流，然而这样的身份意识在 20 世纪以后出现了变化。20 世纪 20 年代，黑人文化运动掀起一次又一次高潮，使美国黑人认识到黑人文化是美国文化的一部分，增强了他们的民族自豪感。20 世纪 60 年代的民权运动进一步增强了黑人的民族意识，"Black is beautiful"，黑人青年对自己的种族身份从一开始的逃避到接受再到自豪。他们意识到应当保持自己民族优良的文化，黑人文化身份越来越成为他们第一性的文化身份。黑人民族意识的觉醒甚至反映在黑人对自己的称谓上，不像美国白人简单称自己为美国人，美国黑人在不同的历史时期都赋予了自己不同的称谓。19 世纪中后期，出现了 Afro-American（非洲美国人）的称呼，20 世纪 30 年代，美国黑人开始自称为 colored American（有色美国人），而到 20 世纪末，更多的美国黑人则接受 Black American（美国黑人），或者 African-Americans。这种称谓上的非洲中心主义正反映出黑人对黑人民族身份的肯定。

日益高涨的民族身份意识使得黑人青年在心理上成为美国族群中特殊的社会群体，在美国社会中根深蒂固的种族歧视是他们获得平等的社会政治地位和待遇的最大障碍。因此，反对种族歧视、追求种族平等是黑人青年的政治目标。

美国社会对少数族裔的种族歧视根深蒂固，这是有其历史根源和社会根源的。200 多年前，非洲黑人被贩卖到美洲，就是作为奴隶为白人奴隶主劳作，没有人身自由，没有人的尊严。在美国南方各州，奴隶制被作为法律合法化以后，黑人的社会地位降到最低，加深了对黑人的歧视。早期美国学校的地理教科书曾这样描写黑人："他们是一个野蛮民族，外表是人，却无人道之心。"虽然在美国诞生之初，《独立宣言》就宣布"人人生而平等"，黑人却长期被当作二等公民，在社会上受到全面的排挤，没有公民参政议政的权利。面对种族歧视，黑人没有停止过抗争，在美国内战中，大批黑人参加联邦军队，他们骁勇善战，不畏艰险，给南部奴隶主的反动势力以沉重打击，用鲜血赢得了战争，奴隶制得以废除。到 20 世纪 60 年代，黑人的政治斗争迎来了高潮。当时以"黑豹党"为首的激进黑人组织主张通过暴力建立一个"黑人的美国"，而以马丁·路德·金为首的"民权运动"则明确反对暴力和"独立"，以反对种族歧视、争取种族平等作为主要目标。这一平和与理性的追求得到美国大多数白人的理解与支持，推动了"民权法案"的通过与实施。经过坚持不懈的努力，黑人在政治、经济、社会地位上都获得了极大的改善。受高等教育、担任公职的黑人人数和黑人企业数目增加，黑人中产阶层扩大，约占黑人总数的 1 /3。但是，即使已进入中上层的黑人仍然受到种族歧视，处在社会底层的大多数黑人的境况则还在恶化。20 世纪 90 年代以来，因为白人警察对黑人青年的暴力执法引发的黑人大规模抗争浪潮此起彼伏。1992 年白人警察殴打黑人司机罗德尼·金，引发了洛杉矶大规模的种族冲突；1995 年美国百万黑人在首都华盛顿举行大游行，提出了增进黑人团结、反对种族歧视的主张；1999 年黑人迪亚洛在纽约被 4 名白人警察枪杀，再次引发了抗议浪潮；2014 年和 2015 年警察暴力造成黑人青年布朗和格雷的死亡引发了一次又一次全国性的城市骚乱。种族主义的阴影并未完全消散，种族平等仍然是美国黑人长期努力的政治理想和目标。

对于黑人嘻哈青年来说，嘻哈话语实践加强了他们的民族意识，而且将他们团结起来，共同关注自身所面临的问题。在美国各地，黑人青年纷纷成立起嘻哈组织。例如，威斯康星麦迪逊大学的嘻哈学生组织"嘻哈一代"每年组织一次嘻哈会议，邀请嘻哈艺术家和民权人士共同探讨嘻哈艺术和城市少数族裔青年面临的社会问题。2000 年以后，嘻哈青年组织在美国各地陆续成立，如埃拉贝克人权中心、城市游戏基金会、倾听有限公司等。这些组织将当地的黑人青年联合起来，呼吁关注与他们相关的社会问题。2002 年，当纽约市提出削减 3.68 亿美元的教育预算时，嘻哈峰会行动网络与全美教师联合会和素质教育同盟共同发起抗议，最终迫使提案流产。芝加哥邻里安全联盟呼吁民众关注《芝加哥反帮派闲荡条例》中的种族歧视，美国最高法院最终裁定此法例违宪。

除了关注与自身利益直接相关的本地事务外，嘻哈文化还唤醒了黑人青年的政治参与意识。2000 年以后，在美国出现了全国性的嘻哈组织，如嘻哈决策委员会。2003 年，全国嘻哈政治大会成立。全国嘻哈政治大会积极参与政治活动。在 2008 年美国总统选举中，全国嘻哈政治大会广泛动员黑人青年投票。在同一种文化的影响下，城市黑人青年越来越多地参与到社会事务中，发出自己的声音。

嘻哈文化与嬉皮士文化既有相似之处，但也存在差别。从本质上说，这两大青年亚文化都是青年亚文化族群对主流文化的抵抗。嬉皮士文化是中产阶级青年对本阶级内部意识形态的一次反叛，而嘻哈文化则是底层黑人青年对主流社会全面压迫的突围。两者的差别在于，前者是对资本主义矛盾的观念体系的一次彻底背叛，而后者则不仅仅是对资本主义经济政治体系固化的抗争，更为重要的是对主流社会中种族歧视的抗争。正是历史上不同阶段的这两大青年亚文化的差异，使得青年亚文化在与主流文化的抗争中，不断变化，具有了更广泛的意识形态意义。

第六章　网络小清新批评话语研究

20世纪兴起的嬉皮士、嘻哈青年亚文化在西方掀起了一波又一波青年亚文化风潮，让我们看到了英美国家青年在面对阶级和种族霸权时构造的亚文化话语抵抗。但是影响青年亚文化话语的维度不仅于此。在本章中，我们将介绍在网络时代诞生并影响一批中国青年女性的青年亚文化——网络小清新文化，通过分析她们所钟爱的音乐作品，探讨亚文化中的青年女性是如何构造属于本群体的话语空间，表达自我意识，争取更多的文化话语权。

第一节　网络小清新文化概述

随着20世纪80年代中国经济的繁荣，中国青年亚文化也打破沉寂，呈现出百花齐放的局面。从愤青、小资、文青，到杀马特、蚁族、屌丝，一个个青年亚文化族群你方唱罢我登场，令人眼花缭乱。在这些青年亚文化族群中，涌现出一群特立独行的年轻女性，她们拥有一整套文化符码——喜欢身着棉布长裙，穿帆布球鞋，爱好 LOMO 相机，读安妮宝贝、村上春树的书，听陈绮贞、苏打绿的歌，看岩井俊二的电影。在现实生活中，她们往往互不认识，然而在网络上，她们却形成了密切互动的虚拟社群——人们称她们为小清新 er，或者小清新。

"小清新"最早是指20世纪80年代出现于英国的 Indie pop（独立流行音乐）。独立流行音乐是独立音乐的一种曲风，作为一种音乐风潮，独立音乐脱离于大厂牌，独立制作、发行。文迪·法纳诺曾概括了英国独立音乐的特点：第一，独立音乐指的是一种发行模式，与四大唱片公司相对应，坚持独立发行的模式。第二，独立音乐倡导一种单纯、朴素的情怀，反科技，反垄断，怀有一种对逝去的美好事物的留恋。第三，独立音乐是独立精神的体现，崇尚自由。第四，独立音乐经常表达的是一种伤感、孤独以及缺乏归属感的感觉，寻找孤独。第五，独立音乐是一种审美评判模式，音乐人坚信自己对音乐的鉴赏能力，体现自主。❶ 秉承独立音乐的种种特性，"小清新"音乐奉行 DIY（do-it-yourself）的精神，一般由一人或多人独立完成词曲编写，旋律清柔，歌声恬静，歌词唯美。Indie pop 出现之后，澳大利亚、冰岛、日本成为这一音乐流派的重镇，澳大利亚的 Tamas Wells 乐队、冰岛的音乐精灵 Byork、日本的 Moumoon 乐队均是小清新音乐的代表。20 世纪 90 年代末，在我国开始出现了一些小清新派的音乐人，如陈绮贞、雷光夏、张悬、苏打绿、自然卷、咖啡/牛奶、曹方等，小清新音乐通过豆瓣、虾米等网络平台的传播逐渐获得一些忠实的追随者。2006 年，在豆瓣网站上，名为"小清新"的豆瓣小组成立，喜欢小清新一族开始形成。

小清新从源头上不仅可以追溯到欧美和我国台湾地区的独立流行音乐，还可以追溯到日本的森女风。"森女"，是森林系女孩的简称。森女起源于日本的一个网上服饰团购交流平台 mixi. jp。2006 年，一个名叫 Choco 的日本女孩开辟了"森林系女孩"的网上社群，这个社群的名称源于她朋友对其穿衣风格的评论——"像森林里走出的女孩"。Choco 崇尚自然舒适的服饰搭配，提倡简单环保的生活理念，吸引了众多志趣相投的年轻女性。森女们反对奢侈消费，不崇尚名牌，坚持亲近自然的生活理念，喜欢穿着棉、麻、丝、毛等面料天然、风格简单随意的服饰，颜色以大地色为主，如白色、裸色、棕色，再加入民族风情的配饰，与快节奏、高强度的都市生活抗衡，形成了一道独特的都市景观。据统计，mixi 网站上的森女社区已有接近 4 万名成员。2009 年，日本少女杂志《spoon》敏锐地捕捉到"森女"风格，出版了一期情人节专刊介绍"森女"。以"森女"为主题的各种书籍、杂志相继问世，萌发于社区网站的"森女"概念带动了之后的"森女"文化，以此为主题的咖啡馆、服装店、杂货店也纷纷开张，并出现了"森女"风格的服装品牌。

---

❶ Fonarow, Wendy. Empire of Dirt: the Aesthetics and Rituals of British Indie Music. Middletown: Wesleyan University Press, 2006.

森女风开始在日本大行其道，并从网上蔓延到其他国家和地区。2010 年，森女的概念进入中国的社交和购物网站，成为热烈讨论的话题。森女的着装方式与生活理念与同样喜欢自然简单的小清新们不谋而合，成为小清新们的主流服饰，并影响着她们的生活态度。

这样，在 21 世纪初，具有独特的审美趣味和服饰风格的小清新崛起为国内一个新兴的网络族群。凡是清新淡雅、讲求唯美、关注自我的文艺作品都被她们贴上了小清新的标签，成为这一群体的讨论话题，其中既有音乐，也有文学、影视、摄影作品。因此从文化元素上，小清新亚文化包括具有小清新风格的音乐、文学、电影和摄影四大类文艺作品。

小清新音乐是小清新亚文化中最为重要的文化元素。虽然小清新音乐并未形成一个独立的音乐类别，但是小清新们喜欢的音乐却有一些相似的特质。这些歌曲创作者多为女性，可专业也可业余，她们往往坚持自己的音乐理想，较少受到商业化的影响，具有小众、非主流的特点。创作者所使用的乐器少而富有创意，常常以吉他为主，旋律舒缓、轻柔，歌词平和、唯美，具有内向、私密的特征，适合在小空间静静聆听。

在小清新们的眼中，有一些音乐人可以被看作小清新音乐代表——陈绮贞、Keren Ann、张悬、范晓萱就被称为小清新音乐的四大教母。尤其是陈绮贞，被认为最集中而典型地体现了小清新们所欣赏的音乐风格，其自弹自唱，喁喁细语的形象深入人心，被其歌迷亲切地称为"陈老师"。陈绮贞出生于 1975 年，我国台湾地区台北市人，毕业于我国台湾地区"国立"政治大学哲学系。在 1997 年一次民谣歌唱比赛中，音乐人伍佰对她大加赞赏，力排众议，将她选为第一名，陈绮贞因此脱颖而出，1998 年签约魔岩唱片有限公司。2003 年，她离开魔岩，成为独立音乐人。1997—2013 年，陈绮贞坚持自己创作词曲，一共创作、发行了 6 张专辑，包括《让我想一想》《还是会寂寞》《吉他手》《华丽的冒险》《太阳》《时间的歌》。陈绮贞的音乐风格独特，曲调清澈淡然，歌词中却蕴含着浓郁的文艺风情，同时，她也将自己哲学专业出身的人文素养转化为独特的文字力量，释放在每一首歌词中。陈绮贞从一个小众歌手逐渐走入主流的视线，也是小清新音乐开始被大众所了解并逐渐流行的过程。2009 年，《城市画报》出了一期特刊，主题是"独立音乐时代"，杂志封面最中心最显眼的位置留给了陈绮贞，这是对她多年坚守自己的音乐，绝不随波逐流的肯定，也是对小清新音乐的肯定。

除了音乐，小清新们对文学也有一些特定的偏好。一些风格唯美并诉说年轻人情感的小说和随笔成为小清新们追捧的对象。安妮宝贝、安意如、安东尼、郭敬明、落落、辛夷坞、八月长安这些年轻作家的小说和散文都被贴上了小清新的标签，这些作家的作品鲜有触及重大的社会问题和事件，往往聚焦于都市年轻人的生活，特别是对他们爱情和成长生活的描写，在细节描写中流露出个人的小情绪，生发出对自我、对世界的小感悟，这些正是小清新们向往的文学氛围——"生活在别处"。小清新们喜爱的文学作品包括安妮宝贝的《告别薇安》《素年锦时》《莲花》，安意如的《人生若只如初见》，郭敬明的《幻城》《梦里花落知多少》《左手倒影、右手年华》，安东尼的《亲爱的不二》《陪安东尼度过漫长岁月》，落落的《那些生命中温暖而美好的事情》《年华是无效的信》、辛夷坞的《致我们终将逝去的青春》《原来你还在这里》、八月长安的《你好，旧时光》等。祝媛对小清新文学的特点进行了总结，认为小清新文学可以用"一半美好一半忧伤"来概括：在情感、文字和形式上体现了唯美的风格，情感纯粹真挚，文字优美敏感，形式灵活，并配有精美的插图。另一方面，文字甚至作品名字中又带着淡淡的忧伤。❶ 张柠对此持有相似的观点，她认为小清新文学在发展的过程中表现出对感伤情调与唯美主义的审美追求。同时，她还指出小清新文学在主题上有陌生化和虚无化的倾向，在文字上则成为特征明显、容易复制的"小清新体"。❷ 小清新文学成为小清新重要的文化消费食粮。

小清新电影也是小清新亚文化中的重要元素。小清新电影以20世纪90年代初日本导演岩井俊二的系列电影为鼻祖，如《情书》《四月物语》《花与爱丽丝》《关于莉莉周的一切》，聚焦校园中少年男女的爱情、成长和青春故事。以《情书》为例，这部影片于1995年上映，以巧妙的电影镜头讲述了一个少年暗恋的校园故事。电影中，当风扬起白色的窗帘，身影若隐若现的少年成为小清新们津津乐道的一幕。《情书》在豆瓣网上有30多万人做出了评价，评分高达8.8分。

---

❶ 祝媛：小清新：《一种新兴的文化潮流》，上海师范大学，2014年版，第23－25页。
❷ 张柠：小清新：《文艺与生活》，中国人民大学出版社，2015年版，第430页。

　　小清新电影由于制作成本较低，针对年轻群体，在韩国、泰国和我国台湾地区获得了较好的发展。在我国台湾地区，小清新影片如《蓝色大门》《女朋友、男朋友》《那些年，我们一起追过的女孩》《我的少女时代》获得了热烈的反响。在韩国则以《我的野蛮女友》《假如爱有天意》为代表，在亚洲获得了巨大的成功，泰国小清新影片则有《初恋这件小事》《暹罗之恋》。在大陆，小清新影片发展较慢，而对哪部电影可以算作大陆的第一部小清新电影学者们也各持己见，但是 2013 年赵薇导演的青春电影《致青春》却被公认为大陆小清新电影的巅峰之作。《致青春》以辛夷坞的小说《致我们终将逝去的青春》为基础，讲述了郑微从校园新鲜人到社会人的成长经历，掀起了小清新电影在国内的热潮，随后出现了一系列以校园为背景的小清新电影，如《匆匆那年》《同桌的你》等。

　　小清新电影从内容看，可以分为三类：纯爱型、叛逆型、悲情型。纯爱型小清新影片表现少男少女纯洁的爱情故事，电影基调明快唯美；叛逆型小清新影片则展现青少年成长过程中的迷茫困惑、叛逆残酷，基调灰暗；悲情型小清新影片则将镜头对准了离开校园后的年轻人，节奏比较缓慢，爱情更为深沉，结局也偏悲伤。小清新影片由于其选材、主题的特定性，因此具有了鲜明的特点。王垚对小清新电影的特点进行了概括："视听语言上注重唯美造型，十分偏爱侧逆光和魔幻时间（Magic Hour）的使用，大量使用情绪性音乐；影片主人公均不超过 30 岁，内容则以校园及毕业几年后生活中的爱情故事为主；此外，价值判断较为主流，绝少正面涉及历史叙事和现实政治。"❶这一概述比较准确地归纳了小清新影片的特点。

　　小清新们不仅具有相似的音乐、阅读、电影爱好，同时还喜欢摄影。小清新的摄影风格源于日本，日系小清新摄影一般构图简单，生活化、情绪化，用柔和的色调将照片的景象包裹起来，表达摄影者的情绪。日本摄影师内川伦子、小林纪晴等都是日系小清新摄影风格的代表。受此影响，小清新的摄影风格一般来说色彩淡雅柔和，运用略微过曝的光线处理，并有刻意的虚焦、留白等效果。小清新的摄影有的是对自己旅行的记录，有的是对日常生活的记录。在这些影像中，小清新们着重展现大自然、日常生活和平常事物，努

---

❶　王垚：《作为一种电影实践的"小清新"》，《当代电影》，2013 年第 8 期。

力寻找体现万事万物美的瞬间，从中发现生活的美好，体现生活的态度。他们选取的摄影地点通常远离都市，也许是田野村庄，也许是森林小镇，照片中或是一方蓝天，一片田野，或是几朵小花，一根电线杆，而人物往往置身于自然，与广阔天空或稻田合二为一，或侧面，或背面，或颔首，要么展现脚丫、长发等富有唯美气息的身体部位，很少正面清晰地呈现，营造出融入自然的氛围。

小清新们常用的摄影工具是 LOMO 相机。LOMO 相机起源于 20 世纪 50 年代的苏联，体积小，操作简单，易于携带，满足了小清新们边走边拍的要求。LOMO 相机对红、黄、蓝三色非常敏感，拍出的照片色彩艳丽，色调温暖，同时 LOMO 相机还有多种效果功能可供选择，同样也能满足小清新们标新立异的要求。

上述小清新们喜爱的文艺作品或活动让人不免联想到国内其他青年亚文化族群——小资和文艺青年。小清新与二者有不少重合之处，但是也有明显的区别。三者都热爱文艺，关注自我，强调个性，特别是文艺青年与小清新在文学趣味上有很高的重合度，村上春树、张爱玲都是他们的心头好。但是，小清新与小资、文艺青年也有很大的不同。文艺青年和小资比小清新出现得更早，文艺青年最早出现于 20 世纪五六十年代，小资则出现于 20 世纪 80 年代以后，小清新一族是伴随网络的发展才聚合形成的。早期的文艺青年具有浪漫的理想主义，甚至是"愤青"的色彩，而 20 世纪八九十年代的文艺青年则更多地着重于文化消费，以文字记录心得和感悟；但是小清新们追求的是"现世安稳，岁月静好"，享受慢节奏的生活，不仅用笔，而且用相机将自己的生活点滴记录下来。小资则注重物质享受，崇尚消费主义和资本主义，具有异国情结；小清新与小资相反，她们抵制消费主义，提倡环保低碳的生活。

综上所述，网络小清新文化是以网络为载体，崇尚清新、自然、美好的文艺作品，反对物质主义、消费主义的女性趣缘群体文化。在下面一节中，我们将对小清新歌词进行研究，找出小清新在词汇、句法、结构层面的特点，从而发现小清新们是如何建构起有别于主流文化和结构的话语系统。

第二节　网络小清新的话语策略

网络小清新文化的文化元素多种多样，包括音乐、文学、影视、摄影，其中最重要的是小清新音乐，构成网络小清新文化的核心元素，也成为我们解读网络小清新文化的关键指标。而小清新歌词，为我们探讨网络小清新文化提供了丰富的文本资料和话语资源。因此，我们将以小清新歌曲为对象，研究网络小清新文化的话语策略、话语生产和传播机制及网络小清新文化的社会实践。

在小清新们喜欢的歌曲中，陈绮贞和曹方都是非常具有代表性的音乐人，她们坚持独立创作，自己筹资发行作品，她们的歌曲成为小清新们最为钟爱的音乐作品之一。因此在本节中我们将以陈绮贞和曹方的歌曲作为分析的文本，探讨小清新在词汇层面、句法层面、结构层面的话语策略。表 6.1 列举的是两位音乐人具有代表性的歌曲。

表 6.1　小清新歌曲话语资源

陈绮贞歌曲	曹方歌曲
1.《让我想一想》	1.《别样生活》
2.《小步舞曲》	2.《风吹过下雨天》
3.《手的预言》	3.《遇见我》
4.《嫉妒》	4.《四季天》
5.《还是会寂寞》	5.《南部小城》
6.《旅行的意义》	6.《比天空还远》
7.《流浪者之歌》	7.《南澜掌》

同时，我们还对网络小清新的发源地"豆瓣网"和小清新的聚集地"小清新贴吧"进行了调查。我们重点围绕小清新在网站交流中常用的词汇加以考察。

一、词汇层面：关注自我、亲近自然的网络群体

与嬉皮士和嘻哈青年一样，小清新们同样也有一套自己的词汇系统，显现出网络小清新的话语特色，这些词汇可以分为两类，一类是自我世界和自然世界的词汇系统，主要是围绕自我和大自然的小清新话语过度词汇化和隐喻化，另一类是对网络词汇的借用。这两类词汇，反映出小清新一族关注自我、亲近自然的心态和网络群体的属性。

在陈绮贞和曹方的这 14 首歌曲中，与歌者自我相联系的词汇频繁出现。这些词汇可以分为两类，一类是第一人称称谓语，一类是情感词汇。在陈绮贞歌曲中，每一首都出现了歌者"我"，例如：

①漫步在荒原　我想找一棵栖身的树

——《让我想一想》

②还有多少回忆

藏着多少秘密

我心里翻来覆去

——《小步舞曲》

③你让我轻轻地合掌　唤来旧时光

——《手的预言》

④心中的一个结紧紧地锁住我

——《嫉妒》

⑤我的高尚情操一直不断提醒着我

离开你的我不论过多久还是会寂寞

——《还是会寂寞》

⑥你勉强说出你爱我的原因

却说不出你欣赏我哪一种表情

——《旅行的意义》

⑦我的肩膀　背记忆的包裹

——《流浪者之歌》

相同的情况也出现在曹方的歌曲中，称谓语"我"在所选歌曲中也都出现了。

①呼吸着我习惯的空气

——《别样生活》

②我在七月的沙滩
　穿起白色的贝壳项链

——《风吹过下雨天》

③我不禁看看我的天空里
　这一边是读不懂的忧郁
　那一边是大太阳高挂的画

——《遇见我》

④我在这里一个人唱这首歌

——《南部小城》

⑤默默的我等着下一个四季天

——《四季天》

⑥谁能给我无限辽阔
　张望天空空空如我

——《比天空还远》

⑦我把心愿种在了这个地方
　星星它会照亮我回家的路

——《南澜掌》

在大量的第一人称称谓之外，也有少量第二人称"你"出现，而其他人称称谓极少出现。这样，对小清新来说世界变小了，只剩下自我和世界对话。除了自我称谓之外，自我情绪词汇也大量出现。例如在陈绮贞的 7 首歌曲中分别出现了"想一想""寂寞""害怕""嫉妒""不安""记忆""希望""绝望""不快乐""孤寂"等多种情绪词汇，在曹方的 7 首歌曲中也出现了诸如"想念""思念""怀念""想象""喜欢""忧郁""感觉""寂寞""忧伤"等大量表现心理活动的词语。对自我世界和心理活动词汇的过度词汇化

· 197 ·

放大了自我，展现了丰富的内心世界，这正好迎合了自我意识开始觉醒，内心敏感的年轻女性的心理和趣味，引起她们的共鸣。

除了与自我世界相关的词汇过度词汇化以外，与大自然相关的词汇也是过度词汇化的一个领域。以曹方的歌曲为例，与自然景象相关的词汇构成了曹方音乐中的重要组成部分：

①我在七月的沙滩
　穿起白色的贝壳项链
　……
　风吹过的下雨天
　　轻盈疯狂的舞旋

—— 《风吹过下雨天》

②遗落的枫叶
　飘在灰色天空
　阳光会在下个季节遇见我

—— 《遇见我》

③阳光炽烈
　人们慢悠悠的步子
　零落的草帽
　我栽的花儿

—— 《南部小城》

④谁能给我无限辽阔
　张望天空空空如我
　……
　谁能给我自由的窝
　坐在屋顶晨光直射

—— 《比天空还远》

⑤蓝的天　白的云
　一条河将村村寨寨轻轻柔柔地怀抱
　风带走了沙　雨带来了花　看江水慢慢地流呀

——《南澜掌》

在上述 4 个例子中，出现了"七月""沙滩""下雨天""枫叶""灰色天空""阳光""花儿""晨光""蓝的天""白的云""一条河""风""沙""江水"等大自然中常见的景象，从而构建出一个远离都市、美好清新的自然世界。

小清新歌曲中对自我世界和自然世界的过度词汇化表明，小清新们高度关注自我，向往远离都市喧嚣的大自然。在使用过度词汇化这一话语策略之外，小清新歌词的语言中还使用了隐喻化手段。例如，在陈绮贞的歌词中，对歌者的心理活动就使用了多种实体隐喻。

①该如何面对　这未知的一切
　让自己的思绪沉淀
　随着天色的改变　心情的外衣也要多加一件

——《让我想一想》

②嫉妒你的快乐
　它并不是因为我
　真心退缩在黑暗的角落

——《嫉妒》

③我的高尚情操一直不断提醒着我
　离开你的我不论过多久还是会寂寞

——《嫉妒》

④我的肩膀　背记忆的包裹
　流浪到大树下终于解脱

——《流浪者之歌》

在这 4 句歌词中，目标域"心情""快乐""情操""记忆"分别投射到源域"外衣"、人和"包裹"上，心情和外衣一样可以增减改变，记忆和包裹一样，可以放下从而忘却，而"快乐"和"情操"则像外界的人一样不受我们控制，甚而会反过来控制我们。这些隐喻将抽象的心理概念具象化，也使听者产生了丰富的联想。

除了围绕自我世界和自然世界的小清新话语以外，小清新们栖身于网络之中，在群体互动中也借用了大量网络文化的词汇，建构出网络小清新的网络认同。在网络交流中，方便、高效是网络语言的重要原则，因此在网络语言中就含有大量的缩略语、表情符号和谐音词，形成简洁、高效、有趣的网络话语，例如网络字母缩略词汇 JM、LZ、FB、M，数字缩略词 3Q、555、818，谐音字灰常、酱紫、稀饭、虾米、杯具、木有、乃，表情符号 ORZ、TAT、囧、^_^、＝＝等。这些词汇的含义见表 6.2。

表 6.2　网络小清新挪用的网络词汇

网络词汇	词汇含义
JM	"姐妹"的拼音缩写，指小清新同伴
LZ	"楼主"的拼音缩写，指论坛中发帖子的人
FB	"腐败"的拼音缩写，指吃饭
M	"Mark"的缩写，意思是看过帖子了
3Q	英文"thank you"的缩略语，表示谢谢
555	哭声"呜呜呜"的数字谐音
818	"扒一扒"的数字缩写，意思是八卦或者讨论
灰常	"非常"的谐音
酱紫	"这样子"的谐音
稀饭	"喜欢"的谐音
虾米	"什么"的谐音
杯具	"悲剧"的谐音
木有	"没有"的谐音
乃	"你"的谐音
ORZ	网络象形符号，表示无可奈何
TAT	网络象形符号，表示悲伤哭泣
囧	网络象形符号，意思同 ORZ
^_^	网络表情符号，表示高兴
＝＝	网络表情符号，表示尴尬无奈

网络话语的挪用使得小清新形成了属于网络族群独有的话语风格，也建构起独特的网络族群身份，加强了族群的群体归属感。

二、句法层面：关注内心，赞美自然

小清新们对自我的关注和对大自然的热爱不仅体现在词汇上，也体现在句法层面上。在陈绮贞和曹方的歌曲中，对于内心世界的活动，歌者使用了大量疑问句，凸显了歌者内心的困惑和对人生的思索。例如在陈绮贞的歌中，我们看到如下的句子：

①可不可以勇敢停下来
　我要多一点空间好让我想一想

——《让我想一想》

②该如何倾听你温柔的声音
　它并不只属于我
　而你是不是真的在乎我
　而我是不是你的永久

——《嫉妒》

③还有多少回忆
　藏着多少秘密
　在我心里翻来覆去
　什么叫做爱情

——《小步舞曲》

在这3个例子中，歌者用疑问句与自己的内心世界对话，着力刻画了女性内心的挣扎和迷茫。而在曹方的歌曲《比天空还远》中，歌者也大量使用了疑问句：

谁能给我无限辽阔
张望天空空空如我
……
谁能给我自由的窝

　　　　坐在屋顶晨光直射

　　　　……

　　　　一个人会不会寂寞

　　　　漂泊的心一直辽阔

　　在歌词中，歌者使用了三个疑问句追问自我，表现了对自由和广阔世界的向往。在上述例子中，歌者仿若四周空无一人，沉浸在自我的世界中，从而让听者不知不觉陷入同样的思考之中。

　　除了疑问句以外，在这些小清新歌曲中，歌者也采用心理过程小句展现女性的心理活动。

　　　　①漫步在荒原，我想找一个栖身的树

　　　　……

　　　　这些对　那些好　我想追　我想逃

　　　　其实我也害怕……

　　　　隔着玻璃窗　我早已沉醉在蓝色的街

　　　　　　　　　　　　　　　　　　　——《让我想一想》

　　　　②我不禁看看我的天空里

　　　　这一边是读不懂的忧郁

　　　　那一边是大太阳高挂的画

　　　　　　　　　　　　　　　　　　　　——《遇见我》

　　　　③南部小城

　　　　没有光彩照人

　　　　每次我回到这里

　　　　我都感觉着平静

　　　　　　　　　　　　　　　　　　　　——《南部小城》

　　"我想……""我害怕……""我沉醉……""我看……""我感觉……"，在大量心理过程句中，一个内心世界丰富、与外部世界积极交流的女性形象就构筑起来了。

　　小清新们使用疑问句式和心理过程句建构起自我世界，对于另一个话语焦点大自然则更多地使用物质过程句。例如在曹方的歌中，我们发现了如下的句子：

①风吹过下雨天

　　轻盈疯狂的舞旋

　　　　　　　　　　　　　　　　　　　　——《风吹过下雨天》

②在记忆的慢车里穿梭

　　是雨水它让人坚强

　　……

　　阳光会在下个季节遇见我

　　……

　　阳光会在下个季节亲吻我

　　　　　　　　　　　　　　　　　　　　　　　　——《遇见我》

③星星它会照亮我回家的路

　　星星静静守护着流淌的河

　　　　　　　　　　　　　　　　　　　　　　　　——《南澜掌》

在上述例句中，第①句到第③句都是物质过程句，施动者分别是大自然中的风、雨水、阳光、星星，动作吹、舞旋、让人坚强、遇见、亲吻、照亮、守护等带有积极正面的信息，这些物质过程句表现出大自然的强大力量和积极向上的影响，从而流露出歌者对大自然的热爱和眷恋。

通过以上分析可以看出，小清新歌曲通过使用疑问句和心理过程的句子描写内心世界丰富的女子，同时使用物质过程小句和带有积极信息的动作词表现出女性对大自然的崇敬和热爱。

三、结构层面：女性独白的诗歌

网络小清新歌曲淡雅清新，娓娓道来。除了在词汇和句法层面关注自我和内心世界，亲近和赞美大自然外，在结构层面上，小清新音乐人也挪用了当代独白体诗歌，打造出小清新女性的话语空间。

首先，这些歌词都挪用了独白式诗歌的形式。优美的歌曲本就是一首诗，无论是陈绮贞还是曹方，她们创作的歌曲都可以看作是一首首现代诗歌。现代诗歌形式比较自由，但是意象丰富，语言优美，感情真挚。例如陈绮贞的一首《手的预言》：

> 风筝飞　叶落下
> 拳头的世界如此大
>
> 线缠绕　树长大
> 手掌留住了风
> 握不住一粒沙
>
> 我的左手是猫　右手是抚慰的力量
> 你让我轻轻地合掌　唤来旧时光
> 闭上眼　就地卷起海浪　奔向纸月亮
> 追逐一头大雨中的狼
>
> 蝴蝶飞　浪退潮
> 手打开
> 不害怕　匮乏
>
> ——《手的预言》

这首"诗"想象丰富，意境优美，从风筝到落叶，从缠绕的线到长大的树，从翩翩飞舞的蝴蝶到缓缓退去的浪潮，仿佛一幅意象画——呈现在听者面前，其间歌者的心情在这些意象间婉转呈现出来，从惴惴不安继而勇敢地面对不可知的未来。

所谓独白诗就是诗人采用自我讲述的方式，无论是讲道理还是抒情，都是通过描绘一个个小细节，进而融入作者的主观感情，含蓄表达作者的感情或者观点。与 20 世纪 80 年代的宏大叙事相比，小清新的独白诗是一种非常个人化的女性诗歌，形式自由，充满美感。再如陈绮贞的歌曲《小步舞曲》就是这样一首独白诗：

天空突然下起倾盆大雨

恋人在屋檐下相偎相依

移动我的脚步轻松躲雨

人潮拥挤握住湿热的手心

再也不愿想起不快乐的旋律

呼吸这一秒的空气

还有多少回忆

藏着多少秘密

在我心里翻来覆去

什么叫作爱情

还有多少回忆

藏着多少秘密

在你心里我也许只是你欣赏的风景

夜晚静静等着电话响起

时间躺在他去年寄来的信

空荡的房间我播放着舞曲

旋转这一秒的孤寂

还有多少回忆

藏着多少秘密

在你心里我也许是你轻快的游戏

还有多少回忆

藏着多少秘密

在你心里我也许只是你缓慢的练习

音乐响起我一个人演出重复的舞曲

这首独白诗讲述了歌者在一个突然下雨的夜晚在屋檐下躲雨的所见所思，从所见到的依偎的恋人联想到远方自己暗恋的人，想念的感觉千回百转却并不哀伤，结构自由，韵律工整。曹方的独白诗《比天空还远》同样讲述了自己在旅途中的所思所感：

> 谁能给我无限辽阔
> 张望天空空空如我
> 告别异乡孤独的客
> 两个人
> 微笑着
> 谁能给我自由的窝
> 坐在屋顶晨光直射
> 溜出一段空白生活
> 没有人
> 发现我
> 路途比天空还遥远
> 一个人会不会寂寞
> 漂泊的心一直辽阔
> 如果世界只留给我一天
> 路边的我镇静寂寞
> ……

——《比天空还远》

《比天空还远》舒缓而优美，歌者一次又一次叩问内心，道出了都市女孩的孤独倔强和对自由生活的向往。

其次，这些歌曲均为女性视角。在国内音乐中，从词曲创作、音乐制作到发行都是女性的并不多，然而小清新音乐的特点之一就是词曲创作者均为女性。在这些小清新歌曲中，女性都以第一人称"我"出现，因此这些歌曲的叙述主体均是女性，而且都以"我"来传递心声，抒发了小清新们的女性情怀。例如陈绮贞的《让我想一想》就是以一个女性的视角表达对待人生道路上的选择困惑，而《嫉妒》《还是会寂寞》《旅行的意义》则从女性的视角细腻地描绘了女性在爱情道路上感受到的各种微妙情绪。

女性独白诗是当代女性诗歌的一个重要特点。当代中国女性诗歌经历了20世纪80年代朦胧诗对两性地位的历史反思，到90年代"第三代诗歌"对性别自我的追求。小清新的歌词书写继承了女性独白诗对女性经历和女性情感的关注，同时还有自然与女性关系的刻画，其意义不容置疑。首先，自我话语方式的建立是对男性话语霸权的解构，女性被书写的命运得以改观，女性意识得以全方位呈现。其次，情感叙事和自然写作，一方面是对男权话语笼罩下的突破，另一方面，对自然和生命体验的诗意欣赏、描述不无艺术和审美价值。此外，女性独白书写扩大了女性解放和人性的内涵，又实现了女性书写真正意义上的"向内转"。小清新们在自我世界里自由栖息，无论感觉、体验，还是思维、话语都是女性的，个人化和内向化的书写成为小清新们女性意识觉醒的反映，成为女性意识交流的话语空间。

四、小　结

本小节从网络小清新的话语文本——小清新歌曲入手，以两位具有代表性的小清新音乐人所创作的小清新歌曲为例，分析了小清新歌曲在词汇、句法、结构层面的特征。从词汇层面看，小清新歌曲对自我世界和自然世界的过度词汇化和隐喻化明显，体现了强烈的自我意识和对大自然的热爱。同时她们对网络词汇的挪用构造起了自己网络族群的身份。在句法层面，小清新使用疑问句、心理过程和物质过程小句，建构起感觉丰富、追寻自我、热爱自然的小清新形象。在结构层面，这些歌曲挪用独白书写的女性写作传统，以女性视角，突破男性话语的垄断，构建起幻想中的女性世界。

第三节　网络小清新的话语实践

在本节中，我们将从话语实践的角度对小清新文化话语的生产、传播和消费进行解析，通过对小清新歌曲的生产、传播和消费过程的分析，透视小清新对文本进行编码和解码的过程。

作为一种以独特的审美爱好为凝聚点形成的青年女性亚文化群体，小清新亚文化在其生产、传播和消费话语的过程中具有不同于其他亚文化的特性。小清新族群充分利用了网络这一新兴的传播工具作为传播和消费的平台，因此小清新的话语实践具有典型的网络话语实践的特点。

一、网络小清新文化的生产

在小清新文化的发展过程中，网络的出现使得其文化的生产呈现出显著的网络生产的特点——群体文化的自主化、大众化，社群分享与商业生产并存。

在小清新文本的生产过程中，网络成为重要的创作空间，对小清新作者的创作起到了革新性的影响。在商业化的音乐生产中，创作者和听众没有直接的沟通渠道，往往受到商业利益的左右，自己的创作往往受唱片公司的影响，无法自主。然而独立音乐的本质就是"自主性"，创作者自主选择自己喜欢的音乐风格，自己制作、发行自己的作品。由于互联网的出现，音乐创作者就可以通过各种简单电子设备，如电脑和手机制作音乐，然后通过各种网络平台如百度音乐、虾米音乐、豆瓣音乐传播自己的作品，从而使得唱片公司在制作、发行、推广方面的作用越来越小，创作者从而获得了更高的自主权。

由于互联网的出现，小清新文化的生产也更加大众化。在前互联网时代，如果小清新的文艺作品，包括音乐和文学的创作发表还是主要限于职业的音乐人或者作家的话，进入互联网时代以后，小清新作品的创作发表就回归到小清新群体的手中。网络具有高度的开放性，它向所有人敞开，不论是著名的歌手、作家还是籍籍无名的平民大众都能随时随地发表自己的作品，不需要经过传统的唱片公司、出版社审查和限制，而对于在前互联网时代中文化空间十分有限的女性，网络成为她们都能参与的精神乐园。只要爱好小清新文化并愿意创作小清新作品的女性都可以一展身手。正如弗吉尼亚·伍尔芙所说，妇女写作的条件之一是有一个属于自己的房间，而网络就是一个属于小清新们自己的房间。在网络时代，小清新的生产具有了大众性。

由于门槛低，自由度高，创作灵活，因此在网络上进行创作的小清新群体日益扩大。这些作者分为两类，一类是专业作者，另一类是非专业作者。前者占了这个群体的大多数。她们热爱音乐，坚持自己的理想，从自己的兴趣出发进行创作，目的只是希望与同好分享。由于制作费用低，她们往往都是首先推出 Demo（样品唱片）。例如，陈绮贞在刚开始成为职业歌手时，就是自己筹资发行了第一张 Demo。更多的没有名气的业余小清新创作者则是在网站上发表自己的 Demo 作品。

二、小清新文化的网络传播

网络为小清新文化的生产提供了自由的平台，同样也为小清新文化的传播提供了广阔的空间。小清新文化是一种小众的趣缘文化，小清新文化的传播离不开网络这个海量的空间。小清新文化的传播目前主要依赖 SNS 网站、BBS 论坛和私人网络空间等渠道。

首先，SNS 网站是小清新文化传播最重要的渠道。所谓 SNS（Social Networking Service）是指"以一定社会关系或共同兴趣为纽带，以各种形式为在线聚合的用户提供沟通、交互服务的互联网应用"。❶ 进入 21 世纪以后，随着网络的迅速普及，社交网络作为新兴的交流方式越来越引起人们的重视。根据中国互联网络信息中心（CNNIC）发布的《2014 年中国社交类应用用户行为研究报告》，截至 2014 年 6 月，61.7% 的网民使用社交网络，年轻化是社交网络使用人群的重要特征。蓬勃发展的社交网络为社会交往注入了新的活力，也被网络小清新们发现，成为传播她们共同爱好的作品的阵地。

在国内，著名的 SNS 网站包括豆瓣网、开心网、果壳网、天涯社区。在小清新文化的传播中，最为重要的就是豆瓣网，可以说豆瓣网就是小清新的代名词。豆瓣网由杨勃创办于 2005 年，一开始是以介绍书籍、音乐、影视为核心内容的专业网站，经过多年的发展，豆瓣网开发了 6 个功能条目，包括"读书""电影""音乐""小组"，可以提供书影音推荐、线下同城活动、小组话题交流等多种服务，2012 年其覆盖的独立用户数超过了 1 亿。对于专业的小清新音乐人而言，他们在音乐条目之下可以创建自己的小站，小站中可以试听歌曲，了解历年的活动，并推荐相似的音乐人。在豆瓣网上注册的用户可以关注自己感兴趣的音乐人，网站会推送相关的信息。豆瓣网最大的特色是以普通用户为中心。首先豆瓣网上的内容是普通用户自己生成的，在豆瓣网上小清新们均自己创作书评、影评、乐评等经验心得与社区成员分享，同时标记"看过"或者"喜欢"，在分享感想的同时交流和互动；其次，在编制内容网络时，人际网络同时生成，小清新们可以看到与自己有相同爱好

---

❶ 李文、涂涛：《构建语言学习型社交网络的理性思考》，《中国电化教育》，2014（9），第 30 页。

的成员，从而形成群体聚合；最后，小清新们还有自行创建的日志、相册、空间和小站，可以充分展现自我，塑造自我形象。在豆瓣网上，"小组"功能也是小清新文化传播的另一个重要管道。豆瓣网共有 600 多个小组，"小清新组"是最早成立的小清新网络群体，也是成员数目最多的，达到了 10 万人以上。由于身份的隐匿性，发起话题者与小组成员可以自由开展讨论、解答释疑、分享心得。小组内发布的帖子主要包括原创文学、心灵感悟、摄影帖、文学、音乐、电影评论、旅行体会等，在这样的氛围之下，豆瓣网的小组讨论区成为小清新们聚集的重地。

在 SNS 网站之外，另一个小清新文化的网络传播平台是 BBS 论坛。BBS 是英文 Bulletin Board System 的缩写，意思是电子公告板，通常是网络上的公共讨论空间。随着网络的发展和网民的增多，BBS 论坛开始细化，有专门的 BBS、校园 BBS 和商业 BBS。2003 年，百度贴吧创立，其被称为"最大的中文社区"，是国内最大的主题性交流论坛。在贴吧建立后，众多以小清新文化为讨论内容的贴吧如雨后春笋般出现，在这些贴吧中比较有名的是"小清新吧""小清新文字吧""小清新电影吧"和"小清新头像吧"。截至 2016 年 8 月，小清新吧的关注人数超过 70 万，帖子数达到 900 万。虽然贴吧人数众多，但是仍然有比较清楚的等级管理制度，有职业吧主、吧主、小吧主和吧务管理等，同时还有比较严格的吧规，如发帖的格式要求、主题限制，对社区内资源的使用权限等，违反者则有可能被禁言或禁入，形成了对成员的约束，同时也加强了成员的归属感。相比于专业创作平台的 SNS 网站，BBS 论坛对小清新文化的传播缺乏规范，属于零星式的分享，虽然传播的内容与豆瓣网小组的内容相似，但是传播力更弱。

文学网站和 BBS 论坛都属于公共的网络空间，具有较为强大的传播力和规范性。另外一个重要的小清新文化传播渠道就是私人网络空间，这包括个人网页、博客和微博等。与 SNS 网站和 BBS 论坛相比，个人网页、博客和微博主要是个人分享的功能，可以上传自己的信息，也可以分享其他用户的资源，更加个性化，传播及时快捷，是一些小清新们自娱自乐的空间，但是其传播力与公共网络空间相比较弱。当然，一些著名的小清新创作者使用私人的网络空间积极与读者分享、交流，达到了较好的传播效果。例如，曹方就在新浪上注册了微博，粉丝数达到了 21 万人。曹方的微博分为三部分，包括主页、相册和作品。在微博主页上，曹方分享了自己日常生活细节和她关心的热门话题，很多都与自己的音乐活动相关。2010—2015 年间，曹方一共发表了 2102 条微博，使得喜欢曹方的小清新们能更加全面及时地了解作者本人。在相册中，曹方上传了自己各地旅行和工作活动的照片，而在作品部分，则列出了曹方历年的音乐作品和试听链接，小清新们可以根据链接，了解、评论歌曲，曹方的微博很好地实现了多角度、近距离展现作者本人和作品的目的，同时也为小清新们评论作品、与本人交流提供了便捷的渠道。小清新文化的话语实践更多地成为自我书写，小清新族群不仅关注共同的话题，而且关注群体中的个人，加强了族群凝聚力。

SNS 网站、BBS 论坛以及个人网络空间构成了小清新文化传播的网络摇篮，大量的小清新作品以及与之相关的族群信息得以自由迅速地传播。在网络世界里，网络小清新群体日益壮大，联系更加紧密，形成了在网络上的集体狂欢。

三、网络小清新文化的消费

在小清新群体中，音乐人、作家、摄影家创作并传播小清新作品，她们往往处于文化生产和传播的中心。但是，在小清新文化话语实践中，我们也应当看到另一部分非专业的小清新们，她们自己不能创作，但是却长期追随和积极接受小清新文化，这部分女性是网络小清新文化的消费者。当然，她们并不是被动地接受小清新文化，在网络的帮助下，她们不仅追随自己心仪的文艺作品，而且通过网络积极参与其文化话语的生产、传播，实现了生产式的文化消费。

小清新文化作为一种以女性的文艺爱好为中心的亚文化，其文化话语的消费就是对小清新文本的消费。但是与传统文化消费相比，小清新的文化消费呈现出更强的群体互动性和能动性。传统创作者与受众之间存在巨大的时空鸿沟，创作和接受是两个独立的环节，他们之间的互动往往滞后于创作过程，通常是在作品出版之后，通过书信、座谈会或者调查问卷的方式实现创作者和受者的互动。在网络时代，由于 SNS 网站、BBS 社区和网络私人空间等的存在，横亘于文艺创作者和受众之间的时空障碍消失了，创作者与受众之间的互动更加直接、活跃和深入。

小清新受众对创作的介入分为三类，一类是推荐，一类是评论，一类是文本的再生产。小清新们对作品的推荐在 SNS 网站上体现尤其明显，而且已经规范化和制度化。例如，在豆瓣网上无论是书籍还是音乐都有排行榜，这些排行榜五花八门，显示特定时间内热门的作品和作者，决定这些排行榜名次的主要就是靠网站成员推荐。读者的推荐不仅能够激励作者，而且为其他小清新选择优秀的小清新作品提供了参考的标准。

另一类小清新对创作的介入形式就是在线评论。读者的在线评论分为短评和长评。以豆瓣网为例，读者可以在小清新小说后写下评论，这些评论通常比较短小。还有一些评论篇幅较长，有时候洋洋洒洒上万字。无论这些评论是长是短，是褒是贬，都能消除小清新作者的孤独感，让其感受到小清新群体的存在和得到的认可。以辛夷坞的《致我们终将逝去的青春》为例，截至 2016 年，共有 7 万多人做出了评价，获得 7.9 分，有 1.9 万多人写下了短评，2000 多人写下长评，而写得好的长评同样也获得了多人的回应。

在开放与平等的网络虚拟世界里，小清新们的积极评价和主动交流，增进了小清新之间的思想交流和情感交流，从而加强了小清新群体的文化认同，体现了小清新文化话语实践的活跃性。

本节从小清新文化的生产、传播和消费维度对小清新话语实践过程进行了分析，以豆瓣网、百度贴吧等网络平台为例分析了小清新虚拟社群在这些网络平台上的创作、传播和消费的过程。以小清新文艺作品的创作、传播和消费为中心的网络小清新文化，实现了青年亚文化的文化生产、传播与消费的同步。通过网络，小清新们实现了社群内广泛的文化参与、对话和交流，获得对女性自我和自由的理解和认识，通过网络，小清新文化实现了文化集体生产，以蓬勃的生机在虚拟世界中生长开花。高度开放、自由、平等的网络为小清新们提供了话语平台，使这些年轻的女性获得了更多的文化话语权，成为具有强大文化创造力的当代女性亚文化群体。青年亚文化在网络时代获得了更多的开放性、互动性和创造性。在虚拟的网络世界中，小清新们筑造出一个自我表达和自我赋权的虚拟文化空间。

当然，小清新文化的发展离不开外部环境的作用。因此在下一节中，我们将从社会实践的角度来分析社会经济的巨大变化和性别意识形态的变迁是如何影响着小清新话语的产生和发展，同时小清新话语是如何对社会的发展产生影响的。

第四节 网络小清新文化的社会实践

本节将从社会实践的维度解读网络小清新文化在中国出现并发展的原因及其对中国社会的影响。不难发现，网络小清新的出现和中国社会这 30 年来的巨大变化有着密切的关系。20 世纪 80 年代开始，中国开始实行改革开放的政策，中国社会的转型之路由此开始。改革开放给中国社会的影响如此巨大，不仅在经济领域，而且在人们的生活方式、文化教育、婚姻家庭、思维观念、价值取向上都经历了一系列深刻的变革。中国当代社会内部出现了三个转向：在经济结构上从农业社会到工业社会、从生产型社会到消费型社会的转向，在社会结构上从传统到现代的转向，在文化环境上从封闭到开放的转向。这三大转向都在潜移默化地影响着思想意识也正处于人生转折时期的城市少女和年轻女性。

一、中国社会的经济结构

在经济上，网络小清新文化的形成和发展正是中国从传统的农业社会过渡到工业社会，从生产型社会转向消费型社会的时期。新中国成立以来，国内农业产值比重从 1952 年的 51% 下降到 2012 年的 10%，第二产业比重从 20.8% 上升到 2006 年 48.6%，其后开始出现下降趋势，第三产业比重从 1952 年的 28.2% 持续上升到 2012 年的 44.6%。从三大产业的就业人口来看，虽然第一产业就业人口仍然占较大比重，到 2012 年仍然超过 30%，但是第三产业的就业人口已经超过了第一产业，和第二产业相当，显示出中国正处于从工业化中期向工业化后期的过渡阶段。同时，中国也从生产型社会转向消费型社会。市场经济极大地解放了生产力，市场经济体制的建立使得中国的经济飞速发展，中国社会步入工业化社会阶段。截至 1999 年，我国国内生产总值（GDP）由 3624 亿元人民币猛增到 74772 亿元，按可比价格计算，平均每年增长 9.8%。到 1997 年，中国经济总量已居世界第七位。同期，人均 GDP 由 379 元提高到 6079 元，剔除价格因素，平均每年实际增长 8.4%。长期困扰中国的商品短缺状况已基本结束。

进入新世纪以后，中国社会开始步入消费社会，从耐用消费品看，洗衣机、电冰箱、彩色电视机等在20世纪90年代初已经大量地进入城市居民家庭，到2000年已经基本普及，每百户占有率在80%以上，有的甚至超过100%，其他耐用品也大量进入城镇居民家庭；全国私人汽车拥有量快速增长，从1985年的28.49万辆快速增长到2010年的5938.71万辆，年均增长23.8%。

工业化为青年亚文化的产生创造了客观的物质条件。在工业社会中，人民的生活水平提高，生活更加富裕，从而为青年参与文化活动提供了经济保障。而日益复杂的劳动过程和工艺，要求人们必须掌握较高的和较全面的技能，技术的进步使保障人们生存条件的必要劳动所占的比重越来越小，剩余劳动则大量增加，这可以使更多的人从生产部门中脱离出来，去从事更丰富、更有创造性的活动，以促进人的全面发展。20世纪90年代开始，我国的工作日从一周六天，逐渐减少到五天半，1995年工作日调整为一周五天，公众假期也相应延长，例如春节、国庆节、劳动节等都增加了假期的时间。2015年，中国人平均休闲时间达到2.55小时。休闲时间的增多，为青少年进行休闲娱乐活动，参与各种流行文化和亚文化活动提供了时间的保障。另一方面，在中国高度集中的计划经济时代，人被视为政治机器和经济组织的齿轮和工具，因而很难在这种体系之外创造第二个文化空间。然而当中国经济从计划经济向市场经济转变时，社会生活更加宽松化，因此人们更多地要求回归自身，放松身心，创造属于大众自己的文化空间。

城市的繁荣则为青年亚文化的发展提供了物质空间。中国的城市化进程中，也是中国当代文化产生、聚集、演绎的过程。作为中国当代经济的中心和火车头，城市的兴起吸引了大量人口的迁入并产生了具有鲜明特性的中国当代文化，可以说中国当代文化与城市的诸多特性息息相关。由于大量人口的涌入和流动，城市具有高度的聚集性，这种聚集体现在城市人口和基础设施上，大量人口高度密集在有限的城市空间，他们在这里生活、交流、互动。城市成为各种文化的汇集之地，不同来源、样式、元素、层次的文化汇集使得城市中的文化具有多元化的内容。此外，城市的高度聚集性还体现在基础设施上。在城市中，有包括公共交通工具和四通八达的城市道路，有高度发达的电话、网络等通信设施，还有电视台、电影院、书店、剧院、艺术展览馆、博物馆等文化基础设施，因此，城市成为现代文化的生产和消费中心，成为文化观念输出的工厂和文化活动聚集地。同时城市也具有高度的开放性，由于人们来自四面八方，带来了来自不同地域的文化，虽然这些文化各不相同，但是具有不同文化观念和生活方式的人们在这里求同存异，共同关注城市的根本问题，因此城市具有很强的包容性。可以说，高度聚集和高度开放包容的城市催生了具有多元性和开放性的当代中国文化，由此也产生了以青年为主体的多姿多彩的青年亚文化。作为当代中国青年亚文化的一部分，小清新文化在繁荣的中国城市找到了自己的舞台。

城市化进程对中国青年女性的生存方式也产生了巨大的影响，她们获得了更多的就业机会和经济来源。根据我国第六次人口普查的数据显示，自 20世纪 90 年代后期，女性在流动人口中所占比例已近半，而且年龄集中在 20~24 岁。随着中国经济的飞跃，中国城市的繁荣和第三产业的发展为青年女性提供了大量的就业机会。1994—2006 年，女性在第三产业，包括科教文卫、机关事业单位、金融保险和房地产等行业中从业的数量始终呈上升趋势，上述行业依次成为女性就业数量上升最快的行业。截至 2007 年，"城镇单位"就业女性约达 4540.3 万。[1] 青年女性从狭小的家庭空间大规模地进入各种类型的就业领域，学校、办公室、商店、银行、车站、咖啡店、酒吧……甚至还有许多女性专属的空间，例如美容院、女子俱乐部等。城市为年轻女性提供了各种就业机会，为她们提供了经济来源的保障，从而获得了经济上的独立和自主权。

中国社会的工业化和中国城市的崛起使中国青年女性的生存方式发生了根本性的变化，这个群体的发展和壮大为小清新文化带来了发展的契机。过往的研究表明，小清新群体的年龄集中在 14~25 岁，以在校大学生居多，年轻化的趋势比较明显。从地理分布上看，网络小清新中城市女性多于农村女性，尤其集中在北京、上海、广州等一线城市。作为年轻女性中一个特殊的群体，小清新们在迅速繁荣的中国城市找到了栖身之地，在 21 世纪开始汇集

---

❶ 李小星：《改革开放以来中国女性就业规模与结构的变化》，《南京人口管理干部学院学报》，2010 年第 3 期。

成为都市文化中一群不容忽视的群体。可以说，中国的工业化和市场经济体制的建立是网络小清新文化诞生和发展的物质基础。

伴随着经济结构的调整，中国社会也从生产型社会转变为消费型社会，消费主义文化开始兴起。消费主义文化是一种以市场为动力，以消费至上的价值观为核心的文化理念和消费行为，是现代消费行为在文化层面上的体现。它最明显的特征，是将对商品象征意义的消费看作是自我认同和社会认同的实现，看作是高质量生活的标志和幸福生活的象征。[1] 在西方，消费主义的兴起跨越了整整一个世纪。在中国，消费主义的兴起却仅仅用了 30 个年头。2010 年，北京的汽车保有量突破 470 万大关；同年，中国成为世界第二大奢侈品消费国，世界奢侈品商店在中国一线城市遍地开花，同时也出现在了二线城市；旅游成为国人度假的主要休闲方式，境外游以年增长 20% 的速度递增。在消费主义文化的影响下，人们的消费不再是为了满足基本的生活所需，而是通过消费某些特定的符号，使自己具有某种身份，跻身为某个社会阶层或者某个群体满足日益膨胀的欲望。然而，消费主义文化的兴起也在社会上助长了不良的消费风气，奢侈消费、炫耀性消费、腐败消费成为社会的顽疾，拜金主义和物质主义盛行。在青年中，"小资"群体就是典型的信奉消费主义文化的青年群体。与"小资"对立的小清新文化正是青年女性反对消费主义、反对物质化的一种反映。

二、中国社会结构的转向和小清新们的现实困境

中国社会的第二个转向是社会结构的转向。一方面，由于家庭核心化，中国家庭中原有的性别秩序和性别观念都发生了巨大的变化，再加上高等教育的普及，女性自我意识和性别意识更为强烈。另一方面，在市场经济的影响下，性别歧视在社会公共领域重新显现，也给年轻的女性带来了巨大的困扰和压力。

20 世纪 80 年代，中国的家庭结构发生了巨大变化。国家在全国范围内推行独生子女政策，这对现代中国家庭的规模和结构发生了决定性的作用。过去三代同堂的复合式家庭逐渐被两代人组成的三口之家所替代，中国家庭结

---

[1] 孙瑞祥：《当代中国流行文化生成动力与传播机制》，天津师范大学，2009 年。

构的核心趋势不断加强。家庭结构的变化家庭对孩子的性别教育产生了转向性的影响。

在城市中，独生子女的唯一性改变了传统家庭对于不同性别孩子的教育观，使家庭对女儿赋予的角色期待发生了很大改变。独生子女家庭教育中的性别平等观十分突出。2005 年香港中文大学的一位教授对北京、上海、深圳等大城市近 1000 名家长做的一份调查报告显示，90% 以上的父母对女孩的教育方式趋于男性化，包括鼓励孩子在和人交往的过程中能够影响他人、领导他人，在职业选择上也能够从事一些传统观念看来女性不适合的工作。因为只有一个孩子，家长往往把所有的时间、心血和资力倾注于一人身上，不会因为性别差异而有所改变。2005 年"上海市家庭调查报告"也证实了这一点，即家长对女孩的教育期待与男孩几乎一样。过去多子女家庭模式下，家长的观念可能要求"女孩追求幸福，男孩追求成功"。但在高度工业化、市场化的现代社会，这一传统的性别定位被破除，取而代之的是男女平等、经济独立，凡是男孩可以做的事女孩一样可以做。"男强女弱"的性别气质观念不再被传输给城市中的少男少女们。

同时，20 世纪 90 年代以来，中国高等教育步入数量和规模扩张的黄金时期，很快实现了由"精英化"向"大众化"的转变。20 世纪 90 年代末以来，中国高等教育呈现稳步发展的态势，突出表现在高等学校招生规模的不断扩大，以及高等教育入学率的显著提升。1999 年，党中央、国务院对高等教育发展作出了重大的战略调整，其中重要举措之一就是扩大招生，当年全国高校扩招即达 52 万人。在 1999 年之后，1999—2000 年，年均规模比上个阶段增加了 1262 万人，增幅为 604%。在校生人数在 2003 年首次超过 1000 万人，仅仅 4 年之后又超过 2000 万人。从高等教育的入学率看，高等教育毛入学率由 1998 年的 9.8% 增至 2006 年的 22%，中国高等教育的总规模在全世界跃居首位。

高校扩招之后，女性接受高等教育的人数和比例同样实现了跨越式的增长。1980 年，全国高等学校女大学生数为 26.8 万人，仅占大学生总人数的 23.4%。2009 年，全国女大学生数第一次超过男生，占总人数的 50.48%，女生比男生多 20 余万人。2012 年，全国大学普通本专科生一共有 2391 万余人，其中女生人数超男生 64.78 万人，占 51.35%。❶ 而女研究生的比例也是稳步攀升，1980 年，女研究生毕业、招生、在学的比例为 20%，而到了 2006 年，女研究生的毕业、招生、在学的比例都超过了 45%。❷ 不难看出，女性在高等教育中所占的比例始终保持着上行的势头。在高等教育中的优势使得女性获得了更多的教育机会，为她们从旧有的性别意识中挣脱出来，建立新型的性别意识奠定了社会基础。

城市家庭教育中男女平等思想的建立和高等教育的普及使得城市年轻女性开始摆脱了传统的性别意识。从对高学历女性（包括大学生和研究生）的调查显示，一方面这些年轻女性受到现代教育观念的影响，对传统社会性别意识进行反叛，认为男女地位应当平等，否认男女之间存在能力上的差异，否定传统刻板的男女社会气质差异。研究还显示，年龄因素对女性的性别意识影响明显。越是年轻女性，性别平等意识越强。❸ 在 13～26 岁青少年女性中，女高中生的性别意识最为强烈，在两性关系的认识上她们体现出强烈的独立自主、男女平等的意识特点，在两性社会地位上她们否认两性差异，肯定女性的工作能力和社会能力。❹

但是，随着市场经济的建立和工业社会的发展，城市生存的压力也日益体现。人们从追求社会公平转变为追求经济效益。在市场经济中，国家对女性的保护政策受到追求经济效益的企业或明或暗的抵触，企业为了规避原来由单位承担的通过女性体现的社会抚养成本，在招聘的过程中设置各种障碍，不愿聘用女性。女性在就业、升迁的过程中遭受到各种歧视，两性的社会经济地位差距在加大。虽然女性就业机会在增加，女性整体的社会地位却在弱势化和边缘化。❺ 与封建社会的性别秩序不同的是，新的社会性别秩序不是建立在落后的封建礼教思想上，而是基于市场经济环境中男女经济地位不平等日益突出的事实下所形成。性别秩序的摇摆不定让年轻女性承受着巨大的就业压力，也让她们更加渴望自由平等的社会空间。

❶ 吴娟：《女性主义思潮下中国女子高等教育发展研究》，《中华女子学院院报》，2015 年第 4 期。

❷ 王凌皓、杨冰：《我国女性研究生教育的成就与展望》，《社会科学战线》，2009 年第 7 期。

❸ 董长弟：《当代女研究生社会性别意识研究》，《山东省团校学报》，2009 年第 3 期。

❹ 左志香：《当代女高中生的性别意识探析——对武汉市 400 名高中生的调查》，《青年研究》，2007 年第 9 期。

❺ 张宛丽：《现阶段中国社会分化与社会分层》，《浙江学刊》，2004 年第 6 期。

人际关系的压力也是年轻女性必须面对的问题。根据冷瑾等对当代女大学生的调查显示，大部分女大学生感到没有知心朋友、交友困难，普遍存在孤独感。❶ 对于大学生活的不适应和大城市生活复杂等都加剧了压力和孤独感。

在中国社会由传统走向现代的过程中，中国城市的年轻女性一方面具有强烈的自我意识，另一方面也感受到城市生存压力和性别歧视的束缚与困惑。以城市年轻女性为主的小清新群体面临着理想与现实的矛盾，小清新文化为她们解决现实矛盾提供了一个想象性的出口。

三、中国文化的转向

在经济和社会结构转型的同时，中国社会的文化也从封闭走向开放，呈现出多元文化并存的局面。在这一过程中，大众文化、大众传媒和互联网技术在中国文化的转向中起到了重要的作用，同时也为小清新文化的发展提供了一方天地。

改革开放前，中国社会的主流文化是具有强烈的政治意识形态的文化系统，具有很强的同一性、中心性，长期占据着社会文化生活的中心地位。20世纪80年代以来，随着中国改革开放的步伐加快，多元的价值观冲击着传统文化。另一方面，随着经济与社会的稳步发展，人们物质生活得到了进一步改善，休闲时间大大增多，相对单一的文化生活已不能满足人们的需要，因此，以青年文化为主的大众文化在城市兴起并成为人们休闲文化生活的主流。从邓丽君的歌曲、港台电视连续剧《霍元甲》《射雕英雄传》、琼瑶、三毛的爱情小说、牛仔裤和喇叭裤的流行中我们可以看到，流行歌曲、电影电视、畅销书籍、时尚衣着开始成为人们文化生活的焦点，感官体验、个人欲望、世俗话题成为人们文化体验的目标，消费、休闲与娱乐成为文化生活的主要功能。中国的文化不再是以政治化、理想化和高尚化为目标的主流文化大一统的局面，以世俗化、日常化、个性解放为目标的大众文化成为文化发展最引人注目的现象，也成为中国当代文化繁荣的主要动力。

---

❶ 冷瑾、何剑峰、何艳玲：《新时期女大学生面临的压力及应对措施》，《江西社会科学》，2005年第5期。

除了大众文化的兴起以外，大众媒介也对中国文化的转型起到了巨大的推动作用，对多元文化的局面起到了功不可没的作用。大众媒介全方位地覆盖了社会各个阶层，被人们认为是一个社会影响力很强的"文化装置"，具有极强的"聚合力"和"辐射性"，使得文化的消费不再局限于少数精英阶层，对文化的传播具有强大推动力。改革开放30年来，我国大众媒体得到了长足发展，一方面，由于大众对于信息需求的增加，报纸、杂志、广播、电视等传统传播方式在大众传播中占据相当大的比例。据统计，2010年，我国广播电视人口覆盖率达96.9%，报纸和杂志发行数量及广告投放量在不断上升，这充分说明当代社会中，传统媒介具有重要地位，是文化传播的重要载体。另一方面，网络、手机等新兴媒介作为信息化时代的传播载体，正以不可抵挡的势头影响着广大受众，据中国互联网络信息中心（CNNIC）统计，截至2011年6月，我国网民规模已经达到4.85亿。当代的大众传播中，新兴媒介以势不可挡之姿态崛起，成为与传统媒体地位相同的传播媒介。在当代中国文化中，大众媒体占据了重要的位置。

大众传媒是多元文化的制造者。大众传媒关注社会时尚前沿，发现城市文化热点事件，由于其极高的普及率，能第一时间报道传播事件和现象，并通过各种形式重复对其的报道和解说，从而制造文化热点和潮流。例如，2005年的"超级女声"就是湖南卫视制造的这些年具有广泛社会影响的文化事件。湖南卫视通过自己的娱乐节目《快乐大本营》《娱乐无极限》和新闻节目从多方面对这个节目进行报道，全国各地的报纸如《南方都市报》《北京青年报》《成都商报》《潇湘晨报》等也都跟进报道，甚至中央媒体新华网、《解放日报》都进行了报道，从而成功地引起人们的注意，一整个夏天人们完全被"超级女声"的话题所包围，青少年观众更是为之如痴如醉，大批追星族如"玉米粉""凉粉"出现，"超级女声"被制造为2005年最为火热的文化事件。从"超女"现象我们可以看到大众媒体在制造大众文化上的强大能力。

大众传媒是传播新型文化理念的领头羊。大众传媒在追求实效的同时，追求新奇，对各种不同的文化理念始终保持一种兼容并包的开放性，又具有强烈的开拓精神和新锐意识，因此大众传媒不断塑造着新的文化理念，引领着大众文化理念的变迁。例如对社会性别气质的重新改造就体现出大众传媒对新型文化理念的传播。在传统文化的男权思想影响下，人们持有男强女弱的两性气质偏见，各种刚毅沉稳的男子汉形象是电视屏幕上的主流，然而电视屏幕上越来越多的花美男的出现改变了人们对男性气质的认识。"快乐男声""加油好男儿"等风靡荧屏的选秀节目中一些阴柔的男性形象广受追捧，吹遍大江南北的韩流日流里充斥着各种气质阴柔的"花样美男"，针对各种女性的广告中也出现了越来越多具有温柔性格的男性形象。电视节目传达的阴柔男性形象使这一类型男性逐渐成为观众关注的对象，也使人们对性别的区分越来越模糊和宽容。在大众传媒的推动之下，中国当代文化从单一走向多元，从传统走向现代。

互联网是当代文化传播的全新载体，其在中国的飞速发展引起了文化传播领域的革命，促使中国当代文化从封闭走向开放。互联网具有其他媒介工具不能比拟的特点。首先，互联网具有高效性、开放性、共享性，在前网络时代，我国文化的传播相对缓慢，文化的物理空间相对封闭，无论是广播、报纸、电视、电影都需要经过大量的准备工作，在地区与地区之间，国家与国家之间，都存在文化传播的时差。网络则跨越了地理屏障，消除了"时滞"间隔，为文化传播开辟出一片新天地，只要与网络相连，人们就可以随时随地在虚拟世界中畅游，即时获取与传递文化，分享文化信息和资源，无论你是一介平民，还是土豪权贵，无论身处东方还是西方，无论你来自任何国家、任何民族和任何组织，网络都向你敞开。例如，国内的小清新文化刚开始就是从网上获得了文化资源，这些资源来自于我国台湾、日本乃至欧美的网站。因此，网络媒介成为普通民众了解各种文化最重要的信息渠道，为中国与其他各国的文化交流、为中国文化的开放提供了新的契机。

同时，互联网还具有匿名性、虚拟性和互动性，这就为多元文化的发展培育了温床。所谓匿名性，人们有不同的理解。从身份角度而言，匿名性是"网络使用者可以凭借代号暂时隐匿部分或全部在真实世界的身份和特征，包括性别、年龄、学历、职业、社会地位乃至气质、人格、自我等"❶。网络的匿名性打破了在前网络时期人们以身份认同为基础的文化划分和言论限制，使用者可以穿上各种"马甲"，以不同的面貌或者同一符号下不同的意义出

❶ 张再云、魏刚：《网络匿名性问题初探》，《中国青年研究》，2003 年第 12 期。

现，从而获得了比现实世界中更大的自主权和自由度，为文化的创造发展提供了更为广大的空间。网络更是一个虚拟的世界。比尔·盖茨曾说：你甚至不知道和你交流的对方是一条坐在电脑前会敲击键盘的狗。在这个世界中，人们的身份、行为、形象都被虚拟化了，一切活动都是数字化的，网上阅读、网上写作、网上购物成为人们日常生活的一部分。同样，借助现代网络通信技术，人们不需要像在现实世界中需要面对面的交流，文化交流也是虚拟的，网民们隔着屏幕，借助文字、视频、图像与其他成员开展各种活动，网上聊天、网上交友甚至婚恋在中国成为人际交往中最新的潮流。互联网还具有互动性。传统的文化传播，无论是报纸广播，还是电视电影，文化传播的途径是单向度的，文化的受众是孤立分散的，而在网络的世界里，信息的流通都是开放的，信息的消费者也是信息的生产者，信息的传播者和接受者之间并无明确的界限，实现了信息的双向流动。各种网络社区、BBS、博客微博的出现更是让具有相同文化趣味的网民聚集到一起，使得网络的互动性得到了充分的体现。网络的这些特点——匿名性、虚拟性、互动性大大激发了民众表达自我、参与文化创造的热情，也使一些小众文化得以在网络的世界发展壮大，进而影响我们的主流文化，形成各种文化在网络上百花齐放、多元并存的格局。由于互联网对于文化颠覆式的革命，网络已成为当代小清新文化最重要的话语阵地和传播媒介。

在多种因素的影响下，中国当代文化步入了转型的通道，从封闭走向开放，从一元走向多元的文化形态。空前繁荣的文化领域成为女性参与社会、群体互动的主要阵营。在快节奏的城市生活和巨大的就业压力下受到压抑的年轻女性主动分享、交流文艺爱好，围绕这样的兴趣爱好，她们形成了各种小清新网络组织，从而在网络中建构起相对独立的话语空间和文化阵地，并借助大众媒体将小清新文化话语渗入日常生活之中，重新定义着都市女性的面貌。

四、小清新文化的社会反哺作用

网络小清新文化使得低碳环保的理念走进了人们的视线，环保成为人们日常生活中的一部分。消费主义对生活环境的污染，大城市生活的快节奏使得小清新更加热爱大自然，关心大自然，加入到绿色环保的队伍当中。在豆瓣网上，小清新们不仅讨论文艺作品，还讨论如何环保。他们组成各种环保小组，分享 DIY 心得，组织旧物置换，组织环保公益讲座，宣传环保知识。他们还组成各种环保民间组织，发起环保行动。

　　在网络小清新们的带动下，环保产品也开始流行。以无印良品为例，这家店原本是日本的杂货店，店名的意思是没有牌子的好产品，1983 年在东京开业。无印良品深受极简主义的影响，注重简单、环保，不仅造型简朴，包装袋都是无漂白纸。在 2013 年第二次石油危机后，日本本土消费者更加重视产品的性价比，而非盲目追求品牌；传统品牌在生产和流通领域所花费的大量成本使得产品加价倍率大幅提高，影响消费体验。在此背景下，无印良品着力自主开发高品质、低价格的商品，多用环保材料。在小清新们的追捧下，无印良品在中国开了多家分店，2013 年设立了 35 家分店。这些低碳环保的产品开始改变人们的消费理念和生活理念。

　　在本节中，我们探讨了网络小清新文化产生的经济背景、社会和文化因素。从我们的分析中可以看到，小清新文化的产生与中国转型时期的经济、社会、文化因素息息相关。在中国步入现代社会的进程中，中国年轻女性以自己独有的女性视角，建构起了虚拟世界中的女性青年亚文化。小清新们不仅打造了属于本群体的文化空间，而且将环保自然的理念带入人们的日常生活，带动了主流文化对自然环境的重新审视，促进了社会环保意识的增强，也为争取青年女性亚文化群体在文化结构中的地位做出了贡献。

第七章　结　　论

从 20 世纪 50 年代诞生开始，青年亚文化就风起云涌，波澜壮阔，以有别于主流文化的姿态，向世人展示着青年独特的话语世界和创造新文化的话语能力。从我们选取的不同时期的青年文化话语，无论是 60 年代的嬉皮士文化，七八十年代的嘻哈文化，还是 20 世纪 90 年代末开始出现的小清新亚文化，青年亚文化的历史和现代图景让我们看到青年亚文化的话语世界并非隔绝于世的世外桃源，而是青年按照自己的思维和逻辑对当下所处的时代、所生活的社会、所面临的群体困境打造的文化阵地。

在面临新旧意识形态交替和社会结构调整时，在面对社会不公、偏见和愚昧的枷锁时，青年往往是最先发出声音的群体。20 世纪 60 年代，嬉皮士们反对技术社会和消费文化的意识形态，纷纷通过嬉皮士公社等形式挑战和消解基于理性主义和技术治理的美国主流文化价值观，形成了声势最为浩大的青年亚文化；20 世纪 70 年代，面对日益恶化的经济状况和种族歧视，嘻哈黑人青年创造出街头舞蹈和嘻哈音乐，走出了一条自我拯救的道路；20 世纪 90 年代，在中国的经济大潮中获得经济独立地位和平等意识的小清新们在网络世界中筑造起另类的话语空间，曲折地对抗压抑女性的性别偏见和消费主义。青年亚文化的历史充满了这样或明或暗的文化抵抗，有的声势浩大，有的润物无声，青年的激情与幻想在创造新文化的时刻迸发出了耀眼的光芒。

在青年亚文化的建构过程中，主流社会权力结构中的阶级、种族、性别都成为影响青年亚文化导向的因素。后亚文化学者曾经断言，在后现代社会中，社会结构因素对研究青年亚文化失去了意义，然而从本研究中可以看到，从青年亚文化诞生之日起，社会权力秩序就影响着青年亚文化话语，直到现在社会结构因素依然对青年亚文化话语具有重要意义。在青年亚文化话语背后，我们可以看到影响青年的身份和社会关系的社会因素像拉扯着提线木偶的丝线影响着青年表达什么、怎么表达。当然，不同的青年群体对不同的因素有不同的侧重，他们总是首先选择抵抗与自己的社会身份直接相关的不公平因素。嬉皮士对中产阶级的结构桎梏，嘻哈青年对种族歧视，小清新文化对性别偏见和消费主义的反抗无不体现了不同时代，不同国家的青年亚文化群体对与本群体密切相关的不公平的社会意识形态的敏感度。无论是哪个因素，青年都用自己的热情和勇气不断突破不公平的意识形态桎梏，创造出富有颠覆意味的文化话语，建构自己的话语规范，从而拓展出属于青年的话语空间，为本群体获得话语权，以达到对权力体系的反控制。

但是，正如许多亚文化研究者指出的，青年亚文化的抵抗并非诉诸武力，从根本上颠覆主流文化或者社会结构，而是象征性地解决在主流文化与亚文化之间，在父辈文化与青年文化之间的隔阂与矛盾。所谓象征性地解决，途径之一就是通过建构青年亚文化话语系统来完成。

批评话语分析认为，话语就是社会实践。话语与社会密不可分，话语不仅是社会现实的反映，更是积极的建构媒介。在通过批评话语对亚文化群体的剖析以后，我们发现通过创建另类的话语世界和意识观念，亚文化族群积极抵抗不公正的社会秩序，并将抵抗意识融入本族群的群体认同和意识形态中，创建出具有鲜明的时代特点和抵抗意识的话语系统。青年亚文化的话语系统可以从三个层面来观察——话语策略、话语实践和社会实践。

从话语策略层面看，青年亚文化使用多种话语手段，如反语言、及物性手段、情态动词、互文、挪用等，积极解构相关的权力话语，建构亚文化的异质性话语系统。一方面，在词汇系统上，无论是嬉皮士文化、嘻哈文化还是腐女文化的词汇都具有反语言的特征。通过过度词汇化、重新词汇化、隐喻化，嬉皮士青年、嘻哈青年和腐女族群破坏了原有的意识形态话语系统，不但重构了亚文化族群外的他者文化地位，而且完成了具有强烈身份认同的族群话语系统的语言积累。在嬉皮士地下报刊中，嬉皮士对嬉皮士成员、对主流社会的称谓和嬉皮士文化的文化焦点——迷幻剂、摇滚、宗教给予了多种多样的独特的称谓，在嘻哈歌曲中，嘻哈一族则对嘻哈青年的日常活动给予了各式各样的称呼，而在小清新歌曲中，小清新们使用对自然世界和自我世界的过度词汇化和隐喻，展现女性的自我意识和生态意识。另一方面，亚文化族群也借用其他边缘文化的词汇，形成了混合其他边缘文化且更加具有混杂性的族群俚语。例如嘻哈青年把"嘻哈国"的语言建筑在黑人俚语这一偏离标准英语的反语言之上，小清新们则利用网络文化的特有词汇与族群内的成员交流互动，构筑了一个相对封闭的亚文化系统。

　　在句法层面上，亚文化族群通过使用各种及物性手段和情态策略高扬亚文化的意识形态观念。在嬉皮士地下报刊中，嬉皮士通过使用物质过程和存在过程小句，以及情态动词、人称代词、时态、人际语法隐语等情态手段，建构起嬉皮士群体的正面形象，消解主流文化的权威形象；在说唱乐中，嘻哈青年在句法上偏离白人标准英语，采用黑人英语的句法，形成了具有叛逆性的话语声音，在情态系统上则以情态值为中值和高值的情态附加语和情态助动词为特点，对种族歧视和不公的司法系统显示出坚决抵抗和批判的态度，对遭受歧视和压迫的黑人族群表现出同情态度；在耽美小说中，腐女们将被动语态和心理过程小句用于描写男男恋的描写中，将传统性别秩序中处于强势地位的男性客体化和弱者化，从而修改了主流社会的男性霸权话语，建构起多元化的男性形象和性爱关系。

　　在结构层面，青年亚文化比较明显的特征是利用各种互文性手段，打破主流文化的话语藩篱，挪揄、抵抗主流意识形态。戏仿是青年亚文化中常见的互文性手段，嬉皮士戏仿来自权力话语机构的权威文件，青年亚文化族群批判了主流文化话语中的意识形态偏见，以病毒复制的方式解构、颠覆其中的社会观念。此外，挪用也是青年亚文化在结构层面的另一种话语策略。在说唱乐中，嘻哈青年挪用非洲口述传统，从其他文化中吸取抵抗主流文化的力量和话语资本。小清新们则挪用独白体诗歌的结构，打破男性霸权话语的统治，从微观的话语因素到宏观的话语系统，青年亚文化群体在词汇、句法和结构层面建立起了与主流文化话语系统相区别的话语世界，从而改变了原有的主流话语结构，重新界定具有亚文化族群的社会关系、身份和意识形态系统。

　　从这三种不同时期的青年亚文化的话语策略来看，青年亚文化对主流社会不平等的权力结构和意识形态具有强烈的消解意识，挣脱权力偏见的牢笼，重塑平等的具有自我个性的话语系统和亚文化的意识形态，成为每一个亚文化群体实践的必由之路。

　　从话语实践层面看，青年亚文化族群在不断寻找具有时代先进性的话语载体，生产、传播和消费亚文化话语，树立自己的文化认同和群体身份，构筑自己的话语互动模式。从这三种亚文化群体的话语载体来看，地下报刊、流行音乐和网络文学是亚文化群体常用的话语媒介。报刊是文化传播的重要工具，嬉皮士文化话语以地下报刊为载体和喉舌，在狂飙突进的 20 世纪 60 年代，嬉皮士地下报刊支持和宣传了与主流媒体完全不同的文化观念和文化实践，在身份上认同被压迫、被边缘化的土著印第安民族，在政治态度上表现出温和的无政府主义者姿态，形成了以地下报刊的采编、生产和订阅为中心的嬉皮士话语生产和消费体系，使地下报刊成为嬉皮士反抗主流社会权力与结构的主要话语渠道；嘻哈一族则以歌曲为主要的话语形式，通过采样技术和说唱的方式创造了嘻哈青年集体抵抗白人统治的记忆和嘻哈文化身份。说唱乐的话语载体以现场表演、磁带、MV 为主，不同的话语载体作用的侧重点不同。现场表演能有效地建立起群体间的互动，而磁带则更能表达叙述出说唱者个人的经验和心声，MV 用具有视觉冲击力的画面感染嘻哈观众，在各种不同的音乐传播方式的作用下，美国嘻哈青年建立起了声势浩大、超越国境的"嘻哈帝国"。与前两种美国青年亚文化相比，中国小清新女性亚文化的话语实践具有明显的虚拟性。本世纪开始兴起的小清新文化，以书、音乐、电影的创作和观赏为中心，借助更加平等、开放、灵活的互联网，将小清新话语的生产、传播和消费连接起来，使得小清新们的话语生产更加大众化，传播更加灵活方便，话语消费具有更大的能动性和互动性。小清新们以 SNS 网站、BBS 论坛和其他新媒体为话语渠道，建构起了一个广泛参与、互动、文化再生产的青年女性亚文化世界。由此可以看出，青年亚文化群体通过积极的话语实践，采用具有时代先进性的媒介，获得了更为广大的话语空间，为亚文化话语的生产和传播源源不断地输入新鲜活力。

　　青年亚文化的话语策略和话语实践活动都与青年所处的社会文化环境有着密切的关系。从这三种青年亚文化的社会环境来看，它们具有很大的相似性——那就是处于剧烈的社会转变时期，主流文化中落后的意识形态因素阻碍了社会的发展，在这样的时期困扰青年的意识形态观念和社会结构因素往往更加突出。嬉皮士文化诞生于第二次世界大战以后美国经济繁荣、后工业社会兴起的时期，后工业社会在科层结构和精神信仰和意识形态上对人性极度压抑，嬉皮士因此选择了与主流文化价值观和主流生活方式背离的道路，建构起以回归自然和恢复人性的青年亚文化话语系统。嘻哈文化则是诞生在美国经济结构全面调整的 20 世纪 70 年代。一方面，美国制造业大规模衰退，经济结构调整导致集中在制造业的黑人族群失业率高涨，郊区化运动更使黑人生活环境恶化，就业机会减少，种族歧视渗透到了人们生活的方方面面，黑人底层阶层扩大，黑人青年在就业、教育、生活各方面都遇到了极大的困难。另一方面，黑人青年反种族歧视的意识却持续高涨。因此，嘻哈青年利用嘻哈文化话语真实反映美国黑人的生活困境，反抗种族歧视。小清新文化在中国的形成开始于改革开放、社会经济转型的 20 世纪 90 年代。中国在经济上进入工业社会，在社会结构上从传统到现代，在文化上从封闭走向开放，从而使年轻女性在经济上获得独立地位，思想上更具自我意识和平等意识。面对消费主义的泛滥和男性话语的霸权，年轻女性通过小清新亚文化话语的建构，对消费社会的观念发起了质疑和挑战。

　　青年亚文化话语系统在建构和发展的过程中也在不断冲击和重构着主流社会的意识形态。首先，从我们分析的三种青年亚文化的情况看，在嬉皮士话语的冲击之下，人们开始重新审视后工业社会的科层制度和中产阶级的价值观，因此以清教伦理为核心的美国中产阶级价值观进一步坍塌。其次，美国青少年性观念进一步开放，美国开始在中小学中推行性教育，发放避孕套。同时嬉皮士对人与自然和谐关系的建构，与当时初露端倪的环境保护运动不谋而合，两者一起共同促进了美国公众对生态环境的关心和兴趣，人们保护自然、保护环境的意识大增。而嘻哈文化则通过嘻哈话语实践述说了美国黑人青年所处的社会困境和现实，将种族平等的理念向美国各阶层传达，鼓舞黑人青年参与政治抗争，重塑民族信心。网络小清新文化通过小清新的文艺作品创作和消费重新塑造女性在消费社会中的气质，展现女性被弱化的自我意识，推动了社会的环境保护意识和绿色低碳生活的态度。这三种青年文化话语向我们充分展示了青年亚文化话语如何积极地协商、修改主流文化中的意识形态，争夺话语权，改造主流文化的实践性和能动性。

　　从 20 世纪中期到 21 世纪初，青年亚文化已走过了大半个世纪。通过批评话语分析的角度，我们发现青年亚文化话语系统在不断地发展变化，呈现出更加丰富的话语样态和主题，更加先进的话语传播形式，更加多样的话语空间，青年亚文化话语系统显示出强大的生命力和创造力。在多姿多彩的亚文化话语中，青年亚文化的姿态始终没有改变——偏离、游戏、抵抗。正是因为亚文化话语保持与主流文化博弈的姿态，社会的总体文化才不是一潭死水，社会意识形态才能与时俱进，在社会结构中处于弱势的边缘群体才不会喑哑一片。在青年亚文化话语的不断发展和创新中，身处社会边缘的青年群体获得了更高的话语地位，争取了更多的话语权，也推动着社会整体的不断进步。